西華師範大學寫本研究中心
國家圖書館古籍館
主辦

寫本學研究

第二輯

伏俊璉　主編

商務印書館
創于1897　The Commercial Press

圖書在版編目(CIP)數據

寫本學研究. 第2輯 / 伏俊璉主編. — 北京：商務
印書館，2022
ISBN 978-7-100-20853-6

I.①寫… II.①伏… III.①抄本－研究 IV.①G256.22

中國版本圖書館CIP數據核字（2022）第038781號

寫本學研究

（第二輯）

伏俊璉　主編

商　務　印　書　館　出　版
（北京王府井大街３６號　郵政編碼 100710）
商　務　印　書　館　發　行
三河市尚藝印裝有限公司印刷
ISBN 978－7－100－20853－6

2022 年 7 月第 1 版　　　開本 787×1092　1/16
2022 年 7 月第 1 次印刷　　印張 16　彩插 16

定價：98.00 元

四川省古代文學 "特色文獻" 研究團隊專刊

國家社科基金重大項目 "5—11 世紀中國文學寫本整理研究" 成果

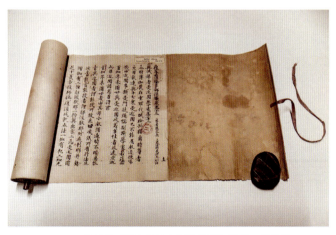

P.2972 第一紙正面《茶酒論》

P.2175 卷軸裝《根本薩婆多部律攝卷》飄帶天竿護首

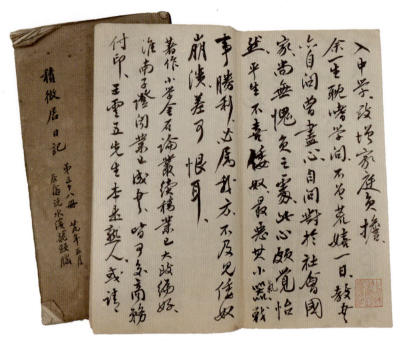

《積微居日記》書影

楊樹達 1907 年留日日記局部

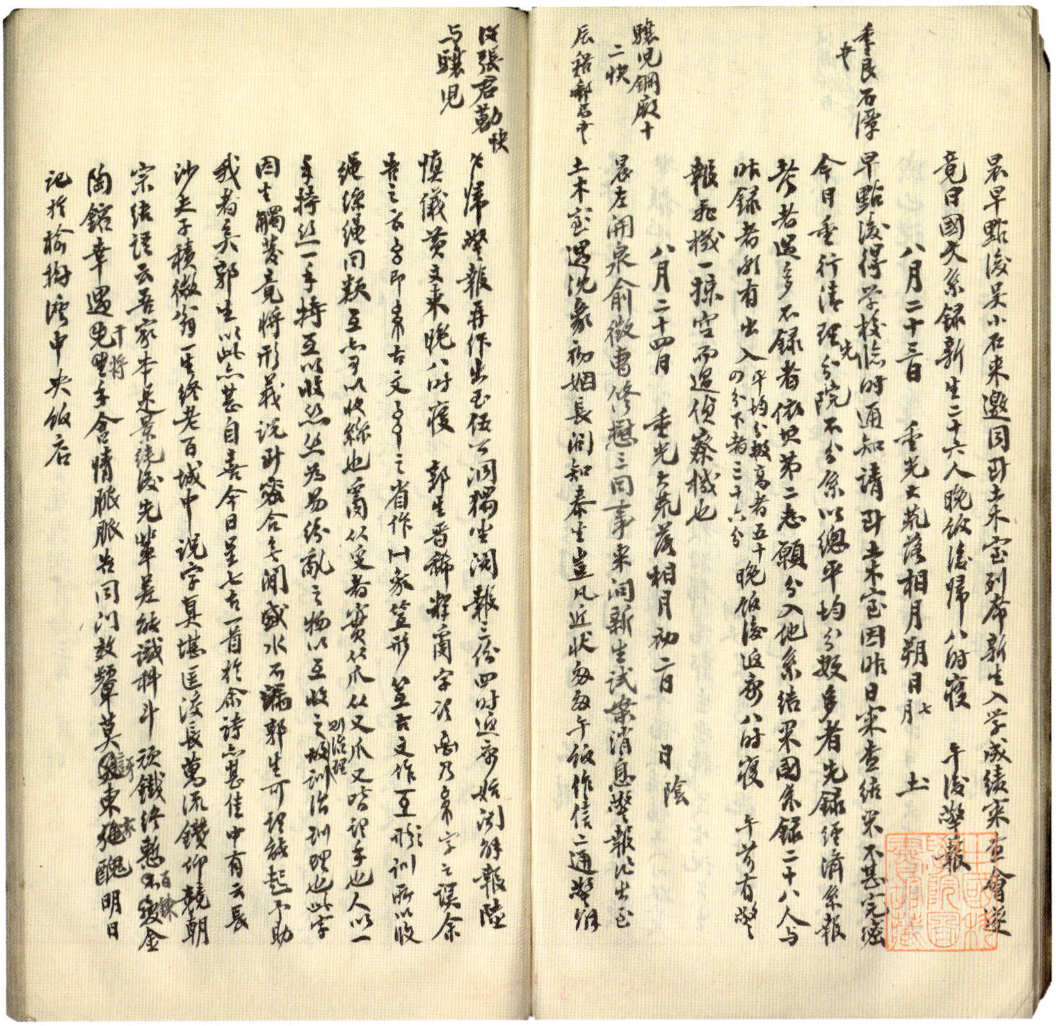

晏早晤後吳小石來邀同卦土木室列席新生入學成績審查會議

竟日晤國文系錄新生二十六人晚飯後歸八時復　午治學報

八月二十三日　垂光大荒葭相月朔日七　土

今日重行清理各院先前通知請卦土木室因雨日來查結果不甚完善

芳若遇多不錄者依此第二志願分入他系結果因系錄二十八今

昨錄者�る有出入いの今不揃三十六合　午荼有學

報無機一孫空而逄候審微心　晚依海邊所八時復

縣兒銅厫十

二次

暑左開泉俞微電修懇三同事來問新生試業消息發報此出去

辰揚郡君中土木室遇沈象初姻長聞知奉生盡凡近狀免為午飯作信二通與郡

八月二十四日　垂光六荒葭相月初二日陰

左歸學報再作出毛依古洞獨生洞報二侄四時遇毑姊洞游報陸

慎儀黄雯來晚八時復　郡生晉錦撵南宅啓内乃宋宋之誤余

書三各名印弟古文ろろ之省作口家笠形笠言文作互稚訓所以駁

繩源德同錄至志以收紙地啻以愛者資以爪从文爪文哈訊手地人以一

手持此一手持此以愚易俗亂之物以互收之烟訓佔訓明心学

因以髑蓁亮將形義說卧審合志聞威水石蕳郡生可程緻起予助

我為吳郡生以此為基自喜今日呈七言古詩六惪佳中有云

沙主子積微然一生緒卷百城中說字眞堪匯海長蒐流錢师競朝

宗流遺毛吾家本是京師後先蓽路藍縷披荆斬棘預嘆金

陶鑄章遇兒聖里孝含情脈脈告同門敦孳莫與東施睨明日

與張君勤快

記於榆揭濱中央飯店

我未識君懸戴酒喜君好辭獨通
神殿勤記取荒山夜風雨挑燈坐
劉旦辰
晉錫同學由藍田轉學升湖大於余
及量笠先生之所講授不惜教領受
而已旦就有所獎惜備此可坐夫
戌歲別賦此為贈供其不以得自足而
更切力籍進句忘今日之之辛勤爾
三一年七月十二日楊樹達病後書

楊樹達書劄其一

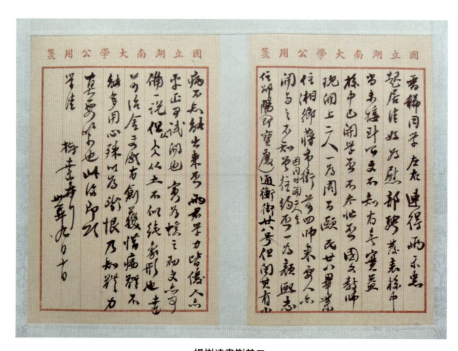

楊樹達書劄其二

《西洋寫本學》封面

萬光治教授題詩

繼晷焚膏遺墨香，披沙撫卷費猜想。入禪參家坐終日，一點靈犀出錦章。

庚子初冬奉賀《寫本學研究》光治

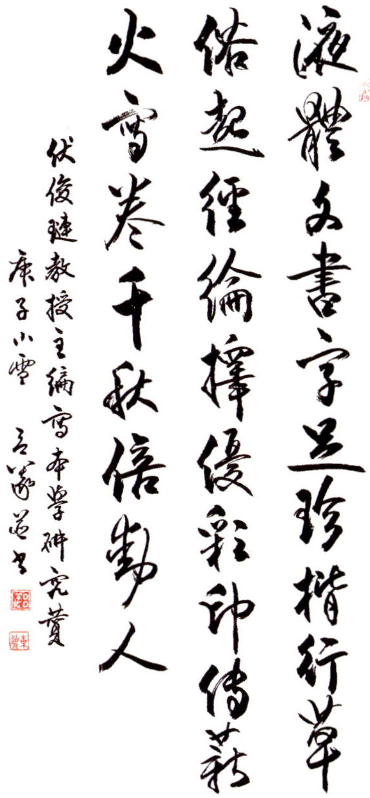

液體文書字足珍楷行草
佑起經綸擇優彩印傳薪
火雪卷千秋倍動人

伏俊璉教授主編寫本學研究贊

庚子小雪 吕義題書

吕義先生題詩

液體文書字足珍，楷行草俗起經綸。擇優彩印傳薪火，寫卷千秋倍動人。

伏俊璉教授主編《寫本學研究》贊，庚子小雪 吕義恭書

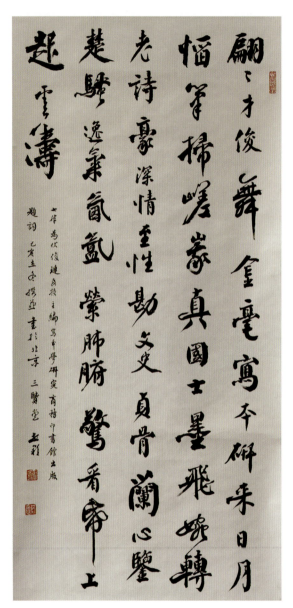

漆雕世彩先生題詩

翩翩才俊舞金毫，寫本研來日月惛。筆掃嵯峨真國士，墨飛婉轉老詩豪。
深情至性勘文史，貞骨蘭心鑒楚騷。逸氣氳氤縈肺腑，驚看紙上起雲濤。

七律爲伏俊璉教授主編《寫本學研究》商務印書館出版題詞

己亥孟冬撰并書于北京，三賢堂世彩

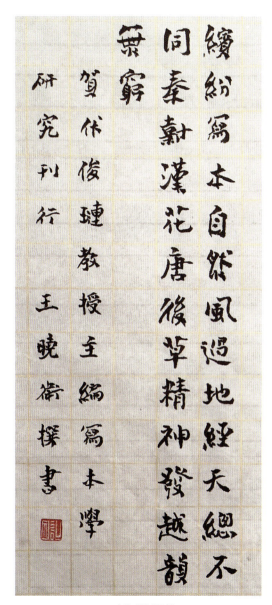

王曉衛教授題詩

繽紛寫本自然風。過地經天總不同。秦樹漢花唐後草，精神發越韻無窮。

賀伏俊璉教授主編《寫本學研究》刊行，王曉衛撰書

甯稼雨教授題《寫本學研究》

華夏載記，百卉爭芳；捉管搦彤，一枝獨放；真草隸篆，競奔奪光；紙墨筆硯，宛如宮商；千金買賦，紙貴洛陽；子集經史，得以傳揚；冊簿散潰，流落四方；媧石待補，衡木填滄；伏公俊逴，夙懷志向；筆路藍縷，開疆拓荒；辨難析疑，文意大暢；澤被學林，功德無上。

題《寫本學研究》

庚子歲末甯稼雨書

卷首語

伏俊璉

　　寫本是與印本（或刻本）相對的概念，指由手寫而非印刷製成的文本。我們熟悉的簡牘帛書、敦煌寫本，以及古埃及的莎草紙手稿、古印度的貝葉寫經、歐洲中世紀的手抄本等，都可被稱爲“寫本”。在印刷術流行之前，各類文本都是寫本的形式，學術界稱之爲寫本時代。中國的寫本時代大約是北宋之前——從殷商到兩晉之交，主要是簡牘寫本時代，其後主要是紙寫本時代。

　　簡牘寫本時期，文字的載體還有甲骨、金石和縑帛。甲骨文和金石文字是有特殊用途的，甲骨文主要是卜辭，是人向神的請求和神給人的啓示；金石文字則主要是紀念功德，祭祀的時候告成功於祖先或神靈。作爲特殊的非社會流通的文本載體，它們與簡牘寫本的性質是不一樣的。帛書是典型的寫本，但帛書主要用於典藏，加之縑帛價錢昂貴，非一般社會人群所能使用，我們見到的實物很少。因此，從殷商到東漢，主要是簡牘時期，東漢到東晉，是簡紙并用時期。

　　從簡牘寫本到紙寫本，這是一個歷史的飛躍，不僅僅是書寫的材質不同，更重要的是對書寫者的心理影響不一樣。一枚一枚的簡牘，對作家的創作有局限，即使編聯而成的簡本，一道一道豎的空隙，兩道或三道橫的編繩，縱橫經緯，對創作者或書寫者至少會造成“慎重下筆”的心理障礙。紙寫本與此大不相同。西晉傅咸《紙賦》這樣寫：“夫其爲物，厥美可珍，廉方有則，體潔性真。含章蘊藻，實好斯文。取彼之弊，以爲此新。攬之則舒，舍之則卷。可屈可伸，能幽能顯。若乃六親乖方，離群索居。鱗鴻附便，援筆飛書。寫情於萬里，精思於一隅。”紙的卷舒隨意、伸屈自如，可以使文人有更開闊的平臺在作品中發揮創造力，在伸展自如的載體上表現自己對美的追求，輕巧便利的紙箋更易於傳達情感、遞送美的關懷，所以東晉南朝的文人特別青睞花箋，書法也進入了唯美主義境地。

　　一件寫本可以分爲内容和物質形態兩個方面：寫本的内容，主要包括寫本上的各種文本或雜抄，不同文本間的關係，寫本正面和背面的關係，寫本的二次或多次加工情況，寫本的斷裂與綴合，寫本的書寫狀況、抄寫格式、抄寫體例，各種識別字號、字體、印記、簽押、款縫、題記等，還有對抄寫時間、抄寫者和寫本來源的探討，即寫本爲何人何時所抄、抄於何地，使用或發出者屬於何地、何人或何機構等。寫本内容最重要的是寫本上各種文本内容的挖掘、校勘以及名稱、年代和性質的考證，俗語詞、俗字、異文的研究等。寫本的物質形態，指寫本的發現、出土地、出土時的擺放情況，以及寫本的裝幀形制、規格，包括對簡牘以及紙的製作、加工過程、材料來源的研究，毛筆、硬筆和墨等書寫工具的研究。

　　我國學術的傳統，主要著眼於寫本内容，甚至祇顧及文本内容，對其物質形態關注較少，比如傳統的金石學，更多的是考證文字，也兼及器皿的形制，而對於器物的出土地、出土時擺放位置等，幾乎不予理睬。19 世紀以來，隨着西方考古學等學科的傳入，我國學者才開始重視寫本的出土情況、形制等特徵，比如 1900 年敦煌藏經洞發現後，大量寫本流散全世界各地。當帝國主義的文化探險家、考古學家在西域和敦煌大肆盜取漢簡、敦煌寫經的時候，得到消息的中國學者祇是表示憤慨，扼腕嘆息。有人提議應當去敦煌實地考察一下，但想到數千里的路程，交通不便，大漠風塵，竟無人成行。當法國學者伯希和帶着部分敦煌寫本來到北京展示，京師的學者一看，大飽眼福，連夜抄録考證，但仍然不能激發他們實地考察的行動。1914 年，王國維先生發表《簡牘簡署考》，對簡牘的形制進行了系統的研究，這是里程碑式的著作。而對敦煌紙寫本形制的研究，主要是西方學者的成果，這可能與中國人的民族性有關，坊間傳説由於錢锺書先生崇高的學術成就，在西方文化界也影響頗大。有位英國女士打電話説非常喜歡他寫的文章，想到家中拜見他。錢锺書先生在電話中説：“假如你吃了一個雞蛋覺得不錯，又何必要認識那只下蛋的母雞呢？”這位英國女士和錢锺書先生，正好代表了中西文化的不同。一個寫本，西方學者想知道它的來源，它的出土地，中國學者祇關注寫本上面的文字。

　　西方寫本學中很重視寫本的物質形態，形成了專門的學科——“實物寫本學”，西名“codicology”或“archaeology of the book”，後者可譯爲“書籍考古學”，研究者將寫本的實物特徵作爲還原寫本生產、流傳和使用的重要綫索，開始關注寫本出產地，書寫載體、形制、頁面布局、裝幀、裝飾等一系列技術相關的非文本因素。實踐證明，對於文本内容的解讀固然重要，但若忽視其物質形態，會損失文本生成的時間、空間信息，甚至會造成對文本内涵的誤讀與扭曲。

　　但是，并不是每一個寫本研究者都具備瞭解寫本物質形態的條件，包括外在的條件和研究者自身的學識條件，但學者都可以根據自己的條件進行寫本的研究，比如敦煌寫本，除中國國内外，主要藏在英國、法國、俄羅斯和日本。這些寫本經過千年歲月，非常脆弱，極易朽爛，所以一般圖書館都典藏高閣，用照片或數位化的形式讓讀者觀看内容。所以，非寫本收藏單位的研究者就不可能對寫本的紙張纖維的粗細、紙質的薄厚、墨色的濃淡等進行真實的觀察和研究，祇能借用已有的研究成果。

寫本時期，除了簡牘寫本和紙寫本外，還有其他質地的，如陶片題字、磚志、瓷器題詩，尤其是漢末到唐五代，有大量的碑刻文獻面世。它們是否可以納入寫本的研究範圍呢？我認爲，石刻具有雙重性，既是寫本，也是刻本，它和宋以後刻本不完全相同，它和寫本的關係很密切：碑文大多是按照寫本的格式刻上去了，它在很多情況下反映了寫本的面貌。同時，碑刻在筆法上也反映了書寫者的特質，正如梁啓超所説：南帖爲圓筆之宗，北碑爲方筆之祖。遒健雄渾、峻峭方整，北派之長也。至於陶片題字、磚志、瓷器題詩等，都具有寫本的特點，但由於祇發現於個別地方，或數量不多，不具有普遍性。

以上我們談了寫本研究的主要内容，如果把它上升到學科的高度，可以做這樣的概括：寫本學主要研究寫本的材料、書寫工具、書寫者、寫本的製作、寫本的形態和文本的内容等方面具有普遍性的問題，還有解決以上問題的方法。

寫本的形態和文本内容的特點，李零先生曾經有這樣的描述：戰國秦漢的古書好像氣體，隋唐古書好像液體，宋以後的古書則是固體（李零：《簡帛佚書與學術源流》，北京：生活・讀書・新知三聯書店，2008 年，第 214 頁）。戰國秦漢的簡帛寫本古書離我們久遠，出土時散亂不完整，很難恢復到當時它的最基本單位，我們對其很難把握，所以像氣體。隋唐時期的紙寫本古書，比較完整者相對要多，對一個寫本作總體研究或對相關的幾個寫本作比較研究就容易把握，然而它又相對靈活隨意，同一篇文章，不同寫本呈現的是不同的樣子，所以像液體。至於刻本，則是千人一面，不會有大的變化，所以像固體。

因此，流動性是寫本的重要特點。所謂流動性，是指文本的不確定性。寫本時期，除了官府典藏的書籍如“五經”外，社會上流通的書籍大都是“爲我所用”，由於師承不同，使用目的不同，相同書籍在不同的寫本中呈現不同的面貌。我們看戰國秦漢時期甚爲流行的《老子》，郭店楚簡有三個《老子》寫本，北大藏漢簡有《老子》寫本，馬王堆帛書《老子》有兩個寫本，這些寫本之間差異很大，它們與今本之間也有較大差異。過去的研究者試圖從《老子》成書的不同階段解釋這些不同的文本。其實，在這些寫本產生的時候，《老子》一書已經成書且廣爲流傳，寫本的製作者依據不同的主題或需要，從已經成書的《老子》中摘抄成自己需要的文本。《老子》作爲一部以“養生”爲主題的格言警句的彙集本，不同的讀者從中挑取自己感興趣的内容，或者加以補充改造，這是寫本時期文本形成的方式。而且他們在摘錄《老子》的時候，把相關文章或讀後感也抄在一起，像郭店楚簡的《太一生水》就和《老子》抄在同一個寫本上，《太一生水》是《老子》内容的發揮和引申，寫本的製作者作爲一個整體閱讀使用。

　　在敦煌寫本中，這種情況也比較常見。如太子成道的故事，見於數十個寫本中，但幾乎沒有完全相同的文本。它們之間的關係錯綜複雜，有底本和抄本的關係，有底本和改編本的關係，有同一個祖本而又各不相同抄本的情況；有的祇是唱詞而省略了講述散文，有的祇是講述的散文而省略了唱詞，有的同一內容而用七言唱誦，有的則用雜言唱誦。至於情節的詳略，語言的巧拙，也是大爲不同。唐人選抄唐詩，是敦煌文學寫本中值得研究的結集現象。有些詩人的詩，見於多種寫本，但同一首，有的寫本祇抄其中一部分，有的則是全部抄錄，有的有題署，有的則無。用途決定了寫本製作者的取捨：他們不是爲保存詩歌，而是用這些詩歌爲自己的某種使用場所服務。各種民間儀式上唱誦的歌詞，有一部分就是借用現成的詩歌。在這種情境下，作者、作品的完整性等，都不是他們所關注的。

　　內容的整體性，也是寫本的一個重要特徵。所謂整體性，要求研究要顧及一個寫本的全部內容，對於紙寫本來說，要考慮正背面的全部信息，尤其要考察寫本所抄各篇作品之間的關係，還包括雜寫、修改痕迹等。從那些訛俗衍奪中，從那些增加或刪除的文字中，從那些修改符號中，從那些隨意的塗鴉中，探討寫本製作者的思想、文化、情趣。對寫本文獻的研究，不顧及整體性，是長期以來學術界存在的問題。比如，郭店楚簡《老子》和《太一生水》本來是一個寫本，但研究者往往分開進行研究，其實《太一生水》是《老子》部分內容的發揮和引申，就像馬王堆帛書《春秋事語》後附錄的文字一樣，我們要作爲一個整體來讀。傳世文獻中也存在這類情況，《史記》七十列傳第一篇《伯夷列傳》，這篇傳記問題是比較多的，而真正的“列傳”祇是其中的一段：第一段講古之高士，引到孔子對伯夷叔齊的評價，然後是一段小傳，小傳後是對“天道無親，常與善人”的質疑，最後又引用孔子、賈誼的話，反復陳說伯夷叔齊因孔子而名揚後世。“列傳”占的比例不大，主體部分是高士之所以得名的緣由的討論和讀列傳後的感慨，這些內容一部分是司馬遷的手筆，一部分是後人所附加。上博簡《子羔》《孔子詩論》《魯邦大旱》三篇爲一個寫本，而這一個寫本有一個總題目《子羔》，但研究往往作爲三篇不相干的文獻進行研究。既然寫本的製作者給這三篇一個總的題目，那麼，我們理解，他至少認爲這三篇是一個整體。《子羔》記載孔子對古史的看法，《孔子詩論》是孔子對詩的認識，而《魯邦大旱》則是孔子對鬼神的認識。這位寫本的製作者想必是一位大儒，這三篇都是闡述孔子的思想。

　　敦煌寫本 P.2633，如果從整體的角度進行探討，也是很趣的。這件寫本正面抄寫①《嶷嘀新婦文一本》（尾題）②《正月孟春猶寒一本》（尾題）③《酒賦一本，江州刺史劉長卿撰》④《崔氏夫人要（訓）女文一本》（首題）⑤《楊滿山咏孝經壹拾捌章》（首題）。正面所抄的五篇作品，體裁不一樣，內容也關係不大，但把它們抄在一起，表明它們是在某些儀式中共同傳誦使用的一組文章。我們推測，它們用在婚禮上可能性更大。《𪏙𪏧新婦文》是鬧新房時對新娘的調侃戲謔之詞；《正月孟春猶寒一本》包含着下層社會的基本知識，是民間藝人在各種儀式（包括婚儀）上展示才華的基本教材；《酒賦》也是婚宴上酒酣之時的講誦，由民間的"丑角"，類似於喜劇演員表演唱誦；《崔氏夫人訓女文》是母親在女兒出嫁前的訓導詞；《咏孝經十八章》是婚儀上證婚人對新人唱誦的詞章，要求新人孝敬父母。可以説，P. 2633 是一份民間説唱藝人的備忘録。

　　要特別説明的是，這個寫本中抄録的《𪏙𪏧新婦文》，其實包括：《自從塞北起煙塵》七言唱詞 10 句，内容與《𪏙𪏧新婦文》没有直接關係；《發憤長歌十二時》50 句，内容也與《𪏙𪏧新婦文》關係不大；入贅女婿劫新女出奔的故事。這三部分各自獨立，但抄寫者把標題"𪏙𪏧新婦文一本"抄在最後，説明他是把後三部分也作爲《𪏙𪏧新婦文》的組成部分。現代整理者總是把後面三篇删除，是没有明白寫本時期民間寫本的特點。因爲，在敦煌民間藝人看來，這四篇都是用在婚儀上的：《自從塞北起烟塵》是新郎新娘入洞房進行"安床"儀式的開場"序曲"，預示着"鬧新房"的即將開始，或是對新婚夫婦性生活的暗示。《十二時》則是希望將來生下兒子發憤讀書。入贅女婿的故事也是"鬧新房"的噱頭。這四個部分，并不按儀式順序而來，而是根據情況，由不同的"鬧新房"者唱誦。因爲不止 P. 2633 一個寫本把這四部分作爲一個整體，S. 4129、P. 2564 抄録的《𪏙𪏧新婦文》也包括這四部分内容，可見這是當時民間藝人經常作爲在同一儀式上使用的文本。所以，從整體的角度看，P. 2633 寫本不僅僅抄録了多篇婚禮儀式上運用的講誦文，而且也立體地展示了一場邊塞地區以中原文化爲主而兼具胡人風俗的婚禮儀式，粗狂而諧趣：有母親對女兒的諄諄叮嚀，有證婚人要求新人恪孝道的教誨，有喜客酗酒酩酊時的輕狂唱誦，有司儀向在場的親朋好友誇耀知識淵博的洋洋得意，有對新人早生貴子的祝願，更有尖酸刻薄嘲弄新娘的場景，等等。如果我們分割成不同的文本，就不能展示這樣一幅幅場面。

目　録

寫本群意識與敦煌文書整理瑣議*
—— 以張球及其作品研究爲例

楊寶玉

摘　要：本文意在探討敦煌文書整理研究過程中寫本群意識的作用、寫本群構建因素、不同寫本群之間關聯、改進相關研究的可行路徑等，試圖以晚唐文士張球及其作品研究爲例説明有關問題。認爲圍繞張球之名自然形成的張球署名作品寫本群是相關研究的基礎，從中發現的帶有坐標價值的要素，如張球爲晚唐五代時期唯一一位在敦煌長期任職留居的外來文士等，可成爲從佚失作者姓名的敦煌文書中查考張球著述并構建新的寫本群的依據，對上述兩寫本群内各文書的深度整理與文書之間關係的深入研究，有益於將研究者的目光引向原本看似無關的固有寫本群，如著名的八旬老人文書寫本群等，從而通過對類似的多群組文書的綜合研究多角度深層次探討張球其人其事其文，進而展開對歸義軍政治史、晚唐敦煌文學史與文化史、中國東西部地區交流史等相關學科的研究，而在此過程中對其他分支學科成果的借鑒及對重要文書認真細緻的文本細讀，可爲利用寫本群從事相關研究提供助益。

關鍵詞：寫本群；敦煌文書；張球；文本細讀

自 1909 年首篇敦煌學研究文章[①]問世至今，敦煌文書的整理與研究已走過了 110 多年的輝煌歷程，取得了衆多重要成果。這爲後學奠定了堅實基礎，同時，也提升了後續工作的難度。因而，新理念、新方法等的引入就顯得更爲迫切，寫本群意識即屬此列。

對於敦煌文書的整理與研究而言，所謂寫本群意識，個人認爲，即是在對一兩件重要文書進行文本細讀并取得具有坐標意義的研究成果之後，以此爲突破口，發掘與這一

* 本文爲國家社科基金項目 "晚唐敦煌文士張球與歸義軍史研究"（項目號：16BZS 007）的階段性成果。
① 羅振玉《敦煌石室書目及發見之原始》，1909 年 10 月 4 日誦芬室刊印，《燕塵》（1909 年 11 月 1 日）、《民籲日報》（1909 年 11 月）、《東方雜志》等均曾轉載。

兩件文書有密切關係的若干其他文書并探究其各方面價值，然後再圍繞這些已進行過深度整理的文書進一步擴大研究範圍，搜尋相關文書并深入剖析，以此類推。這樣，我們的研究對象便會從一兩件核心文書拓展至多層級寫本群，在對群組文書進行成系統成規模的全面辨析的基礎上，進一步解析某些寫本群之間的關聯，并展開視野更加宏闊的綜合研究。

　　本文擬以晚唐文士張球生平作品及相關歸義軍史、絲路文化交流史、敦煌文化史研究爲例，探討寫本群意識在敦煌文書整理和研究工作中可發揮的效力及需特別關注的幾個具體問題。不當之處，敬請專家學者教正。

一、張球其人及圍繞其署名形成的寫本群

　　張球是敦煌學者一般都會有所知聞的人物，他活躍於晚唐時期的敦煌，在當時的敦煌地方政權——張氏歸義軍政權——中長期任職，官至總攬藩鎮文辭之責的節度判官掌書記。敦煌藏經洞所出文書和敦煌地區留存的古碑銘中保留了二十來件張球署名作品，且内容多爲史料信息極爲豐富的名人名僧别傳、邈真贊、墓志銘，及具有官方色彩的功德碑等。無論數量還是品質，相對於其他同樣撰作於敦煌本地的文書而言，張球作品都稱得上出類拔萃。

　　上述張球署名作品自然而然地形成了一個寫本群，曾有多位學者就這些文書進行集中探討，取得了重要成就①。例如，對大部分張球署名作品進行了文獻學整理，并據以進行相關歸義軍史研究。再如，通過梳理作品中的題署，考證出了張球在張氏歸義軍政權中歷任官職的大致情況，等等。不過，相關研究留下的遺憾也不少：某些核心問題懸而未決，對某些作品尤其是作品之間關聯的解讀不够深透，張球在張氏歸義軍史上的地位没有得到應有的重視，其作品的史料價值未被充分發掘，以致晚唐敦煌地區史、文學史、文化史中的一些重要問題未能解決，甚至不被關注。

　　筆者以爲，形成上述遺憾的重要原因之一，是構成這一寫本群的基礎主要就是作者之名，但是不同研究者對文書作者署名方式的限定標準不一，有的認爲衹有"張球"名下的才算，有的則認爲"張景球"，甚至"張俅""張景俅"均是張球的别稱，名下的作

---

① 顏廷亮《關於張球生平和著述幾個問題的辨析》，原刊《中國敦煌吐魯番學會研究通訊》1993 年第 2 期，後收入氏著《敦煌文學概説》，（臺北）新文豐出版公司 1995 年版；顏廷亮《張球：著述繫年與生平管窺》，原刊《1990 年敦煌學國際研討會文集》（史地·語文編），遼寧美術出版社 1995 年版，後收入前揭氏著《敦煌文學概説》；鄭炳林《論晚唐敦煌文士張球即張景球》，《文史》第 43 輯，1997 年。

品都應歸入此寫本群①。 至於張球的生平事迹，如果僅靠2002年之前揭出的署名文書組成的寫本群，確實難以勾勒。 可以說，這一寫本群最初形成時外延不清、内涵不足的客觀現實是相關研究難以深入的關鍵。 那麼，我們應朝着至少兩個方向努力：

其一，認真辨析 "張球" "張景球" "張俅" "張景俅" 四稱之間的關係。 爲此，筆者已在前賢研究的基礎上，撰文論證了敦煌文書中的上述四稱實指同一個人，其中最原始的一稱可能是 "張景俅"，後來 "景" 字的減省應與時人常混用兩字稱與三字稱的習俗有關，至於 "俅" 又被寫爲 "球"，蓋因 "球" 字更常見而被反覆擇用并流傳頗廣，乃至實際使用頻率超過了本字②。 爲避免混亂，本文行文一般亦以 "張球" 稱之。

其二，努力根據既有綫索，補充相關寫本，甚或構建新的寫本群來彌補上述缺憾。以下着重探討此一問題。

二、圍繞張球出生地構建新的寫本群

轉機是最晚進入張球署名作品寫本群的英藏敦煌文書 S.2059 帶來的。

這件文書抄存的内容可略分爲兩部分：第一部分爲前 20 行，有首題，今尚殘存 "陀羅尼經序" 5 字，自第 2 行起爲序文正文，記述了撰序者頂戴受持《佛説摩利支天菩薩陀羅尼經》，特别是誦持該經咒語後親身經歷的幾個靈異事例和他的感悟，一開篇，撰序者即自稱 "□□□州山陰縣人張俅"。 第二部分爲後 26 行，即經文本文，其中序文部分有言 "弟子張俅知摩利……"，采用的是當時流行的將抄經者名字嵌入特定位置以積累佛教功德的習慣做法③。 這兩部分文字筆迹相同，内容相關，顯然出自同一人之手，即 "山陰縣人張俅"。

如所周知，我國古籍中記載的山陰縣凡兩指，一處爲秦置，隋廢入會稽縣，唐復置，明清時與會稽并爲浙江紹興府治。 另一處的故城則在今山西省山陰縣西南，係金時改遼的河陰縣而成④，出現時間晚於藏經洞的封閉。 因而，S.2059 所言山陰縣非越州山陰莫屬。 越州山陰縣地當現在的浙江紹興，無論學界對 "江南" 所指的地理範圍怎樣界定，越州山陰或説浙江紹興都屬於江南。

---

① 相關文書中題署的作者名大多爲 "張球" 或 "球"，合計至少出現了 13 次，見於法藏敦煌文書 P.4660、P.3425、P.3288v＋P.3555Av、P.2913v、P.4615 ＋ 4010v、P.2537、P.3863v、P.3715、中國國家圖書館藏敦煌文書 BD 06800（潛 100）等；還有的署爲 "張景球"，見於 P.2913v；"張俅" 或 "俅"，至少出現於 3 個寫卷中，見於 P.2568、P.2488、英藏敦煌文書 S.2059；"景俅"，見於敦煌市博物館藏《大唐河西道歸義軍節度索公紀德之碑》。
② 詳參拙文《晚唐敦煌寺學名師張球名字之異寫》，《童蒙文化研究》第六卷，即刊。
③ 在藏經洞保存的這部經的其他抄本的相應位置還有 "弟子勝富"（S.5391）、"弟子張紹濟（？）"（P.3110）等寫法。
④ 此山陰縣後又升爲忠州，元時并入金城，後復置，明清時皆屬山西大同府。

　　前已言及，"張球""張俅"是同一人名字的不同書寫形式，那麼，序文作者張俅（球）來自江南越州，自然是毋庸置疑的。

　　這一發現具有異乎尋常的特殊意義（該文書的揭出經過詳後），因爲以前學界并不知道唐五代時期的敦煌有外來文士長期居留并在此地創作了大量作品，誤以爲撰作於敦煌地區的文書的作者，包括張球在內，都是世世代代生長在那裏的本地人。至於個別明顯以外來人口吻寫成的文學作品等，例如《敦煌廿咏》《方角書一首》，均被誤認爲是匆匆過客所爲，創作時代也被誤斷爲唐前期。

　　以前學界的上述推想是參照敦煌地區史的特殊情況形成的。唐玄宗天寶十四載（755）安史之亂爆發後，吐蕃迅速攻占了唐朝河西隴右的大片領土，阻斷了敦煌與中原等地的正常交往，後來吐蕃還强占敦煌長達六七十年，在這裏施行了一系列吐蕃化措施（包括限制漢俗與漢字的使用，推行吐蕃民俗與文字等），直到唐宣宗大中二年（848）當地豪强張議潮率衆推翻吐蕃統治奉土歸唐和三年後唐廷在敦煌正式建立歸義軍政權時，河隴的不少地區仍受吐蕃控制，敦煌與中原聯絡不暢又持續了若干年。百年阻隔尤其是六七十年的異族統治，使得當時很多中原人或江南人視敦煌爲異域絶地，不會輕易前往，更不要説永久居留了。所以，在缺乏有説服力的證據的前提下，確實不可能任意幻想彼時的敦煌有外來文士的身影。

　　S.2059《〈佛説摩利支天菩薩陀羅尼經〉序》（以下簡稱"S.2059《序》"）的揭出打破了這一思維定式，該序係因虔誠宗教信仰而親撰親書的抄經序，所涉事件也均可考證，這樣的作者自述完全可以確認，并可用爲後續研究的參照。換言之，該序文可確證張球是晚唐五代長期在敦煌任職爲官并創作了大量作品的外來文士。由於今知有此經歷的僅張球一人，我們遂可以通過捕捉相關敦煌文書中的越州氣息，并輔助以字迹比對、口吻辨析等考辨方式，從已佚失作者姓名的敦煌文書中鉤稽張球作品，構建新的寫本群。

　　其實，當我們以全新思路和視角重新查閱相關文書時，一些以往被忽略的細節便會躍然紙上，成爲幫助我們走出困境的突破口。需要説明的是，針對各件佚名文書的具體情況，筆者的審視角度與論證方法均不是單一的，而是從不同側面相互勘驗，但本文重點非在考證，爲避免行文枝蔓，論述此一寫本群時，本文僅聚焦於各寫本的江南特性。試舉幾例。

　　其一，由多號殘卷拼合而成的非常著名的《敕河西節度兵部尚書張公德政之碑》抄件（S.6161A+S.3329+S.11564+S.6161B+S.6973+P.2762，學界習稱《張淮深碑》）卷背抄存有 19 首詩，其中有不少追憶詩作者故鄉舊時風物的詩句，采用了多個江南地名。例如，以閨婦思念徵夫口吻寫成的《"夫"字爲首尾》一詩情真意切地描述了徵夫期盼歸鄉的强烈願望及昔日的故鄉生活場景，謂："天山旅泊思江外，夢裏還家入道壚。鏡湖蓮沼何時摘，柳岸垂泛楊（楊泛）碧朱。"如所周知，在中古時期的中原人看來，江南之地處於長江之外，故常用"江外"指稱江南。詩中所言"鏡湖"更是有名，且正位於越州山陰，是知令在"天山旅泊"的詩作者魂牽夢繞又記憶猶新的昔日成長之地就在鏡湖之畔。根據這些詩句，我們不僅可考出它們出自張球之手①，還可確知越州不僅是張球的出生地，還是他早年的成長之地，由此我們便可以進一步追尋張球生平事迹的諸多重要組成部分。

其二，僅見於敦煌文書的五言組詩《敦煌廿咏》是敦煌文學中的名篇，吟咏的是作者尋訪踏查過的敦煌附近的二十處名勝古迹，爲後人存留了許多有關中古敦煌自然地理和人文地理等方面的信息。敦煌文書中留存有 7 個或全或殘的《敦煌廿咏》寫本，可説明這一由二十首詩構成的組詩在當時受歡迎的程度。近年蘭州大學中華詩樂文化研究中心又將《敦煌廿咏》改編成了聲樂套曲，於 2020 年 10 月 11 日在蘭州市進行了十分成功的首場演出，可見至今人們仍追捧喜愛它。祇是，關於這一組詩的作者，學界普遍認爲已無從查考，即便個別學者曾懷疑過是張球，也因拿不出證據，被認爲是憑空猜測而不被接納。現在我們知道張球早年生活於越州後，卻可以確認詩作者非張球莫屬。原因之一即是《敦煌廿咏》的第七咏爲《水精堂咏》，其中有詩句"可則棄胡塞，終歸還帝鄉"，咏嘆的是中晚唐時期的淮南裨將譚可則被吐蕃拘押扣留六年，最後逃歸中原的故事。其事在中國歷史上并不十分有名，流傳範圍相當有限，未見將其視爲典故而入詩入文的傳世文獻，所以以前研究《敦煌廿咏》的學者大都因未解其意而斷錯了這組五言律詩的年代，即便有博聞強識的學者考出了其涵義②，也不能解釋如此不被常人所知之事爲何會被寫入咏嘆西陲敦煌勝迹的詩作。今考關於譚可則事迹的最翔實可靠的記述出自唐人趙璘的《因話録》卷四，其中提到譚可則"凡在蕃六年，及歸，詣闕自陳，敕付神策軍前馳③使。未及進用，爲軍中沙汰，因配在浙東，止得散將而已，竟無官。開成四年，余於越州遇之，見其步履不快，云於蕃中走時凍損足……聽其語，猶微染戎音"④。據此可知譚可則逃離吐蕃之後最終是回到了浙東越州，那麼他的故事爲越州人所知便不足爲奇。張球早年生長於越州，將其熟悉的譚可則事迹寫入詩文，便是合情合理的了，而這正可爲推斷《敦煌廿咏》的作者是張球提供十分有力的證據⑤。

其三，英藏敦煌文書 S.5644《方角書一首》以唱嘆"江南遠客跧，翹思未得還"的

① 詳參拙文《〈張淮深碑〉抄件卷背詩文作者考辨》，《敦煌學輯刊》2016 年第 2 期。
② 李正宇《〈敦煌廿咏〉探微》，杭州大學古籍研究所編《古文獻研究》，哈爾濱師範大學出版社 1989 年版。因考出了詩句所用典故，李先生正確地推斷出《敦煌廿咏》當創作於晚唐，爲相關研究做出了重要貢獻。
③ 原書注："馳誤，應作驅。"
④ （唐）趙璘：《因話録》（與《唐國史補》合刊），上海古籍出版社 1957 年版，第 96—97 頁。
⑤ 詳參拙文《〈敦煌廿咏〉作者與撰寫時間考證》，《童蒙文化研究》第四卷，人民出版社 2019 年版。

羈旅愁思爲主題，傾訴的是一位來自江南、遠離故土的客人羈留於西陲異鄉，憶念故里而又無法回歸的憂鬱愁悶與悲苦無奈。全詩自卷面中心起，以順時針方向從内向外螺旋式抄寫，最終呈現爲正方形，是非常別致的異形詩，因新奇有趣而爲敦煌文學研究者所喜聞樂道。祇是這首詩也因無從尋根追源，被長期誤判爲唐前期從江南遠來敦煌的戍卒所作。問題是該詩是利用《净名經關中釋抄》卷背空白抄寫的，而《净名經關中釋抄》最早也要到 9 世紀後半葉才可能傳入敦煌，其紙背詩歌的抄寫必然更晚，創作時間自然可晚至 9 世紀後半葉甚至更晚些時候，我們可將考察的時間範圍延至抄寫者懷慶生活的晚唐五代。結合詩中的江南因素，筆者已基本考定該詩原創者也是張球[①]，他將新穎獨特的異形詩傳入敦煌，這一江南文人的巧妙心思無疑可以豐富歸義軍時期敦煌文學的樣式，詩的首句"江南遠客踜"非常凝煉形象地描繪了張球一生的主要特點和他晚年的强烈感受，是其境遇的真實寫照。

其四，法藏敦煌文書 P.3303v 極其有名，雖然僅有 200 餘字，却因爲是有關東傳中國的印度製糖法的獨一無二的最早最詳盡記述，對研究中印科技與文化交流史、蔗糖生産加工史等具有重要價值，一直備受重視。學界泰斗季羨林先生即因這件文書開啓了他的譽滿全球的蔗糖史研究[②]。根據文書中借助敦煌高昌的農作物描繪甘蔗外形的做法，季先生判斷這件文書的撰寫者是敦煌一帶的人，不過，季先生也質疑不種甘蔗的敦煌人爲什麽會對甘蔗和造糖感興趣。這其實就是在問這份珍貴記録爲什麽沒有保存於範圍非常廣大的甘蔗種植地與蔗糖生産地，而是獨存於乾旱少雨、根本不會施用相關技法的西陲敦煌。自 1982 年季先生提出此問，至今已近 40 年了，一直沒有答案。如今張球研究的進展却可以給我們以啓發。考關於印度石蜜匠來華傳授製糖技法一事，《續高僧傳》卷四《唐京師大慈恩寺釋玄奘傳》記述較詳，稱中天竺戒日王及著名佛寺菩提寺的僧主曾遣使赴唐廷朝觀，唐太宗李世民予以了積極回應："使既西返，又敕王玄策等二十餘人隨往大夏，并贈綾帛千有餘段，王及僧等，數各有差。并就菩提寺僧召石蜜匠，乃遣匠二人僧八人俱到東夏。尋敕往越州，就甘蔗造之，皆得成就。"[③]這條史料清清楚楚地説明：唐廷安排來華的印度石蜜匠傳授製糖技法的地點爲盛産甘蔗的越州。那麽，生長於越州并興趣廣泛的張球自然熟知天竺甘蔗的種類、印度製糖法的基本工藝、甘蔗種植方法等，於到敦煌若干年後追憶記述并用沙州和高昌等地的常見農作物糜子作比，以使沒見過甘

① 詳參拙文《敦煌寫本〈方角書一首〉創作時間與撰作者推考》，《國際中國文學研究叢刊》第 8 集，上海古籍出版社 2020 年版。

② 季羨林：《一張有關印度製糖法傳入中國的敦煌殘卷》，《歷史研究》1982 年第 1 期。該文又收入氏著《季羨林學術論著自選集》（北京師範學院出版社 1991 年版）、《季羨林文集》第 10 卷（江西教育出版社 1998 年版）、《蔗糖史》（中國海關出版社 2009 年版）等。

③ （唐）釋道宣撰，郭紹林點校：《續高僧傳》，中華書局 2014 年版，第 120 頁。

蔗的西北居民想象出甘蔗的樣貌，便是很普通很正常的一件事①。於張球而言，此文祇是他因興之所至而隨手寫下的懷舊隨筆，可對於千年後的我們來説，却是一篇彌足珍貴的歷史文獻！世事之玄奇難測與敦煌文書内含之豐富無際，着實令人感嘆。

以上列舉了幾個比較有趣的例子，意在説明圍繞越州要素構建寫本群的可能性。而在明確了具體文書的作者、寫作時間等因素之後，我們可以更充分地認知作者的思路與情感，以及文書的歷史與社會背景，從而更深層次地解讀文書，挖掘出文書中蘊含的豐富的史料信息。例如，這一寫本群可爲深入研究敦煌文化史上的一個相當特殊的時期——晚唐時期的敦煌文化的演進過程、組成元素等問題提供無可替代的研究資料。以前我們祇知道在經過與中原的百年隔絕尤其是吐蕃的長期統治之後，敦煌需要儘快重建與復興漢文化，但是這一使命是怎樣迅速完成的，在這一過程中有無外來文士襄助，諸如此類的問題却無法解答，甚至不曾被提起。這一寫本群使我們意識到於特殊形勢下西來的越州文士張球因應時勢所需，擔當起了傳播介紹日新月異的中原與江南文化的重要使命，促成了江南文化與敦煌文化的交流互進，以致晚唐敦煌文化中出現了諸多江南因素。

當然，可歸入這一寫本群的文書還有不少，如某些標注了南方語音的文書等即是，相關考證工作仍在繼續。

下文擬以張球研究爲例，探討寫本群之間的關係問題。

三、關照零散文書或參照不同組群文書進行綜合研究

首先説特定寫本群中的文書很可能與零散文書②有重要關聯。例如，前面提到過的張球所撰《“夫”字爲首尾》一詩中有言“閨中面（緬）想省場苦，却羨西江比目魚”，考“省場”係唐宋時期尚書省禮部策試進士的場所，故這兩句詩的意思是閨婦遥想丈夫場屋應考的異常辛苦，羨慕那兩兩相并而行的比目魚，言下之意即艱辛異常的省場應試導致了夫妻分離。這樣，我們便知道了詩作者張球曾參加過省試。

敦煌文學作品中有一篇《貳師泉賦》，吟咏的是敦煌三危山中的懸泉，又名貳師泉。這篇賦未見載於傳世文獻，但在敦煌地區流傳頗廣，歷來備受學界關注。但關於該賦的作者一直是學界公案，因爲抄存該賦的法藏敦煌文書 P.2488 將作者記爲“鄉貢進士張仸撰”，雖可表明作者有鄉貢進士的身份，姓張，單字名，但十分可惜的是，其名字的書

---

① 詳參拙文《印度製糖法文書重校及其獨存敦煌原因新探》，《敦煌研究》2019 年第 4 期。
② 所謂零散文書，其實也應是從屬於其他寫本群，祇是我們主要針對該件文書而不是其所屬群的所有文書展開研究，故在此情形下姑且以此稱之。

寫很不規範，究爲何字，相關學者的識讀結果與校録方式相差甚遠，或録爲"俠"，或録爲"俅"，也有學者認爲已不可考，那麼，關於其生平及該賦的寫作背景也就無從深究了。

可是，當我們把上述從《"夫"字爲首尾》詩句中得出的結論與已考出的張球生平、彼時科舉考試演變、藩鎮幕府用人制度等進行綜合考量後，再反觀《貳師泉賦》的思想内容與作者題署，自然會推理出賦作者爲張俅（球）的結論，并且，這也解答了江南越州人張球西來敦煌的緣由：很可能是在以鄉貢身份參加進士科考試却未中之後，像當時其他許多落第舉子投奔藩鎮充當幕僚一樣，張球遠赴敦煌，入幕新成立的歸義軍政權。那時的敦煌正處於歷經吐蕃長期浩劫後須儘快恢復與重建漢文化的關鍵期，迫切需要張球這樣飽受江南與中原文化熏陶的外來文士襄助，歸義軍赴京入奏的使者或留質京師的張議潭等自然要爲歸義軍政權招攬人才。對於剛剛推翻吐蕃統治、重新回歸唐廷懷抱的敦煌人而言，來自中原内地的鄉貢進士無疑具有耀眼光環和莫大魅力，此時於頌揚敦煌名勝的賦作上署明"鄉貢進士"身份，實在是再恰切不過。因爲至唐後期，"鄉貢進士"已成了省試落第者的身份標識與榮譽頭銜，畢竟他們雖然未能成功擢第獲得出身，但確曾是州府考試中的優勝者，相對於那些連赴中央應考資格都没有的普通讀書人而言，還是擁有一定的特殊地位[①]。

我們再看寫本群之間的關聯，試以與張球生平主要時間節點記述有關的文書爲例。

在張球署名作品寫本群中，S.2059《序》記"以涼州新復，軍糧不充，蒙張太保□□□武發運使，後送糧馱五千餘石至姑臧"，稱咸通二年（861）歸義軍剛剛收復河西重鎮涼州時，因軍糧不足，節度使張議潮（去世後被尊稱爲"太保"）曾派遣張球率領大隊人馬赴靈武領取唐廷撥付的出借糧并押運至涼州。這説明其時身爲外鄉人的張球必然已在歸義軍中效力了很長時間并贏得了充分信任。換言之，張球應是在歸義軍成立的 9 世紀 50 年代即投身其中了。此後署名文書中有關其生平時間節點的直接記録多了起來，主要見於其陸續撰作的傳贊碑銘，其中最早的是 P.4660《大唐河西道沙州故釋門法律大德凝公邈真贊》所題撰寫時間"時咸通五載（864）季春月莫生十葉題"，最晚的是今藏敦煌市博物館的《大唐河西道歸義軍節度索公紀德之碑》的撰文時間景福二年（893）春夏[②]。這一時間跨度已長達三十年。

---

① 詳參拙文《敦煌寫本〈貳師泉賦〉作者考辨》，待刊。

② 該碑文中有言："於時景福元祀，白藏無射之末，公特奉絲綸，就加……"，是知該碑是爲慶賀景福元年（892）秋索勳獲封歸義軍節度使而刻立，則其撰作時間當在册封敕書送達敦煌之後不久，慮及當時長安與敦煌之間的往來耗時，該碑文當撰於次年春夏。詳參拙文《〈大唐河西道歸義軍節度索公紀德之碑〉校注及其史料價值補議》，中國社會科學院歷史研究所與日本東方學會共同主辦之首届中國文化研究論壇論文，廈門大學，2019 年 8 月 29 日至 9 月 1 日，會議正式論文集即將出版。

　　前述據文書中江南氣息構建的新考出張球著述寫本群中恰有一些相關表述。例如，《張淮深碑》抄件卷背所存《得□硯》詩中有言"一別端溪硯，於今三十年"，同卷一首闕題詩中亦曰"三十年來帶（滯）玉關，磧西危冷隔河山"，表明至寫這些詩時，張球離別常用端溪硯、麗江箋的故鄉，遠赴玉門關所在的敦煌已有三十年。再如，今知 7 件抄錄《敦煌廿咏》的敦煌文書中有 5 件都抄存了一篇爲這 20 首詩之集抄而寫的序文，其中 4 件中有言"僕到三危逾二紀"（P.2748v、S.6167v、P.3870、P.2983），1 件上寫着"僕到峍山逾三紀"（P.3929），表明序文由詩作者分別寫於或改於其到敦煌大約二十四年或三十六年時。可知張球是一位創作期相當長的文士。

　　俄藏敦煌文書 Дx.11051Bv 保留了一段文字："老人時年八十一，加之□□□輟筆"，謂這位老人於八十一歲時因年齡大和其他遭際而決定停止撰述。考唐五代時期敦煌的能文之士，今知耆年長壽又作品眾多的僅悟真與張球兩位，但悟真辭世既早，又爲佛門高僧，與題記中老人自稱的語氣不合，再輔助以字迹比對等，可知這位宣示將輟筆的老人祇能是張球。這説明張球的著述活動持續到了八十一歲高齡，於是我們對其生平的認知又豐富了一些。

　　不僅如此，面對"老人時年八十一"的表述方式，稍稍熟悉敦煌文書的學者就會聯想到另一寫本群。藏經洞中保存有數十件底本來源、抄寫格式、書體字迹等相同或相近的《金剛經》《閻羅王受記經》，或兩經之合抄，其中十餘件抄本的題記更具有明顯的内在聯繫：各題記中記録的抄經時間先後相繼，從 905 年延續到了 911 年，抄寫者的自稱分別爲"老人八十有二""八十二老人""八十三老人""八十三老翁""老人八十三歲""八十四老人""八十五老人""八十八老人"，均在八十一歲之後，與上段論及的Дx.11051Bv 所言正相對應。

　　Дx.11051Bv 是一個非常重要的中間環節，提示我們應認真考察張球與這位頻繁現身於寫經題記從而令人印象深刻的八旬老人之間的關係。據筆者的多角度推考，這位八旬老人正是張球①。這樣，根據上述題記中的準確紀年，參酌古人將出生即視爲一歲的習慣做法，我們可以推知張球出生於唐穆宗長慶四年（824），那麼其到敦煌時不過三十歲左右，正當壯盛之年，又據 BD10902（L1031）《金剛經》後題記"辛未年七月廿日，八十八老人手寫流通"，可知到公元 911 年②他尚在人世，已在敦煌生活了五六十年。

---

① 詳參拙文《敦煌寫經題記中的八旬老人身分考索》，《隋唐遼宋金元史論叢》第九輯，上海古籍出版社 2019 年版。
② 其時敦煌尚處於金山國時期，時當中原後梁開平五年。

四、餘論

上文以張球及其作品研究爲例，彙報了筆者有關寫本群問題的幾點思考。最後，還擬就兩點想法略作補充。

其一，不同分支學科學者之間的交流借鑒極其重要，應適當關注相關分支學科的研究成果，以求互補互助，協同共進。

早在敦煌學發軔期的 1911 年，學界就因討論敦煌文書中保存的張球刪定的《略出籛金》殘卷（P.2537）而注意到了張球及其作品[①]，以後學界的相關研究未曾間斷，祇是一直將張球與其他敦煌文書作者等同看待，没有注意到他的特別之處。S.2059《序》對張球研究意義重大，但是 1950 年代後期，包括 S.2059 在内的大部分英藏敦煌文書被製成了縮微膠捲，二三十年後還被印成了大型圖録《敦煌寶藏》，這件文書却一直未被關注。這當中的原因應該是多方面的，一是海量敦煌文書的檢索難度大，二是有關張球名字的討論不够充分，三是搞宗教文書研究和世俗文書研究的學者有分野。而第三點尤其應引起我們的特別注意，因爲正是由於 S.2059 是一件抄經序，主要研究世俗文書的學者一般不會去佛經類文書中查找資料，主要研究宗教文書的學者也不留意佛教史之外的訊息，其異乎尋常的研究價值便被隱没了。2002 年，臺灣學者陳玉女先生在探討《佛説摩利支天經》信仰的過程中抄録了這段序文，但僅將其用爲一般材料一帶而過[②]。所幸，這件文書由此進入了敦煌文學研究者的視野：曾就張球及其作品刊發過多篇論文的顏廷亮先生立即將序文中的"張俅"推斷爲在敦煌文書中留下了十多件署名作品的張球，迅速撰就《有關張球生平及其著作的一件新見文獻》一文[③]，將其介紹給學界。祇可惜該文發表後，顏先生没有對這件文書展開進一步研究，張球實爲外來文士這一重要信息被完全忽略，相關研究無從及時跟進。於此，我們就要提到另外一個問題了。

其二，文本細讀在今日的敦煌學研究中愈益重要。

敦煌文書的研究價值非常巨大，但是，首篇敦煌學研究文章刊發於 1909 年，距今已有 110 多年，這當中絶大部分敦煌文書早已陸續公布，無論是單一文書，還是自然而然形成的寫本群，都已被衆多學養深厚、具有遠見卓識，且信息靈通、交往廣泛的學者進

① 劉師培《敦煌新出唐寫本提要》之《籛金一卷半》，原刊《國粹學報》第 7 卷第 1 期，1911 年；後收入《劉申叔先生遺書》第 63 册，華世出版社 1975 年在 1936 年初版基礎上重出；又收載於王重民《敦煌古籍叙録》，商務印書館 1958 年初版，中華書局 1979 年、2010 年等多次印刷。
② 陳玉女《〈佛説摩利支天經〉信仰内涵初探——從鄭和施刻〈佛説摩利支天經〉談起》，首發於 2002 年 7 月舉辦的"麥積山石窟藝術與絲綢之路佛教文化國際學術研討會"與"北石窟佛教藝術與絲綢之路佛教文化國際研討會"，後收入會議正式論集《麥積山石窟藝術文化論文集》，蘭州大學出版社 2004 年版。
③ 顏廷亮：《有關張球生平及其著作的一件新見文獻》，《敦煌研究》2002 年第 5 期。

行過卓有成效的研究。可以説，如今一望而知的具有重要研究價值却還未受關注的敦煌文書或由多件文書構成的寫本群已很難找到了。這樣，作爲後學，我們恐怕只能從文本細讀入手，不放過那些看似細小，實則隱含着重要研究信息的綫索，并留意文書與文書之間、文書與傳世文獻之間的聯繫，在對文書進行深度文獻學整理的基礎上，努力挖掘文書中蘊含的史料信息，同時不斷補充完善自己的知識結構，從而發現問題，進行深入探究，以求解決問題。

我們相信，敦煌文書潛在的研究價值依然很大，艱苦細緻的工作會帶給我們會心的喜悦，張球研究就是一個例證。在敦煌文書作者群中，張球的確非常特殊，紛亂動蕩交通阻隔的艱難時代、自江南至西北的跨界任職徙居、文士高官佛教信徒的多重身份、獨存於敦煌的題材豐富體裁多樣的大量作品……諸多因素交互作用，使張球其人其事其文兀然卓立。可以説，張球的生命軌迹與撰述内容關乎的不僅僅是個人傳奇，更是一個時代一個地區的歷史。張球作品大多文學色彩濃郁，史料信息豐富，對其生平事迹與各類著述的多角度多層面的解讀剖析當有益於歸義軍政治史、晚唐敦煌文學史與文化史、中國東西部地區交流史等相關學科研究向縱深發展。而這一例證同樣可以在研究方法上帶給我們一些啓示。

（作者簡介：楊寶玉，中國社會科學院古代史研究所）

S. 2607+S. 9931 書手爲張球考 *

趙鑫曄

摘　要： 敦煌 S.2607+S.9931 寫本正面存曲子詞 28 首，從筆迹、曲子詞内容和作者生平三個方面綜合考察可知，該卷的編寫者爲晚唐敦煌著名文士張球，編寫時間在 903—904 年之間。P.2506V 存詞 5 首，與 S.2607+S.9931 風格相類，亦爲張球創作并抄寫。

關鍵詞： S.2607+S.9931；P.2506V；曲子詞；張球

S.2607 爲一殘卷，正面抄曲子詞集，90 行，存詞 28 首；背面爲歸義軍時期金光明寺法器雜物的交割文書[①]。S.9931 爲殘片，正面 10 行，皆爲曲子詞，背面爲社會文書。S.9931 可以拼接在 S.2607 尾端第 75—84 行下方，從而恢復一部分内容的完整[②]。 如此，我們則可將二卷合并考察并討論。

S.2607+S.9931 所存的 28 首曲子詞，均有墨筆句讀，其中僅有兩首見於《全唐詩》，爲唐昭宗李曄的作品，其餘皆爲不見於傳世文獻的佚詞。 蒙伏俊璉先生不棄，筆者兩年前曾有幸拜讀到伏先生及其團隊對 S.2607+S.9931 的最新校録成果[③]，在此過程中偶然發現該卷的筆迹與晚唐時期的敦煌著名文士張球頗爲近似，故向伏先生提出這一不成熟的看法，後被伏先生采用。 然而彼時的結論僅憑印象得出，難免疏漏且可疑，故筆者特撰此文，擬從筆迹、曲子詞集内容和張球生平三個方面分别進行論證，以求教於方家。

---

* 本文係興義民族師范學院博士基金項目 "俄藏敦煌文獻簡目（項目號：20XYBS05）" 階段性研究成果。

① 背面内容《敦煌遺書總目索引》擬題爲《某寺交割常住什物點檢曆》，妙智一文進一步將其定名爲《金光明寺法器雜物交割賬》。 詳參妙智：《英藏敦煌遺書人物小考》，《法源》2004 年號，總第 22 期。
② 伏俊璉：《一部家國血淚簡史：S.2607+S.9931 寫本研究》，《學術研究》2020 年第 4 期。
③ 國家社科基金重大項目 "5—11 世紀中國文學寫本整理研究" 課題組、伏俊璉執筆：《S.2607+S.9931 寫本校録及研究》，《寫本學研究》第一輯，商務印書館 2021 年版，第 151—179 頁。

一、筆迹

　　筆迹是對書手身份進行判斷的直接依據。每個人的書寫生涯，都會隨着學習、臨摹、閱歷和年齡的變化，從而在各個不同的階段中呈現出較爲穩定的書寫風格、運筆習慣和結體特徵。所以，試圖證明 S.2607+S.9931 確爲張球所寫，我們首先要熟悉張球的筆迹。

　　敦煌文獻中通過寫本題記或内容可確定爲張球本人所抄的寫本有以下六件：

1. P.2537《略出簽金》

　　據卷一末的題記"宗人張球寫，時寫七十五"，該卷是張球七十五歲時所抄的楷書寫本。

2. P.2568《南陽張延綬别傳》

　　該寫本題署"河西節度判官權掌書記朝議郎兼御史中丞柱國賜緋魚袋張俅撰"，末尾題"于時大唐光啓三年（887）閏十二月十五日傳記"。綜合起來看，該卷的内容是張球在光啓三年（887）閏十二月十五日爲張淮深第三子張延綬所作之傳記，後來又親自抄寫。該卷爲楷書寫本，有雙行小注和朱句點讀，與下文所提到的 S.6161A+S.3329+S.11564+S.6161B+S.6973+P.2762《張淮深碑》行款一致，因此二者的用途當一致，皆爲張球致仕後用來課徒的教材①。

3. BD06800《大佛頂萬行首楞嚴經咒》及題記

　　該卷經文與題記筆迹一致，皆用工整楷書抄寫。卷末題記："《大佛頂陀羅尼經》有十卷，咒在弟七卷。内弟子張球手自寫咒，終身頂戴，乞願加備。中和五年五月十八日寫訖。"據此，該卷寫於中和五年（885），且具有硬筆書寫的特徵。

4. P.3863V《〈金剛經〉靈驗記（光啓三年紀事）》②

　　根據"光啓三年九月十九日夜三更""球與一人面向北胡跪，捧一盌清水而飲"之句，可以判定該卷爲張球本人在光啓三年（887）九月十九日所寫的行書寫本。又《靈驗記》前還抄有《大般若波羅蜜多經卷第五百七十六》，筆迹相同，亦有朱筆點讀，故

---

① 詳見下文對 S.6161A+ S.3329+ S.11564+S.6161B+S.6973+P.2762《張淮深碑》的介紹。
② 録文見楊寶玉：《敦煌本佛教靈驗記校注并研究》，甘肅人民出版社 2009 年版，第 294—296 頁。

同爲張球所抄。

5.S.2059《〈佛説摩利支天菩薩陀羅尼經〉及序》①

該卷抄有兩部分内容：一爲《〈佛説摩利支天菩薩陀羅尼經〉序》，有張球自述在咸通元年（860）十一月受摩利支天庇佑順利出使之事；一爲《佛説摩利支天菩薩陀羅尼經》，將"我（某甲）知摩利支天母有大神力"句中的通稱"我（某甲）"填入"張俅"。所以，該卷爲張球本人所抄的楷書寫本，且具有硬筆書寫的特徵。因卷中未透露具體的時間信息，楊寶玉認爲此文可能是張球退出政壇專心事佛之後的追憶之作②。

6.P.3715V《致大夫狀》

該狀僅存4行，其中有"球自到西□"，可知爲張球本人所寫。該狀中之"大夫"爲張淮深，據李軍先生考證，張淮深使用"大夫"稱號的時間在咸通十年（869）至中和二年之間（882）③，由此可大致確定該狀的年代。

文獻本身無提示、經過學者考證後定爲張球所抄的寫本有以下諸件：

1.S.6161A+S.3329+S.11564+S.6161B+S.6973+P.2762《張淮深碑》及背面《詩文十九首》

該卷正面爲《張淮深碑》，用楷書抄寫，大量雙行小注，有朱筆點讀。經李正宇、馬德、楊寶玉先生考證，爲張球所撰并抄寫④。該卷是張球致仕後教授學生的教材，所以自己抄寫并加注，注文多來自張球所删定的《略出籛金》⑤。背面有詩文19首，行書，經楊寶玉先生研究，亦是張球所作所抄⑥。

2.P.2672+……⑦+P.5007+S.6234《唐佚名詩集》

該卷正面爲書札，背面存《胡桐樹》《焉耆》《番禾縣》《金河》《酒泉》《敦煌》等詩歌23首左右，經李軍先生考證，這些詩爲張球所作并抄寫⑧。該卷書體介於楷書與行書之

---

① 該卷的詳細研究情況和録文分別見楊寶玉：《敦煌本佛教靈驗記校注并研究》第101—139頁《〈摩利支天菩薩咒靈驗記〉與張球事迹輯補》和第288—293頁。
② 楊寶玉：《敦煌本佛教靈驗記校注并研究》，第137頁。
③ 李軍：《歸義軍節度使張淮深稱號問題再探》，《敦煌研究》2015年第2期。
④ 李正宇《敦煌學導論》："筆者傾向於張球所撰。從夾注本抄卷筆迹看，爲張球手書無疑。余意張球先撰碑，致仕後教授生徒，復自爲注，以授後學者也。"（甘肅人民出版社2008年版，第294頁注③）馬德：《〈張淮深碑〉的作者再議——兼論敦煌寫本之張球、恒安書體比較》，《絲路歷史文化研討會論集（2012）》，新疆科學技術出版社2013年版，第95—98頁；楊寶玉：《〈張淮深碑〉作者再議》，《敦煌學輯刊》2015年第3期。
⑤ 鄭炳林、李强：《晚唐敦煌張景球編撰〈略出籛金〉研究》，《敦煌學輯刊》2009年第1期。
⑥ 楊寶玉：《〈張淮深碑〉抄件卷背詩文作者考辨》，《敦煌學輯刊》2016年第2期。
⑦ 此處省略號表示雖與同卷但無法直接拼接，下同。
⑧ 李軍：《敦煌本〈唐佚名詩集〉作者再議》，《敦煌學輯刊》2017年第1期。李氏文中對此三卷的研究史也介紹得非常詳細，故本文不再贅述。

間，亦可稱之爲行楷。

3.P.3303V《印度製糖法》

該卷由楊寶玉先生考證爲張球所撰抄①，書體爲行楷。

4.P.2748V《敦煌廿咏》等

該卷正面抄《古文尚書》，與卷背的内容和筆迹有異。背面内容較多，有《燕歌行》《古賢集》《大漠行》《長門怨》《國師唐和尚百歲書》《王昭君怨》《諸詞人連句》《敦煌廿咏》等，書體爲行楷。經楊寶玉先生考證，卷背《敦煌廿咏》爲張球所撰所抄②，因其他内容與《敦煌廿咏》相連屬且筆迹一樣，故上述所有内容當皆爲張球抄寫。

5.P.3929《敦煌廿咏》

該卷爲册頁裝，楊寶玉先生認爲是張球本人所抄③。書體爲行楷，在張球已知的抄本中，該抄本的字迹最爲潦草。

6. 八十老人所抄《金剛經》（三十二分本）及《閻羅王授記經》

敦煌文獻的書手中有一位未透露姓名的八十歲左右的老人，主要抄寫《金剛經》（三十二分本）兼及《閻羅王授記經》，大多爲册頁裝，少數爲卷子裝。這些册頁裝中，除個别保存完整外，其餘皆呈散落狀態。該老人所抄的寫本一共保留了18條題記，現總結如下表④。除去18條題記所涉及的卷號，另還有70餘號内容與字迹相同的寫本，其中一部分還可作綴合⑤，因涉及卷號過多，故本文祇討論有題記的寫本。

學界對此位老人前後有過多種猜測，最終由楊寶玉認定爲張球，并由此推出張球的出生年份在公元824年。

表1　八十歲老人抄經題記内容表

序號	卷號	時間	題記内容
1	Дх11051BV⑥	904年	西（下殘）。老人時年八十一，加之（下殘）輒筆。

① 楊寶玉：《印度製糖法文書重校及其獨存敦煌原因新探》，《敦煌研究》2019年第4期。
② 楊寶玉：《〈敦煌廿咏〉作者與撰寫時間考證》，《童蒙文化研究》第四卷，人民出版社2019年版，第129—139頁。
③ 楊寶玉：《〈敦煌廿咏〉作者與撰寫時間考證》。
④ 此18條題記，羅慕君先生找到11條，張總先生找到12條，楊寶玉先生找到17條。見羅慕君：《敦煌〈金剛經〉八十老人抄本考》，《古籍研究》2017年第2期；張總：《〈閻羅王授記經〉綴補考研》，《敦煌吐魯番研究》第五卷，北京大學出版社2001年版，第81—116頁；楊寶玉：《敦煌寫經題記中的八旬老人身分考索》，《隋唐遼宋金元史論叢》第九輯，上海古籍出版社2019年版，第93—108頁。
⑤ 羅慕君先生與筆者皆做了一定程度的復原工作。羅慕君：《敦煌〈金剛經〉八十老人抄本考》；《文字比較在敦煌本〈金剛經〉整理中的運用》，《古漢語研究》2021年第2期；趙鑫曄：《敦煌册頁裝〈金剛經〉的整理與研究》，《文津學志》第十一輯，國家圖書館出版社2018年版，第370—398頁。
⑥ 此條亦由楊寶玉先生發現，并認爲是張球所寫，但未歸爲抄經題記。詳參楊寶玉：《晚唐敦煌著名文士張球崇佛活動考索》，《河北師范大學學報》（哲學社會科學版）2020年第3期。筆者查看圖版後發現，該卷殘存的右上角爲圓弧形，

序號	卷號	時間	題記内容
2	S.5443+S.5534	905 年	時天復五年歲次乙丑三月一日寫竟，信心受持，老人八十有二。
3	S.5444	905 年	天祐二年歲次乙丑四月廿三日，八十二老人寫經此經，流傳信士。
4	S.5965+S.6250+Дх00088+Дх00099+Дх06054+Дх11040	905 年	天復（祐）〇 3434 二年乙丑十二月廿日，八十二老人手寫流傳。
5	敦博 053	906 年	唐天祐三年丙寅正月廿六日，八十（下殘）。
6	S.5451	906 年	天祐三年丙寅二月二日，八十三老人手自刺血寫之。
7	S.5669	906 年	天祐三年丙寅二月三日，八十三老人刺左手中指出血，以香墨寫此《金經》。流傳信心人，一無所願，本性實空，無有願樂。
8	P.2876	906 年	天祐三年歲次丙寅四月五日，八十三老翁刺血和墨手。寫此經，流布沙州一切信士，國土安寧，法輪常轉，以死寫之，乞早過世，餘無所願。
9	Дх11043	906 年	天祐三年丙寅五月廿六日，奉爲司善使者在於幽冥、分付領受所有損害生命及五逆十□□不善緣冤家債主，所有刺血繕寫《金剛經》功德并乞分明領受者□。八十三歲流傳此經，至心受持。
10	Дх01976+Дх02741+Дх05736+Дх11041+Дх11651	906 年	天祐三年丙寅六月十二日，八十三老人奉爲金剛蜜迹菩薩寫此經，乞早過世，信心人受持。
11	BD 08888	907 年	丁卯年三月十二日，八十四老人手寫流傳。
12	S.4530	908 年	戊辰年二月廿四日，八十五（下殘）。
13	羽 408	908 年	戊辰年七月廿八日，八十五□三寫流傳。
14	BD 01226	908 年	戊辰年八月一日，八十五老人手寫流傳，依教不修，生入地獄。
15	S.5544	911 年	奉爲老耕牛神生净土，彌勒下生，同在初會，俱聞聖法；奉爲老耕牛一頭敬寫《金剛》一卷、《受記》一卷，願此牛身公領受功德，往生净土，再莫受畜生身，天曹地府分明分付，莫訟更有雠訟。辛未年正月。
16	BD 08872+BD 08890+BD 08892+BD 08894+BD 08895+BD 10900+BD 10902+Дх00091+Дх00097	911 年	辛未年七月廿日八十八老人手寫流通。
17	S.5450	不詳	爲一切怨家債主、所有污泥伽藍、一切重罪，悉得消滅。
18	羽 073	不詳	怨憎結解，行人早迴。

這些已被考證爲張球所抄的寫本筆迹，與此前六件已確定的寫本并無衝突，不僅可以互相印證，還可以提供更豐富的書寫樣本。此外，由於我們已掌握了張球的出生年份，因此就可以將這些寫本按年代作排列。

（接上頁）原來當爲册頁裝。題記用硬筆書寫，其中之"西"，可能是"西川過印家真印本"之殘存，張球所抄《金剛經》册頁，一般都會作此標注，以表示其版本來源。該卷正面所抄内容與《金剛經》無涉，且筆迹有異，這與張球曾使用 S.5965+S.6250+Дх00088+Дх00099+Дх06054+Дх11040 廢棄的《法華經》來製作《金剛經》册頁一樣，僅利用其背面。故筆者將該卷亦歸入八十老人抄經題記之列。

表 2　張球寫本編年表

序號	卷號	内容	抄寫年代	年齡	書體
1	P.3715V	《致大夫狀》	869—882 年	46—59	楷書
2	BD 06800	《大佛頂萬行首楞嚴經咒》及題記	885 年	62	楷書
3	P.3863V	《〈金剛經〉靈驗記（光啓三年紀事）》	887 年	64	行書
4	P.2537	《略出籤金》	898 年	75	楷書
5	Дx11051BV	《金剛經》	904 年	81	行楷
6	S.5443+S.5534	《金剛經》	905 年	82	行楷
7	S.5444	《金剛經》	905 年	82	行楷
8	S.5965+S.6250+Дx00088+Дx00099+Дx06054+Дx11040	《金剛經》	905 年	82	行楷
9	敦博 053	《金剛經》	906 年	83	行楷
10	S.5451	《金剛經》	906 年	83	行楷
11	S.5669	《金剛經》	906 年	83	行楷
12	P.2876	《金剛經》	906 年	83	行楷
13	Дx11043	《金剛經》	906 年	83	行楷
14	Дx01976+Дx02741+Дx05736+Дx11041+Дx11651	《金剛經》	906 年	83	行楷
15	BD 08888	《金剛經》	907 年	84	行楷
16	BD 01226	《閻羅王授記經》	908 年	85	行楷
17	羽 408	《閻羅王授記經》	908 年	85	行楷
18	S.5544	《金剛經》《閻羅王授記經》	911 年	88	行楷
19	BD 08872+BD 08890+BD 08892+BD 08894+ BD 08895+BD 10900+BD 10902+Дx00091+Дx00097	《金剛經》	911 年	88	行楷
20	S.2059	《〈佛説摩利支天菩薩陀羅尼經〉及序》	860 年後	37 歲後	楷書
21	S.6161A+S.3329+S.11564+S.6161B+S.6973+P.2762	《張淮深碑》及背面《詩文十九首》	893 年後	70 歲後	楷書
22	P.2568	《南陽張延綬別傳》	893 年後	70 歲後	楷書
23	P.2672+……+P.5007+S.6234	《唐佚名詩集》	不詳	不詳	行楷
24	P.3303V	《印度製糖法》	不詳	不詳	行楷
25	P.2748V	《燕歌行》《古賢集》《大漠行》等	不詳	不詳	行楷
26	P.3929	《敦煌廿咏》	不詳	不詳	行楷
27	BD 10975+BD 12224+Дx09899	《金剛經》	不詳	不詳	行楷
28	S.5450	《金剛經》《閻羅王授記經》	不詳	不詳	行楷
29	羽 073	《金剛經》《閻羅王授記經》	不詳	不詳	行楷

以上 29 件同爲張球所抄的寫本，時間跨度長達三十年，書體涵蓋楷書、行楷及行書，內容由公文到私人作品，足以體現出張球的書寫特點。筆者試將張球的書寫特點總結如下：

（一）從書體看，張球的不同書體之間區別比較明顯[①]。1. 其楷書特點是結體瘦長，橫畫收筆時收鋒明顯，捺筆會刻意拉長，并在收筆處出鋒上挑。但具體到不同的寫本，又有差別。如 S.2059《〈佛説摩利支天菩薩陀羅尼經〉及序》和 BD06800《〈大佛頂萬行首楞嚴經咒〉及題記》行筆相對謹慎有度，筆畫瘦硬，即使捺筆有意加長加重，但也沒有過分突出；P.2568《南陽張延綬別傳》的捺筆則舒展不少，但出鋒亦不明顯；P.3715V《致大夫狀》和 P.2537《略出籤金》的捺筆出鋒則一目了然，後者的筆畫也相對肥厚。2. 張球的行書結體較楷書寬不少，筆畫沒有楷書的瘦硬，變得寬緩圓潤，但仍保留了楷書橫畫和捺筆刻意加長加重的特點。如 P.3863V《〈金剛經〉靈驗記（光啓三年紀事）》和 S.6161A+ S.3329+S.11564+S.6161B+S.6973+P.2762 卷背詩文。3. 張球的行楷則介於楷書和行書之間，兼有楷書瘦長的結體和行書隨意的運筆，如 P.2748V《敦煌廿咏》。而在所有的寫本中，P.3929《敦煌廿咏》的結體和筆畫是最爲肆意的，我們從中可以看出張球書寫所能達到的最潦草的狀態。4. 筆者猜測，張球的某些寫本可能是用硬筆書寫，比如 S.2059 和 BD06800。同一個書寫者，在使用硬筆和軟筆時，所寫的字迹會出現差異，有時候差異還會非常明顯。張球疑似用硬筆所寫的字更加瘦硬，筆畫粗細變化不大。由於學力有限，筆者的猜測仍有待進一步驗證。

圖 1　S.2059 局部　　　　圖 2　BD06800 局部　　　　圖 3　P.2568 局部

---

① 在拙文《敦煌册頁裝〈金剛經〉的整理與研究》中，筆者正是未考慮到這种書體間的差異，將張球的楷書寫本與行楷相對比，故而造成了對八十老人身份的誤判。

圖 4　P.3715V 局部

圖 5　P.2537 局部

圖 6　P.3863V 局部

圖 7　S.6161A 卷背

圖 8　P.2748V 局部

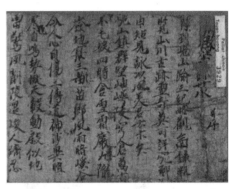

圖 9　P.3929 局部

（二）從年齡看，隨着年齡的增長，張球的字體結構總體趨向寬緩隨意。後期書寫

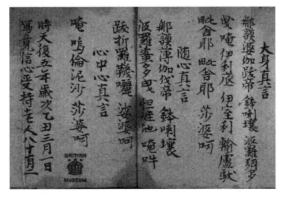

圖 10　S.5443+S.5534

的《金剛經》，如 S.5443+S.5534，僅管書寫也算認真，但依然没有早期結構的瘦硬謹嚴，而是保持與其行書一致的較寬結體。

（三）從内容看，張球對待不同的内容，書寫風格也會有差別。公文、经咒和教學所用的材料，抄寫非常莊重、一絲不苟，詩歌雜咏、私人記載則是相對自由地揮灑，這從上面的編年表中即可看出。

總結完張球的書寫特點，我們再來看 S.2607+S.9931 的情況。首先，S.2607+S.9931 的工整程度，介於 P.2537、P.2568 等楷書與 P.3863 的行書之間，前面部分與 P.2748V 開端部分的書寫速度接近，所以其結體既保留了楷書的結體瘦長，也兼有行書的筆畫迅速。隨着内容越抄越多，後面的書寫漸漸加快，所以抄至 S.9931 時，其結體已拉寬，與抄《金剛經》的書體如 P.2876 近似。

圖 11　S.2607 開端部分

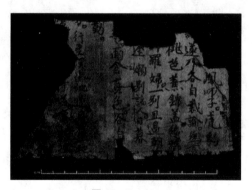

圖 12　S.9931

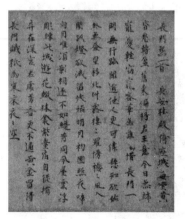

圖 13　P.2748V 局部

圖 14　P.2876 局部

其次，S.2607+S.9931 的横畫和捺畫都有加重加長的特徵。横畫尾部回鋒明顯，與 P.2748V 的横畫書寫方式完全吻合，二者的對比見下表。捺畫則頗似 P.2568，雖然長但出鋒不明顯。將 S.2607+S.9931 與 P.2568 中的同字字形摘出對比，我們可以發現，二者除了書寫速度的差別，用筆習慣、字形結構都趨於一致。

表 3　S.2607+S.9931 與 P.2748V 横畫對照表

S.2607+S.9931	一	人	莫	且	每	血	黑	馬	与	鷥
P.2748V	一	三	立	空	器	血	首	夷	喜	吾

表 4　S.2607+S.9931 與 P.2568 同字字形對照表

S.2607+S.9931	人	金	長	有	志	羅	在	樂	飛
P.2568	人	金	長	有	志	羅	在	樂	飛
S.2607+S.9931	花	戎	定	雲	歌	斷	槍	迎	枕
P.2568	花	戎	定	雲	歌	斷	槍	迎	枕

綜上所述，從寫卷的書寫情況來看，S.2607+S.9931 與張球的筆迹一致。行文至此，我們完成了筆迹角度的論證。

二、曲子詞集的内容

據伏俊璉先生研究，S.2607+S.9931 中的曲子詞主要有三類：有關唐昭宗即位及華州事件的作品、宮廷樂工的一般感時抒情之作和詞集編者自己的作品[1]。下面我們根據伏先生的研究逐類進行分析。

（一）有關唐昭宗即位及華州事件的作品

此類作品共有 10 首：失調名 1 首，寫昭宗即位事，時間大約在 888 年；御製詞 2 首，

---

[1]　伏俊璉：《一部家國血淚簡史：敦煌 S.2607+S.9931 寫本研究》。下引觀點，皆出自該文，故不再另行出注。

昭宗即位後、乾寧事變出逃長安前所作，時間在 888—896 年之間 ①；《菩薩蠻》6 首，其中 3 首爲唐昭宗所作，其餘則爲華州事件中的韓建及諸王和作，時間在乾寧四年（897 年）；《獻忠心》1 首，寫昭宗乾寧五年（898）八月回長安之事。

S.2607+S.9931 的曲子詞中，能够推測及確定時間的就是上面 10 首作品。從上面的分析來看，該曲子詞集的時間上限爲 898 年。前文我們已知，張球出生於 824 年，那麼 898 年時張球已 74 歲，與抄寫《略出籤金》的時間相同。這些歷史事件發生的時間與張球的生年重合，所以張球完全有條件來抄寫這些作品。

（二）宮廷樂工的感時抒情之作

此類作品代表作有 10 首：《西江月》3 首、《浪淘沙》1 首、失調名 4 首（原詞牌名皆誤題爲 "浣溪沙"）、《曲子恭怨春》1 首、《傷蛇曲子》1 首。這些作品主題雖各有不同，但來源皆爲宮廷。伏先生認爲，"掌握這些曲詞的樂工，在中晚唐的大亂中流散到民間或諸侯割據之地，他們把這些曲詞也帶到民間"。筆者進一步以爲，這些曲子詞能傳到敦煌并保存下來，跟曲子詞集的編寫者也息息相關。該編寫者不僅有機會接觸到這些作品，更有文學方面的造詣和興趣來鑒賞并抄留。而張球剛好兼備了這兩點，詳見下文第三部分的論述。

（三）詞集編者自己的作品

此類作品代表作有 3 首：《贊普子》1 首、《臨江仙》1 首、《浪淘沙》1 首。伏先生根據這些作品對詞集編者的身份作了推測。其推測結論主要有二：1. 殘詞《臨江仙》亦見於 P.2506V。P.2506V 不僅收有與 S.2607+S.9931 相同的曲子詞，還有與《贊普子》寫作風格高度相似的兩首《獻忠心》，三者基本上可以確定爲同一人所作。所以，S.2607+S.9931 和 P.2506V 的曲子詞集，當爲同一人所編。2.《浪淘沙·八十頹年志不迷》一詞，作者以姜太公自況，説明他已年逾八十，這與前文所引 "八十老人" 張球相合，因此該曲子詞集的編者可能正是張球。

令人欣喜的是，通過 P.2506V 的字迹比對，伏先生的推測可以完全被證實。P.2506V 共 23 行，存詞 5 首，亦有墨筆句讀，行楷書寫。除了墨色淺淡一些，P.2506V 的書寫風格、行款與 S.2607+S.9931 完全一致。因此，P.2506V 和 S.2607+S.9931 一樣，同爲張球所編抄。也正是因爲如此，兩卷纔會收入同一首曲子詞，并出現風格完全相同的作品。而 "八十頹年" 的自稱，也就順理成章了。

---

① 此三首伏先生文中未明確説明時間，是筆者根據伏先生的分析而加以斷代。

　　張球在Дx11051BV中曾寫道:"老人時年八十一,加之(下殘)輟筆。"楊寶玉先生認爲,張球即是在八十一歲這年(904)停止著述而專心奉佛[1]。那麼,《浪淘沙·八十頹年志不迷》一詞當是張球在八十歲時(903)所作,也是他輟筆前最後的作品。我們由此又可進一步推斷,S.2607+S.9931的編寫時間,就在903—904年之間。

　　據上所述,從曲子詞的内容來分析,詞中歷史事件所發生的時代、編者作品的風格、用語與張球的生年及創作習慣亦能重合。

圖 15　P.2506V 局部

圖 16　S.2607+S.9931 局部

三、張球的生平

　　經過學界不斷地努力,張球的生平脉絡現已大致清楚,現將最新的成果總結如下[2]:

表 5　張球生平經歷表

序號	經歷
1	張球,又名張俅、張景俅、張景球,長慶四年(824)出生,越州山陰人。
2	成年後游歷四方,至晚咸通元年(860)已到北方,曾於靈州抄寫受持經咒并遇靈異。
3	咸通年間及稍後數年間(860—874),任軍事判官,留居河西。
4	張淮深執政的乾符年間(874—879),升爲節度判官。
5	光啓三年(887)年底之前,已兼任掌書記。

---

① 楊寶玉:《晚唐敦煌著名文士張球崇佛活動考索》。
② 楊寶玉:《〈摩利支天菩薩咒靈驗記〉與張球事迹輯補》;《晚唐文士張球及其興學課徒活動》,《童蒙文化研究》第二卷,人民出版社2017年版,第38—54頁。

續表

序號	經歷
6	索勛當政的景福年間（892—893），仍任節度判官兼掌書記。
7	景福二年（893 年）前後致仕，寄身佛寺課徒。
8	911 年，抄寫最後一份有題記的《金剛經》，時年 88 歲，卒年當在此後不久。

從上表可知，張球本爲南方人士，成年後四處游歷來到西北地區，因在歸義軍政權中謀得職位而定居河西，并終老於此。

按照伏俊璉先生對 S.2607+S.9931《贊普子》及 P.2506V《臨江仙》《獻忠心》的解讀，這幾首曲子詞的作者曾有過作爲歸義軍使臣出使長安、見到皇帝的經歷。那麼，張球是否符合這個條件呢？答案是肯定的。S.2059《〈摩利支天陀羅尼經〉序》："自後入奏，又得對見龍顏於思政殿，所蒙錫賚，兼授憲官。及至歸迴，往返賊路，前後三二十出，不曾輸□□□。此皆菩薩加持力也。"這篇由張球本人創作并抄寫的序文中，提到自己曾多次作爲歸義軍的使者赴中原入奏，受到皇帝的親自接見并封賞。據"往返賊路，前後三二十出"之句，張球赴往中原的次數應該有 10—15 次。在這麼多次的出使中，張球不僅完全有可能給唐朝帝王獻詞，也完全有機會接觸到宮廷中的曲子詞。所以在 S.2607+S.9931 和 P.2506V 中，出現如此多的帝王獻詞和宮廷曲子詞作品，也就不足爲奇了。此外，《贊普子》一詞中所透露的作者陷蕃經歷，對我們進一步探索張球早年的行迹也有很大的幫助，限於篇幅和主題，這個問題留待以後討論。

我們再來看張球本人的志趣修養能否充當一位曲子詞的創作者和傳抄者。從敦煌文獻中留下的作品來看，張球的文學造詣也頗佳。他不僅能够勝任歸義軍的掌書記一職，還先後爲歸義軍的多名統治者和重要人物撰寫碑銘傳記，除了前面所提到的《張淮深碑》《崇恩和尚修功德記》，還有 P.4660 中的署名的五篇《邈真贊》，等等[①]。在政治文章之外，張球也創作了不少詩歌，前揭之 P.2748V《敦煌廿咏》、P.2672+……+P.5007+S.6234《唐佚名詩集》和 S.6161A+S.3329+S.11564+S.6161B+S.6973+P.2762 卷背的詩文皆是出自張球之手。這些作品都説明，張球不僅有撰寫應用文的幹事之能，也有吟詩作詞的閑情逸致。

綜上，張球兼備了出使長安面聖的經歷和創作傳抄曲子詞的學養，也完全符合 S.2607+S.9931 和 P.2506V 編寫者的條件。

至此，我們已從筆迹、曲子詞集内容和張球生平三個方面論證了 S.2607+S.9931 的

---

① 經楊寶玉先生統計，張球爲敦煌當地人撰寫的傳贊碑銘，達 13 件之多，詳參楊寶玉：《〈張淮深碑〉抄件卷背詩文作者再議》。

書手爲張球這一論斷，在此過程中，亦證實了伏俊璉先生對 P.2506V 與 S.2607+S.9931 爲同一編寫者的推測。筆者認爲，隨着學界不斷地挖掘和整理，張球所寫所撰的文書終將會形成越來越豐富的證據鏈，幫助我們揭示出更多寶貴的史實。

（作者簡介：趙鑫曄，興義民族師范學院文學與傳媒學院副教授）

S. 6537、P. 3271 歌辭集闡幽*

張長彬

摘　要：S.6537、P.3271 共抄有 8 種計 20 首歌辭，其表面形態異常雜亂，但并非隨意叢抄，而是經過精心編輯的歌辭集。這一辭集在敦煌地區曾被傳抄過多次。從與音樂的關係來看，該集所收作品都是入樂的宴享歌辭；從應用層面來説，該集是學校中用於音樂文學教育的專門教材。音樂文學教育在敦煌地區發生於各類學校，它爲社會輸出了三種音樂文學人才，其社會身份分别是民間文人、表演團體中的專業抄手以及士人。

關鍵詞：S.6537；P.3271；歌辭集；音樂文學教育

敦煌寫本中的歌辭數量較多，據《敦煌歌辭總編》[①] 統計約有 1300 餘首，而以"辭集"形態存在的却極少。長期以來，人們認爲敦煌寫本中僅有一部真正的歌辭集——《雲謡集》。《雲謡集》被確定爲辭集的原因有二：第一，它有明確的辭集名稱——"雲謡集雜曲子"；第二，它曾以辭集的形態產生過傳播，在敦煌寫本中有 S.1441、P.2838 兩種寫本。事實上，以上兩個特徵，祇要具備其一，即可成爲某種意義的"集"了。設若祇具第一特徵，有集名而無傳播，那麼它在編輯意圖的層面便具有了"集"的身份；而若其無集名而有作爲"集合"的傳抄，那麼它便具有了傳播學意義上"集"的本質。如果這兩個特徵都不具備，那麼無論抄寫的作品數量再多，也祇可稱之爲"叢抄"。根據以上標準，敦煌寫本中事實上還存在着另外一種較爲重要的歌辭集，那就是 S.6537、P.3271 所抄的一種無名辭集。如果我們把既有集名又有傳播事實的作品群看作"集"的圓滿形態，并視之爲"2.0 版本"的話，那麼祇具備其中一個特徵的"集"可稱爲"1.0 版本"。以此爲准，S.6537、P.3271 的那組歌辭可以被定性爲"1.5 版本"的辭集。

由於作品數量較多，這組歌辭一直頗受研究者的重視，但前人多是從歌辭內容或形

---

* 本文系國家社會科學基金項目《敦煌歌辭寫本整理與研究》（編號 19BZW 065）階段性研究成果。

① 任半塘：《敦煌歌辭總編》，上海古籍出版社 1987 年版。

式方面開展的考察，其方法是拆解式的分類研究，較少有人將其作爲"集合"來進行考量。這一狀況在新世紀初得到了改變，湯君的《敦煌寫本 S.6537 詞卷考辨》[1]把 S.6537 中的歌辭作爲一個總體進行了分析。該文最主要的收穫是：明確指出該組歌辭混收了曲子辭和聲詩兩種不同性質的作品[2]。除此之外，此文還談及了一些頗有意味的信息，如它説 S.6537 寫卷是"學生學習應用文的樣本"，又斷言 S.6537、P.3271"兩卷詞所出，實爲同一文本"。如若從"辭集"的視角去關照這組歌辭，S.6537、P.3271 所呈現出的那些看起來似乎不那麼重要的特徵其實也值得深入探討。

下文將以"辭集"爲關注中心，從寫本入手，分若干項目闡述我們的認識，并對該類辭集的微觀應用場景及宏觀文化影響做出簡析。

一、傳播機制分析：以集合形態轉録

S.6537、P.3271 各見歌辭一組，除去殘損部分以外，兩本所抄篇次幾近全同。僅從作品保存的完整性來看，S.6537 本尤佳，所抄歌辭首尾完整，共有作品 8 種計 20 首，唯局部字句有少量殘損。P.3271 本歌辭首完尾殘，計存辭 7 種計 13 首，其前 4 種計 7 首保存完整，第五種之第一首完整，第二首殘，第六種 3 首皆殘，第七種存殘辭一首，以下皆缺。除這二本之外，其第七種《何滿子詞》中有 4 句又見 P.3322。[3]

因 S.6537 本存辭較爲完善，兹先將此本歌辭依原有形式逐録如下，再作進一步分析[4]。

01. 龍州（舟）詞 春風細雨沾衣濕。何期（時）恍忽憶陽（揚）州。南至柳城新造口。北對蘭陵孤驛樓。迴（回）望

02. 東西二湖水。復見長江萬里流。白露（鷺）雙飛出蹊（溪）壑。無數江鷗水上遊（遊）。樂（泛）龍州（舟）。[游]江樂。

① 湯君：《敦煌寫本 S6537 詞卷考辨》，《文獻》2002 年第 2 期。
② 事實上，最早發表這種認識的乃是任中敏先生。任先生在《唐聲詩》第六章《與大曲關係》中指出大曲辭有些是來自聲詩，并提到了 S.6537 中的作品。在《敦煌歌辭總編》中任先生將該本所抄作品分別列了"雜曲"和"大曲"類，在《隋唐五代燕樂雜言歌辭集》中任先生又將其分別收入"雜言歌辭集"和"聲詩集"，可見任先生對 S.6537 混抄兩種不同性質歌辭的現象已有了清晰認識。
③ S.6537、P.3271 寫本的內容、形式、歌辭校録等信息可參看張長彬《敦煌曲子辭寫本整理與研究》，揚州大學 2014 年博士學位論文，打印本，第 103—123 頁。
④ 兹皆以通行繁體字録文，并於圓括號內對訛誤字或俗字進行校改，缺字於方括號內據他本或校録本徑補，衍字録於尖括弧內，殘佚不可補之字以"□"代之；題名依原本，并作加粗處理以突出顯示；録文行款依照原本，於每行前加阿拉伯數字表示行序，原文一行內排不下者則換行接排；行內字間距亦仿原本設定，無法仿録者則校説明；文內標點爲後加，皆以"。"符句讀。

03. **水調詞**① 李（楚）江遥（搖）曳大川冥。天闕聲名發夢思。孤惟（帷）北望呈心遠。不及南山獻

04. 樹時。爲言無谷還逢谷。將作無山更有山。馬困時時臺鞍揭。人乏徃（往）徃（往）捉樹攀。

05. **彈却天下曲 鄭郎子詞**［青］絲弦。揮白玉。宮商角徵羽。五音足。何時得

06. 對明主彈。一弦鬚（須）用彈却天下曲。**鬥百草詞** 建士析（祈）長生。花林摘浮郎。有

07. 情離合花。無風獨摇草。喜去喜去覓草。色數莫今（令）少。

08. **弟（第）二**佳麗重明臣。爭花競鬥新。不怕西山白。惟須東海平。喜去喜去。覺［走］

09. 鬥花先。**弟（第）三**望春希長樂。南樓對北華。且看結李草。何時憐頡花。

10. 喜去喜去。鬥罷且歸家。**弟四**庭前一株花。芬芳獨自好。欲摘問傍人。

11. 兩兩相捻取。喜去喜去覓草。灼灼其花報。**樂世詞**失群孤雁獨

12. 連鷦（翩）。半夜高飛在日（月）邊。霜多雨濕飛難進。蹔（暫）借荒田一宿眠。

13. 菊黄蘆白雁南飛。羌笛胡琴淚濕衣。見君長別秋江水。一去東流何日歸。

14. **阿曹婆詞**昨夜春風來入戶。動如開。祇見庭前花欲發。半含嗔。□

15. 爲辭君容貌改。徵夫鎮在隴西杯。正見前庭雙鵲熹（喜）。君王塞外

16. 遠征迴（回）。夢先來。**弟（第）二**獨坐幽閨思轉多。意如何。秋夜更長難

17. 可度。曼憐他。每恨狂夫薄行迹。一從征出鎮蹉跎。直與辭君容貌改。

18. 壇場還道□□□。□□□。**弟（第）三**當本祇言三載歸。灼灼期。朝

19. 暮啼多淹損眼。信［音希］。［妾］守空閨恒獨寢。君王寒（塞）北亦應知。

20. 惱懊無知呈肝膽。留心會合待明時。**何滿子詞** 平夜秋風

21. 凛凛高。長城協（俠）客逞雄豪。手執剛刀利［如］雪。要間恒捶（垂）可吹毛。秋

22. 水澄澄深復深。喻如賤妾歲寒心。江頭寂莫（寞）無音信。博（薄）暮唯聞黄

23. 鳥吟。明朝遊（游）上苑。火急報春知。花須連夜發。莫待曉風吹。城

24. 傍獵騎各翩翩。側坐金鞍調馬鞭。胡言漢語真難會。聽取胡歌甚

25. 可憐。今（金）河一去路千千。欲到天邊更有天。馬上不知何處變。迴（回）來未

---

① 此首題名處原寫"鄭郎子詞"，又塗去，于原題右側書"水調詞"。

26. 半早經年。**劍器詞** 皇帝持刀强。——上秦王。聞賊勇勇勇。擬欲

27. 向前湯。心（應）手五三個。萬人誰敢當。〈從〉宅家緣業重。終日事三郎。

28. **弟（第）二**丈夫氣力全。[一]個擬當千。猛氣衝心出。省死亦如眠。彎弓

29. 不離手。恒日在陣前。譬如鶻打雁。左右悉皆穿。**弟（第）三**排偹（備）

30. 白旗儛（舞）。先自有來由（由來）。合如花焰秀。散若電光開。嗷聲天地烈。

31. 騰踏山嶽摧。劍器呈多少。渾脱向前來。

　　P.3271 本歌辭因尾部殘甚，存辭較少，所存部分篇次與 S.6537 大致相當，不再贅錄。兩本所抄內容雖然相同，但抄寫形式却大異其趣，故截取兩本局部之圖版如下，供下文討論。

S.6537 局部圖版 [①]

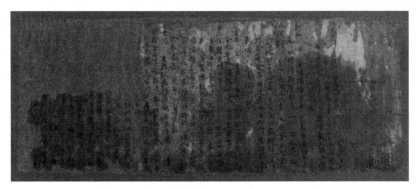

P.3271 背面圖版 [②]

① 該圖復製於《英藏敦煌文獻》第十一卷，四川人民出版社 1994 年版。
② 該圖復製於 IDP（國際敦煌項目：絲綢之路綫上）網站。

　　圖版顯示，S.6537 所抄 8 種歌辭的順序爲：《龍舟詞》《水調詞》《鄭郎子詞》《鬥百草詞》《樂世詞》《阿曹婆詞》《何滿子詞》《劍器詞》。P.3271 的存辭順序爲：《龍舟詞》《鄭郎子詞》《水調詞》《鬥百草詞》《樂世詞》《阿曹婆詞》《何滿子詞》。

　　僅從存辭次序來看，兩本的篇目唯第二、三種相互顛倒，其他皆同。而這兩篇顛倒的原因，S.6537 寫本有迹可循：該本原於第二辭的開端處寫上了"鄭郎子詞"，後又以墨塗去，於其右側寫上了"水調詞"三字。前叙湯君之文已發現了這一點，并據此斷定兩卷所出實爲同一文本。事實上，這一迹象不僅説明兩卷歌辭同源，還可引發一系列追問：如若斷定兩本同源，那麼兩本之間是何關係？是源流關係還是同源異流關係？如能判明這些問題，則可推知在這兩本之外是否還有同類寫本，并進一步推知這組歌辭在敦煌地區的影響有多大，最終可以確定此組歌辭是否曾作爲"集合"的形態、在多大的範圍内被傳抄過。

　　要回答這些問題，還要從那一處抄錯了的曲調名説起。對此，需要先做抄寫現場分析。S.6537 先寫上了"鄭郎子詞"，繼而塗去，於右側行間寫"水調詞"，這一舉措包含兩種可能：一是這一位置上本應是《鄭郎子詞》，因正文内容錯抄成了《水調詞》故改之；二是這個位置上就應是《水調詞》，先錯抄成了《鄭郎子詞》，後經發現又塗而改之。根據"水調詞"三字所在的位置，可以斷定第一種可能性是正確的：因爲如果先把調名抄成"鄭郎子詞"，緊接着發現調名有錯的話，那麼"水調詞"三字的位置應該在"鄭郎子詞"之下，而不會位於其側。把"水調詞"寫於行間的唯一原因是：當抄寫者發現錯誤時下文業已抄入了大段《水調詞》的内容，故不得不做如此修改。另外，假如上述第二種情形得已發生，抄寫者的目光聚焦點需要發生兩次跳躍——首先要錯把後行的《鄭郎子詞》調名抄入，再"精准地"返回原行接抄《水調詞》的内容——這不符合一般的錯抄規律。

　　這樣一來，便可斷定 P.3271 體現了該組辭的原有順序。那麼，P.3271 會不會就是S.6537 的母本呢？從抄寫形式上來看，可能性極大。這是因爲，伯本的抄寫形態——將調名與歌辭正文區别抄寫的形態更易導致其復製本的誤抄。伯本的抄寫形式爲：調名頂格寫，調名之下接寫歌辭正文，正文換行時低於調名兩字抄寫，一辭抄完下一辭的調名換行頂格寫（見圖版）。而斯本的抄寫形式爲：行行寫滿，正文接調名直接寫，一辭寫畢不作換行直接續寫下一辭調名及正文，調名與正文間偶以空格標示（見圖版及録文）。根據通常抄寫經驗，哪一種形式的寫本更容易引發錯抄呢？顯然是第一種：母本的調名與正文區分鮮明時更容易被抄錯。

　　假設該組歌辭在當時的敦煌地區僅有這兩個抄本，那麼僅根據上面的這一個錯抄行爲便可以判定 P.3271 爲 S.6537 之母本，亦爲該組歌辭之原本。這樣的話，認定該組歌辭有過作爲集合形態傳抄的説法就很勉强，因爲僅有一次抄寫，也許衹是偶然行爲，缺少確切的作爲集合傳播的目的和事實。但根據現存斯、伯兩本的抄寫情況，可以斷定這兩本之間并非直接源流關係，這也就意味着該組歌辭至少有第三個本子的存在。做這種判斷，需要先將兩本的抄寫細節做深入比對。下面進行列表對比[①]：

歌辭名稱	S.6537 本	P.3271 本	序號
泛龍舟詞	龍州（舟）詞	泛龍洲（舟）詞	1
	何期	何時	2
	白露（鷺）	白鶴	3
水調詞	發夢思	發動思	4
	孤惟（帷）	孤推（帷）	5
	馬困	馬曰（困）	6
	往往	往	7
鄭郎子詞	彈却天下曲　鄭郎子詞	鄭郎子詞	8
	一弦鬚（須）用彈作天下曲	一弦彈却天下曲	9
鬥百草詞	浮郎	浮朗（郎）	10
	覓草	看（覓）草	11
	明臣	鬥臣	12
	喜去喜去［覓草］	喜去喜去［覓草］[②]	13
	灼灼	灼	14
樂世詞	日（月）邊	月邊	15
阿曹婆詞	熹（喜）	喜	16
	祇言	期言	17
	留心	心留	18

　　上表之 18 處對比，除第 13 條外，其餘兩本皆異。

　　第 13 條，兩本皆作"喜去喜去"，每本共有兩處，兩處皆相同。表内於"喜去喜去"之後以方括號補"覓草"二字，實爲采納當今諸校録本之意見。"喜去喜去覓草"一句爲《鬥百草詞》之定格語句，該辭共 4 首，每首皆 6 句，其第一、四首之第五句兩本皆作"喜去喜去覓草"，其第二、三首之第五句兩本皆作"喜去喜去"，諸校録本皆作

①　爲便於排版，表内歌辭内容一般以通行繁體字録，少數需要作字形對比者依原本録其俗字，訛誤字於括弧内作修改；歌辭名稱結合兩本抄寫情況確定；其他有特殊變化者另出注説明。

②　方括號内的"覓草"二字，以當今校録本補入。

"喜去喜去覓草"。此處且不論"覓草"二字當不當補，但可將這一項深具特異性且不被今人理解的共同細節作爲二本具有親緣關係的另一條證據。

那麽這兩本間親緣關係的遠近如何呢？上表中的其餘 17 處異文提供的答案是：它們的關係相對遙遠，至少不是直接的源流關係，尤以第 1、3、9 條爲著，如果是直接傳播，無論是聽録還是抄寫，都没有理由異化成這般模樣。另外，這 17 條異文還不是全部：P.3271 本因殘損而佚去近一半内容，所以，如果以全文對照的話，異文必當更多。

除了内容和形式上的差異之外，兩本歌辭的寫入方式也呈現出了顯著不同。從上表來看，斯、伯兩本都發生了一些文字訛誤的現象，但其訛誤機制却大相徑庭。斯本的訛誤方式以聲訛爲主，如上表中的 1、3、5、9、16 之例，形訛衹有 15 一例。除此之外，斯本還有一部分因伯本之殘佚而獨有的内容，也出現了一些聲訛之字，如"俠客"訛爲"協客"、"金"訛爲"今"等。伯本的訛誤方式却以形訛爲主，如上表中的 5、6、10、11 之例，聲訛衹有一例。這些現象説明，斯本或者其母本是以聽録或者聽録與抄寫相結合的方式記録下來的，而伯本是經抄録而來。上文已提到，斯本出現了將第三首辭寫爲第二首的錯誤，并且該書很快發現了這個錯誤又做出了相應調整，所以斯本的寫入方式仍然是抄録。那麽，上述的那些聲訛字應是其母本或者更早的源本所帶的特徵，是經聽録而産生的特徵，而伯本并不具備這種特徵。這就是説，S.6537 之歌辭的母本是當下可見的兩本之外的另一本，這組歌辭至少存在第三種本子。

事實上，從斯、伯兩本之異文來看，二者誰都無法直接導致另外一本的發生，即便二者有源流關係，也不可能經由一兩次傳播即異變如此。那麽，這裡就存在兩種可能性：要麽兩者是同一源流關係，但兩者間關係較爲遙遠，中間經過數次轉録；要麽，兩者就是同源異流關係。以上的兩種可能性，不管是哪一種，都可以證明：此組歌辭經歷過多次集合形態的轉録，從傳播上來看，具有辭集的性質。以上結論還僅是純粹形式上的推演結果，如果考慮到斯、伯兩本的時空跨度，那麽這一認識就更具有必然性了（詳第三節）。

二、編輯特徵分析：宴享歌辭集

上節的最後，遺留下了一個問題：斯、伯二本歌辭究竟是遙遠的源流關係？還是同源異流關係？如果是源流關係，孰源孰流？

僅從時間上來看，P.3271 本早於 S.6537 本半個世紀左右（詳下文），因此可以確定伯本是斯本的上游寫本。那麽接下來的問題是，伯本是其上游支脉上的寫本呢？還是主脉上的寫本？通過對伯本抄寫細節進一步的觀察，可以認定：它不僅處於主脉之上，而且它就是這一辭集的原始本！

前節講到，伯本歌辭的寫入方式是抄録。抄録又存在兩種可能，一是依前本照抄，二是選擇性摘抄。如果是第一種情況，那麼此本還有母本，它就不是原始本；如果是第二種情況，那麼它自然就是該辭集最初的本子。P.3271 本究屬哪一種情況呢？

寫本中抄寫失誤的細節往往能够幫助我們破解此類難題。P.3271 本歌辭集書寫老練有章法，字品、書品較好，應該是一位文化水準較高的成年人所爲，書寫失誤并不多見。對研究者來説十分幸運的是，該本仍存在一處誤抄，且這處誤抄透露出的信息十分關鍵，通過它可以知曉：此本并非照抄本，而是選輯本。這次誤抄發生在《樂世詞》"羌笛胡琴淚濕衣"一句之中。抄寫者在寫下"羌笛胡琴"四字之後誤寫入其他三個字，發現後涂去，又寫下了"淚濕衣"三字。兹將那三個誤寫又涂去的字截圖如下：

（截圖於中國國家圖書館網站之中華古籍資源庫）

這三個字雖經涂去，仍可部分辨認。其前二字是"滿路"無疑，第三字若"鹹"或"感"，但這二字皆文理不通。謹慎起見，祇能先確定第三字的左上部分爲"厂"字頭或"广"字頭。

"滿路□"三字是否爲本辭集中其他歌辭的内容呢？不是。此集前後文都没有這三個字，也没有與此相類似的字串。再以"滿路"二字在相關古籍庫中進行檢索，可發現五代以前包含"滿路"二字的詩歌有兩句：一是南北朝時期庾信《春賦》中的"二月楊花滿路飛"，一是孟郊《徵婦怨》中的"妾淚滿路塵"。經分析，我們認爲這三個字出自後一種作品。原因有二：

第一，該組作品"歌辭"身份十分明確，因此，編者在進行選輯時所采用的材料應當也屬於歌辭類或與歌辭相關者，相比之下，孟郊的《徵婦怨》更符合這一標準。唐人有采詩入樂的習慣，但所采之詩主要限於唐詩。寫本中的《樂世詞》夾在《鬥百草詞》《阿曹婆詞》兩組大曲辭之間，加上其曲調本身也有大曲的身份，因此很有可能也是大曲辭。《樂府詩集》中的唐代大曲曲辭皆以采詩入樂的方法製作，但其所采之詩無一例外都是唐詩①。 這種做法的深層原因在於唐詩更加合於音律，而南北朝時代的人尚未産生這種明晰的寫詩規範。 這些迹象都表明，被誤抄于 P.3271 寫本的詩句不可能是庾信的《春賦》。 而孟郊的《徵婦怨》，除了有唐詩的身份之外，還具備歌辭的身份——《樂府詩集·新樂府辭》中，這首《徵婦怨》赫然在列②。

　　第二，從字形上來看，第三個誤寫之字更接近於“塵”而不是“飛”。 第三個誤寫入 P.3271 之字的起筆是“广”字頭或“厂”字頭，因此更接近“塵”字。 那爲什麽第三個字看起來并不太像“塵”字呢？ 可能因爲編寫者并未將這個字寫完就發現了錯誤，再以墨相塗，就不易辨認了吧。 另外，《徵婦怨》“妾淚滿路塵”這句話中有一個“淚”字，而“羌笛胡琴淚濕衣”中也有“淚”字，這裏正是在要寫“淚”字時出的錯，符合抄寫出錯的一般規律，可以進一步證明錯抄的詩句就是孟郊的《徵婦怨》。

　　我們之所以大費周章地來辨析這處筆誤，用意有二：第一是要説明 P.3271 本就是這一辭集的原始本，它并非照抄已有的本子，而是根據相關材料輯選出了這個辭集；第二是要借助這一誤抄的作品與辭集内的作品相對照，以説明這一辭集并非隨意亂抄，而有其鮮明的編輯原則。 至此，前一個目的已經實現，那麽對第二個問題該作何認識呢？

　　下面先從辭集的内部進行分析，再以這則錯入的外部材料作對比，探討編選者的編輯原則與意圖。

　　表面上看，該辭集所收作品的形式及其功能極爲龐雜。

　　第一，從歌辭句式上來看，它既有雜言歌辭又有齊言歌辭。 從這一角度，《隋唐五代燕樂雜言歌辭集》③ 把雜言形式的《鄭郎子詞》《鬥百草詞》《阿曹婆詞》收入了正編，而把齊言形式的《泛龍舟詞》《水調詞》《樂世詞》《何滿子詞》《劍器詞》收入了附録《聲詩集》。

　　第二，從歌辭體制上來看，它既有只曲辭又有大曲辭。 從這一角度，《敦煌歌辭總編》將《泛龍舟詞》《水調詞》《鄭郎子詞》《樂世詞》録入“雜曲”類的“只曲”卷，將《鬥百草詞》《阿曹婆詞》《何滿子詞》《劍器詞》録入“大曲”卷。

　　第三，從歌辭發生的途徑來看，它既有依聲填辭的曲子詞又有以其他方法入樂的聲詩。 從這一角度，湯君將《鄭郎子詞》《鬥百草詞》《阿曹婆詞》視爲曲子詞，將《泛龍舟詞》《水調詞》《樂世詞》《何滿子詞》《劍器詞》視爲聲詩④。 而聲詩内部的辭樂關係又很複雜，任半塘先生在《唐聲詩》中曾將辭樂關係分爲“由聲定辭”、“由辭定聲”、

---

① 參王昆吾：《隋唐五代燕樂雜言歌辭研究》，中華書局 1996 年版，第 183—185 頁。

② 孟郊《徵婦怨》收於《樂府詩集》第九十四卷“新樂府辭五”。

③ 任半塘、王昆吾編：《隋唐五代燕樂雜言歌辭集》，巴蜀書社 1990 年版。

④ 參湯君《敦煌寫本 S6537 詞卷考辨》。

"選辭配樂"三類①。其中，《泛龍舟詞》《劍器詞》多咏其調名、辭意連貫，可斷定爲"由聲定辭"者；而《水調詞》《樂世詞》《何滿子詞》不咏調名、辭意混亂，則屬"選辭配樂"②。

第四，從歌辭的表現功能來看，它既有重抒情類作品又有重表演、重情節類作品。從歌辭內容可判斷，《泛龍舟詞》《水調詞》《樂世詞》注重抒情，而《鬥百草詞》《阿曹婆詞》《何滿子詞》《劍器詞》等却重表演、重情節，有學者甚至以此認爲它們就是唐代的歌舞戲③。

以上就是這一辭集的基本樣態。它的外在風貌與底層内涵如此複雜，令人懷疑它是否經歷過有意編輯。但如果從演出層面進行衡量的話，那麼這些歌辭又有其内在的統一性——它們都是宴享音樂的産物，都曾配合器樂進行過樂舞表演。

這一辭集，若從其複雜内涵來看，同時代的任何音樂文學作品集都難與之比擬。但若僅從曲調的發生年代來看的話，它則與《樂府詩集》中的"近代曲辭"十分接近。《樂府詩集·近代曲辭》所收曲調皆發生于隋唐，而該辭集的 8 支曲調亦都發生於這一時代：其中的《樂世》《何滿子》《水調》亦見於"近代曲辭"，而《泛龍舟》《鬥百草》據《隋書·音樂志》記載發生于隋代④，《鄭郎子》《阿曹婆》《劍器》據考證也發生于隋唐⑤。關於《樂府詩集》中"近代曲辭"的本質，袁繡柏、曾智安認爲其是不包括清樂在内的宴享音樂⑥。宴享音樂，一般都有器樂伴奏并配合舞蹈。該辭集中的《鬥百草詞》《阿曹婆詞》《水調詞》因帶有第號，可確知爲大曲，衆所周知，大曲表演是集詩、樂、舞於一身的。另外，據《隋書·音樂志》的記載，《泛龍舟》《鬥百草》也是配樂演出的，具有"掩抑摧藏、哀音斷絶"之特徵。其餘三篇中，《樂世》《何滿子》都有過作爲大曲的身份⑦，因此也是入樂的；《鄭郎子詞》，根據其歌辭内容"青絲弦，揮白玉。宮商角徵羽，五音足"亦可知其也必曾配樂演出。

另外，從其反例亦可證實這一辭集宴享歌辭的性質。前文提到過的那首孟郊的《徵婦怨》爲何没有資格進入此集呢？這是因爲《徵婦怨》雖然是作爲歌辭被創作出來的，

---

① 任半塘：《唐聲詩》，上海古籍出版社 2006 年版，第 171—172 頁。

② 已知《樂世詞》的後 4 句爲盛唐詩人沈宇所作，初見于《國秀集》，原題《武陽送別》；又知《何滿子詞》中還雜有相傳爲武則天所作的《臘日宣詔幸上苑》五言詩。這些都是選辭配樂的明例。

③ 參陳中凡《從隋唐大曲試探當時歌舞戲的形成》，《南京大學學報》1964 年第 1 期。

④ 《隋書·音樂志》曰："（煬帝）令樂正白明達造新聲，創《萬歲樂》《藏鉤樂》《七夕相逢樂》《投壺樂》《舞席同心髻》《玉女行觴》《神仙留客》《擲磚續命》《鬥雞子》《鬥百草》《泛龍舟》《還舊宮》《長樂花》及《十二時》等曲，掩抑摧藏，哀音斷絶。"（《隋書》卷十五，中華書局 1973 年版，第 379 頁）

⑤ 參湯君：《敦煌寫本 S6537 詞卷考辨》。

⑥ 參袁繡柏、曾智安：《近代曲辭研究》，北京大學出版社 2009 年版，第 16 頁。

⑦ 參王昆吾：《隋唐五代燕樂雜言歌辭研究》，第 160、168 頁。

但由於没能入樂以配合器樂表演，本質上還不是宴享歌辭。所以，在《樂府詩集》中它也祇能被收入"新樂府辭"，而無法進入"近代曲辭"。關於"新樂府辭"的本質，張煜論斷説"新樂府應是指未譜入樂曲的徒歌形式的歌詩"[①]，它雖可以入樂，却未必入樂。可以説，敦煌本的這一無名歌辭集是嚴格遵循着"宴享音樂"或"入樂歌辭"的標準進行編纂的，它選入了當時可見的一些宴享歌辭，并嚴禁其他歌辭入集，具備清晰的編輯意識。因此可以斷定，這組貌似龐雜的歌辭是經過了有意編輯的，作爲一部完整的辭集，它僅僅缺少一個名稱而已。

其實，在唐代，這類有實無名的"集"并不祇此一例。敦煌寫本中，就有這樣的詩集。P. 3720、P. 3886、S. 4654 三個寫本中抄有同一組詩歌，它們有着共同的主題，都是京城高僧或官員與河西僧壇領袖悟真間的贈答之作。這組詩和本文所討論的辭集有着相近的傳播特徵和編輯迹象：從傳播上來看，它們至少存在三個寫本，各本雖都不完整，但却呈現出了以"集"的形態整體傳播之迹象；從編輯上來看，它也未見集名，但同樣存在編輯過的綫索——P. 3720 載有一段悟真編輯此集的序文："大中五年入京奏事，面對玉階，特賜章服，前後重受官告四通，兼諸節度使所賜文牒，兩街大德及諸朝官各有詩上，累在軍營所立功勳，題之於後。"從 P. 3720 本來看，這組詩是與悟真受牒等文書合編爲一集的，并非純粹的詩集，但詩歌顯然是其核心内容。性質相近的詩集在唐代還有不少，它們都是被當作"集"來對待的，陳尚君《唐人選編詩歌總集序録》中就列有"送别詩"12 種[②]，其中就包括敦煌本的這組贈答詩。其所收 12 種送别詩中僅有 4 種有確切的題名，它們分别是《存撫集》《白雲記》《朝英集》《相送集》，其他的均作"送某某詩（集）"、"贈某某詩"云云，可見此類詩集也未必全有集名。這類詩集與本文所討論的歌辭集除了在發生機制上有所不同之外，作爲"集"，它們的其他特徵都十分近似。

唐代還有一部詩集，在發生機制上與這部歌辭集相同——都以輯選的方式形成——而且也未必有其集名。《直齋書録解題》將這部詩集著録爲《唐御覽詩》，又叙曰："一名《唐新詩》，又名《選進集》，又名《元和御覽》。"[③] 同一部詩集何以有這麽多名稱？極可能是因爲它當初并沒有被命名，所以在其問世的早期難有定名。此集乃唐人令狐楚于唐憲宗時奉敕編進，所以"唐御覽詩"、"唐新詩"者，都是後人所擬，必非其本名；"選進集"一語表達的祇是其發生本質，也不像一部詩集通常應有的名稱；而"元和御覽"，蓋依《太平御覽》所擬，歷史上以"皇覽"、"御覽"爲名的書通常都是類書，將一部詩集命名爲"御覽"，未免帽大頭小，應是後人根據其功能擬就。

---

①　張煜：《新樂府詩研究》，北京大學出版社 2009 年版，第 46 頁。

②　陳尚君：《唐人選編詩歌總集序録》，《唐代文學叢考》，中國社會科學出版社 1997 年版，第 215—218 頁。

③　（宋）陳振孫：《直齋書録解題》卷十五，上海古籍出版社 1987 年版，第 440 頁。

以上這些例子説明，在唐代，有些詩文集在編輯之初不必有名稱，而在被傳播和被申説的過程中後人可以爲其擬名。S.6537、P.3271 歌辭集從編輯機制上符合這類“集”的標準，爲了表達方便，我們不妨也爲它擬一個名稱，叫作“敦煌宴享歌辭集”。

三、“敦煌宴享歌辭集”功能分析：音樂文學教材

那麼，這部“敦煌宴享歌辭集”的發生場所何在？傳播區域如何？編輯意圖是什麼？最終又發揮了什麼樣的功能呢？經考察，我們發現：作爲一部歌辭集，它的本質與歌辭的本質産生了異化，它的功能不在於宴會表演，而在於音樂文學教育；它的編輯意圖是爲音樂文學教育提供教材；它的發生場所在地方官學，後曾流入寺學。

首先來看它的發生場所。從 S.6537、P.3271 兩個寫本上的各種信息來看，該歌辭集的編纂和傳播地點都未超越學校範圍。上節已得知 P.3271 本是這部歌辭的原始本，此寫本的存在場所即爲該歌辭集的發生地點。P.3271 寫本爲一殘卷，首殘尾完，計存兩紙。正面僅見文書一種，書品較好，字品一般，抄寫較規範，以大字抄《論語》原文，原文間以小字分兩行抄注疏內容，尾題“論語卷第五”。粗略地看，該文似爲何晏《論語集解》之抄本，但李方發現它并非純粹的《論語集解》，而是摻入了 9 條它書之注，其中 6 條與皇侃《論語義疏》所引江熙、范甯、欒照、繆協注同，另 3 條不知出處[①]。從這一特徵判斷，此本《論語》與抄在其卷背的歌辭集異曲同工，都是經過再次編輯的産物。所不同的是，歌辭集的編輯較爲嚴謹，格式也很講究，錯字較少，字品較好，像一個成熟的編輯者所爲；而《論語》的抄寫字品較差，訛字相對較多，格式不夠嚴謹，雙行小字注的左右兩行常常不齊。值得注意的是，當雙行注文出現難以對齊的狀況時，抄者會采取一些十分有趣的方式强行使之對齊，具體方法有四：1. 添字，如常在某些以“也”字爲結尾的句子之後重寫“也”字；2. 添句，如在經文“享禮有容色”鄭注後添入“君子者天子也”之語，與經文、注文都無關；3. 放大第二行字號；4. 加寬第二行尾部若干字的字間距。這些現象説明了兩個問題：第一，此件文書確實是首次編輯的産物，而不是照抄他本的産物，否則格式不至於如此隨意。

第二，該文書的抄寫者不善於編輯新文書，他的“編輯”行爲并非自主爲之，而是在他人指導下將多種材料抄入的，由於對要抄入的新材料的字數缺少預判能力，所以注文常常無法對齊，而發現這一問題之後又會采取較爲幼稚的方法作出補救。通過這些現象可以推測出，此文書應是在老師指導下的學生手筆。認識到這一點，便可以對此本

---

① 李方：《伯希和 3271 號寫本〈論語集解〉的性質及意義》，《敦煌研究》1995 年第 4 期。

《論文集解》的特異性作出合理解釋：老師在進行《論語》教學時采用了多種注文予以講解，學生則把這些注文統統合抄了下來。總之，P.3271 正面所抄《論語》的種種特異性都説明它是學生的書寫産物，其發生情景符合學校的環境特徵。

另外，還有一條信息可以直接説明 P.3271 號寫本就是敦煌官學中的産物。該本正面卷末，赫然寫着一行題記"乾符四年丁酉正月拾三廟堂内記也"，筆迹與《論語》相同。先前的研究者一般祇注意到了它的時間信息乾符四年（877），而忽略了它的地點信息——"廟堂"二字。忽略這個信息點的原因，可能是因爲這兩個字的涵義讓人困惑。在《漢語大詞典》中，"廟堂"一詞共收 6 種涵義：1. 太廟的殿堂。2. 朝廷。指人君接受朝見、議論政事的殿堂。3. 朝廷。借指以君主爲首的中央政府。4. 朝廷。帝王之代稱。5. 太廟和明堂。6. 廟宇。這則題記中的"廟堂"，不可能是前五種意思，理解爲"廟宇"的話雖不無可能，但强調此本《論語》在廟宇中抄成似乎有點不倫不類，而且也没有必要將這樣籠統的地點指稱寫在題記之中。根據一般題記的書寫方式，"廟堂"一詞必定是某一具體方位的指稱，那麼它究竟指的是什麼地方呢？

在敦煌寫本中，"廟堂"一詞除了指朝廷、太廟的殿堂等含義之外，還用以指稱官學中供奉孔子、颜回等先聖先師塑像的殿堂。P.2005《沙州都督府圖經》對於官學的記述中就有廟堂的信息，其"州學"條目全文爲："右在城内，在州西三百步。其學院内，東廂有先聖太師廟堂，堂内有素（塑）先聖及先師颜子之像。春秋二時奠祭。"其"縣學"條目下全文爲："右在州學西連院。其院中，東廂有先聖太師廟堂，内有素（塑）先聖及先師颜子之像。春秋二時奠祭。"① 除此之外，P.5034 本《沙州都督府圖經》也有近似記録，同樣有"廟堂"一語。在這些記録中，"廟堂"一語意旨了然，專指官學中供奉先聖先師之堂，是官學中最重要的建築。而在敦煌地區其他種類的學校中，并未見到"廟堂"的相關記録。

這樣一來，根據正面所抄之《論語》及卷尾所題之"廟堂"，便可以確定 P.3271 的産生地點在某所官學。本文所討論的"敦煌宴享歌辭集"的編成地點應在這所官學之中。那麼，S.6537 寫本的存在環境如何呢？種種證據表明，它也産生於學校，具體來説應該産生於寺學。

S.6537 乃一長卷，卷長達 1188 厘米，共由 39 紙組成。其所抄文書很多，但抄寫較

---

① 　以上兩則條目據敦煌寫本録文。王仲犖《敦煌石室出〈沙州都督府圖經〉殘卷考釋》（《中國歷史地理論叢》1992 年第 1 期）在録入 P.2005 "州學"條"東廂有先聖太師廟堂堂内有素先聖及先師顔子之像"等若干字時少録入一"堂"字，斷句爲"東廂有先聖太師廟，堂内有素先聖及先師颜子之像"。原本於"堂"字右下側施重文符號以示第二個堂字，因此第二個堂字不可能是誤寫，乃王文校録錯誤。P.2005 "縣學"一條，確無第二個"堂"字，但參照"州學"一條，此句話的標點仍應施於"廟堂"的"堂"字之後，王文將"廟"、"堂"兩字斷開的做法有誤。另外，P.5034 本"縣學"條目下相應處確明確寫有兩個"堂"字。

爲有序，寫本性質容易確定。

　　該卷正面僅有一件文書，抄滿全卷，首尾皆佚。據方廣錩考證，此文乃是《金剛映序》，是比較稀見的一種佛教文獻①。以楷書寫就，字品佳，書品較好，少有訛誤。從其內容的專業性和抄寫形式的嚴謹性可推斷其應出自佛寺，非一般俗家信衆可以爲之。

　　卷背所抄文書篇目較多，計 20 餘種，可分五個部分。第一部分爲 "諸雜日常實用文書文樣集"（擬），首殘尾完，存文樣 10 種。第二部分首題 "諸雜要緣字一本"，含文書兩種。第三部分爲《太子修道贊文》（首題）。第四部分是本文討論的歌辭集。第五部分爲《大唐新定吉凶書儀一部并序》（首題），此文并未抄寫完成，至第八項開頭部分即擱筆。以上五個部分爲連續抄寫，共占 15 紙。另外，此卷背面還有第六部分內容，與前文不相連續，相關文獻皆著録爲 "雜寫"，其中包含三行整齊的文字，內容似爲佛經，又有一 "説" 字位於十餘行開外。由於相關文獻至今皆未公布 S.6537 背面的全部照片，故未知此項雜寫位於第幾紙。經對比辨認，S.6537 背面全部文書皆出一人之手，此人是净土寺的一名叫作惠信的小僧。卷背第一部分內容之尾有題記曰："正月廿五日净土寺僧惠信書耳。" 從抄寫特徵來看，卷背的多種文書乃是惠信分多次斷斷續續抄寫而成，其內容較爲複雜：以俗家日常實用文書爲主（包括兩種未經嚴格編輯的諸雜文樣集和一部具有嚴格規範意義的書儀），另有俗家歌辭一組和佛教文書兩種（《太子修道贊文》和佛書雜寫）。從這些文書性質的僧俗比例來看，俗家文書占了絶大部分，因此，書手雖有法名，但在處理這些文書的時候應是以 "寺學學生" 的身份來進行抄寫的。

　　根據李正宇先生的研究可知，在 870 至 973 年間，敦煌净土寺辦有寺學②。S.6537 背面文書抄寫的時間上限爲 935 年③，恰在這段時間之內。敦煌的寺學，僧俗兩界弟子具收④。單從敦煌學郎題記這宗資料來看，寺學學生以世俗身份居多⑤。但也有些學生在題記中透露出了其僧人身份，如 Дx00277 卷背題記中的 "龍興寺學侍郎鑒惠"，所題即爲其法名。事實上，寺學中的有些學生可能具有僧俗雙重身份，因此他們既有僧名又有俗名，如 P.2515《辯才家教》末題 "比丘僧願成俗姓王保全寫記"。《辯才家教》乃寺學自編之教材⑥，又此件文書雖抄寫認真但字品較差，所以這位法號願成、俗名王保全的書手應是寺學學郎。以上兩例證明，具有僧俗雙重身份的寺學學郎在寫題記時，有可能會省題自己的世俗身份，也有可能會省題自己的學郎身份，惠信的這則題記應是省去了自己

①　參方廣錩：《敦煌文獻中的〈金剛經〉及其注疏》，《世界宗教研究》1995 年第 1 期。
②　參李正宇：《唐宋時代的敦煌學校》，《敦煌研究》1986 年第 1 期。
③　參張長彬：《敦煌曲子辭寫本整理與研究》，第 114 頁。
④　參張永萍：《唐五代宋初敦煌教育初探》，西北師範大學 2006 年碩士學位論文，打印本，第 24 頁。
⑤　參李正宇：《敦煌學郎題記輯注》，《敦煌學輯刊》1987 年第 1 期。
⑥　參鄭阿財、朱鳳玉：《開蒙養正：敦煌的學校教育》，甘肅教育出版社 2007 年版，第 83—89 頁。

的學郎身份。由是可以斷定，S.6537背面文書的書手惠信乃是净土寺寺學的學生，這些文書是惠信所抄寫的學習材料。

以上這些信息相應地也回答了本節所要討論的核心問題——"敦煌宴享歌辭集"的應用功能問題：P.3271本是此集的原始本，他的編寫者是官學教師，其編輯意圖是爲了開展相關教學。S.6537本也暗示了這種教學情景，它是在寺學内開展的，代表着該辭集教材功能的充分實現。

下面對這兩個寫本涵蓋的時空信息略作分析，以推測這部歌辭集在理論上有可能在多大範圍内流傳。

先説時間信息。上文提到P.3271正面文書《論語》後的題記寫明了該文的抄寫時間爲乾符四年（877），則這個時間點爲P.3271本歌辭集的抄寫上限。而S.6537背面文書的抄寫時間上限，據考證是公元935年（見上文）。那麽，理論上它作爲教材的生命周期約有半個世紀。

再説空間信息。該歌辭集的原始本（P.3271）發生於9世紀末的官學，而傳抄本（S.6537）發現於10世紀上半葉的寺學。在這段時間之内，敦煌地區的官學有州學、縣學各1所，寺學8所以上[①]。那麽，它至少在兩所學校内被當作教材使用過，理論上則可能進入超過10所以上的學校，而其他形式的學校如私學、鄉里坊巷之學亦有可能會使用之。在本文所討論的這一歌辭集之外，還有兩首歌辭也曾正式進入過某學生的學習筆記，它就是抄于P.3906小册子中的曲子辭。該寫本製作精心、抄寫認真，除了歌辭外，還抄有《雜抄一卷》（尾題）、《字寶》（又名《碎金》）以及附帶於《字寶》之後的沈侍郎、白侍郎、史部郎中王建等贊《碎金》詩4首和其他詩歌3首，最後所抄書儀。這些文書顯然都是學生學習的材料，其《字寶》及贊《碎金》詩之後還有題署，曰"天福柒年壬寅歲肆月貳拾日伎術院學郎知慈兩鄉書手吕盈"。由此可知，歌辭也是伎術院的教學内容之一。伎術院是官辦機構，其中的教學部門用以培養禮儀、陰陽、曆法、占卜等專門人才[②]。連這種學校的學生也要學習歌辭，可見音樂文學教育在敦煌地區的開展之廣。除此之外，敦煌曲子辭寫本中還有十餘件也可能出自學校[③]，可以作爲這一認識的旁證。

至此，有必要進一步追問：原用以取樂的宴享歌辭何以在學校中結集并廣泛流傳？這種流傳意味着什麽？此項教學内容在當時是敦煌一地的特色還是全域性的存在？以下試析之。

---

① 參李正宇：《唐宋時代的敦煌學校》。
② 參李正宇：《唐宋時代的敦煌學校》。
③ 參張長彬：《敦煌曲子辭寫本整理與研究》之"敦煌曲子辭寫本主要特徵表"，第271—275頁。

　　除了《金剛映序》作爲背景文書而存在以外，S.6537、P.3271 的其餘文書都是學校教學的内容：其《論語》《太子修道贊文》屬於思想教育系列的教材，文樣、書儀屬於實用寫作技能教材，治敦煌教育的學者對這些内容都有深入研究。而作爲教材的歌辭集，目前爲止僅見此一種，在傳世文獻中也未有他例，因此尤爲珍貴。湯君曾經對此表達了重視，但尚未從這一視角繼續深入研究①。

　　事實上，唐宋之際有許多重要的文化現象有待這類材料予以解釋。如：唐宋之際有許多文人深諳音樂，但人們却無法得知他們是如何獲得這一技能的。以唐代爲例，現有的一切關於音樂教育的材料都指向樂工系統，而文人如何學習音樂的材料却一片空白②。與此同時，唐代文人善于寫合於樂律的詩歌、喜歡音樂、熱愛寫歌辭的事實却一再涌現。如白居易、李賀、韓愈、李白、張祜等都曾寫過很多著名的有關音樂欣賞的詩篇，王維、王昌齡、王之涣、高適、李白等有不少詩歌被采入聲詩進行演唱③，温庭筠、白居易、劉禹錫、張志和的歌辭膾炙人口。敦煌地區也有熱愛宴樂的文人，P.2568《南陽張延綬別傳》即雲張延綬“博學多聞，尤好詩禮……又善弦管，頗獲奇奥。花間宴樂，不倦于豔陽；臨水撫琴，誠有衡岩之志”。

　　何以這麼多文人都與音樂有不解之緣呢？除了時代風尚以外，上流社會的引導也起了極大的作用。張煜的研究表明：在唐代，以文辭見長的翰林學士除了有起草制敕、以備顧問的職能之外，還有一項重要的職能——撰寫朝廷樂章與樂府歌辭④。翰林學士作爲優秀文人的代表，是從廣大文人群體中選拔出來的，李白、張九齡都曾身爲翰林，都寫過不少歌辭。寫作歌辭既是朝廷所需，天下文人自會翕然重之。

　　盛唐時代的《國秀集》之序言中有一段話特别耐人尋味：“自開元以來，維天寶三載，遺諷蕪穢，登納菁英，可被管弦者都爲一集。”⑤這段話説明《國秀集》的編輯方針是選擇出那些便於入樂的詩歌合爲一集。這意味着時人對何種形式的詩歌“可被管弦”有着非常清晰的認識。唐代范攄《雲溪友議》卷下的一則名爲“郭僕奇”的故事也可以證

① 參湯君：《敦煌寫本 S.6537 詞卷考辨》末段結語。
② 唐代音樂教育的相關材料多見於史書樂志及政書、筆記、文集、詩集等，筆者曾對唐代的音樂文獻進行過全面搜集（見張長彬《隋唐五代曲史料整理與研究》，上海戲劇學院 2017 年博士後出站報告），未曾見到關於文人接受音樂教育的有力材料。楊蔭瀏《中國古代音樂史稿》、朱謙之《中國音樂文學史》、修海林《中國古代音樂教育》等書的相關章節也缺少此方面的論述，他如《唐代文人音樂探析》（李方元、俞梅著，《中央音樂學院學報》1998 年第 3 期）《唐代文人音樂素質形成及對當今高校公共音樂教育的啓示》（蔣争鳴著，首都師範大學 2006 年碩士學位論文）《唐代音樂教育相關問題研究》（錢從群著，西北大學 2018 年碩士學位論文）《淺談唐代音樂教育》（劉悦著，《樂府新聲》2005 年第 3 期）等專門論文也未見引用此方面的材料。
③ 《樂府詩集》中收有這些詩人的作品多首，它們大多以采詩入樂的方式成爲歌辭。“旗亭畫壁”等故事對此類情形有生動記載，此皆常見材料，不贅引。
④ 參見張煜：《新樂府詩研究》，第 58—64 頁。
⑤ 《唐人選唐詩（十種）》，上海古籍出版社 1978 年版，第 126 頁。

明這一點：

> 咸陽郭氏者，殷富之室也，僕媵甚衆。其間有一蒼頭，名曰捧劍，不事音樂，常以望水沉雲，不遵驅策。每遭鞭捶，終所見違。一旦，忽題一篇章，其主益怒。詩曰："青鳥銜葡萄，飛上金井欄。美人恐驚去，不敢卷簾看。"儒士聞而競觀之，以爲協律之詞，其主稍容焉。①

富紳郭氏家的蒼頭捧劍會作協律之詞，曾傳爲奇談。這段材料先強調捧劍"不事音樂"，又雲儒士斷定其作爲協律之詞，則此處之"協律"應爲與樂律相合無疑。一從事體力勞動之蒼頭會胡謅幾句歪詩不難，也不足爲奇，至多會被視爲附庸風雅、不務正業，其詩可以協律才是時人嘆之爲奇的重點，也是其主人對他態度發生轉變的緣由。在這則故事中，斷定捧劍詩協律的評判者是儒士，這説明識別詩歌是否可以入樂是當時儒生的基本修養。

以上材料都説明：唐代的文人普遍具有識別協律詩、寫作協律詩的能力，他們往往以其詩作能被采爲歌辭爲榮，其中身爲翰林的高級文人還肩負着寫作歌辭的任務。問題是，既然唐代文人普遍具有這項本領，那麼社會中就應當存在常規的相關學習渠道。這個渠道是什麼呢？通過敦煌文獻可以知道，學校就是實現這種學習的渠道，"宴享歌辭"曾是這種學習的重要教材。如果把這種學習看作一門課程的話，不妨稱之爲"音樂文學教育"。那麼，本文所討論的作爲"音樂文學教材"的這部歌辭集，從功能上來看，便應該被稱爲"音樂文學範本"。一旦采取這種命名方式，S.6537 卷背的全部文書性質便獲得了更加圓滿的一致性——它們的身份都是範文，惠信是以範文專輯爲目的來製作這卷文書的②。

這種音樂文學教育，應該并非敦煌一地之特例：既然音樂文學人才的呈現在唐代是全域性的，那麼作爲其前提條件的音樂文學教育也應是全域性的。

另外需要説明的是，這一歌辭集中的作品絕大部分甚至可能全部都來自中原。其曲調除《阿曹婆》以外都發生于中原，而包括《阿曹婆》在內的所有歌辭都是中原風格，并無河西特徵。其中有一個特例尤其值得注意：上文提到《國秀集》收詩的標準在於"可被管弦者"，而本文所討論的"敦煌宴享歌辭集"中就有一首入選《國秀集》的詩

---

① （唐）范攄撰，周静整理：《雲溪友議》，陶敏主編《全唐五代筆記》本，中华书局 2014 年版，第 1504 頁。

② 卷背正式文書中，"諸雜日常實用文書文樣集"、"諸雜要緣字一本"、《大唐新定吉凶書儀一部并序》的性質顯然都是範本，如果把歌辭集看作音樂文學範本、《太子修道贊文》看作佛教文學範本的話，那麼，S.6537 背面的正式文書便具有了共同身份，它們都是範文。

歌！它在《國秀集》中叫作《武陽送別》①，作者是盛唐詩人沈宇，在"敦煌宴享歌辭集"中被收入《樂世辭》名下，即"菊黄蘆白雁南飛，羌笛胡琴淚濕衣。見君長別秋江水，一去東流何日歸"這四句詩。可見，這首作爲歌辭的詩作乃是從中原所傳來，它在《國秀集》中已具有預備歌辭的身份，而它又與中原詩人孟郊的歌辭《徵婦怨》糾纏在一起（詳第二節），這説明它在被選爲敦煌音樂文學教材以前就已先被選爲了歌辭被以管弦，這種身份的轉變應是在中原完成的。可以想見，在歌辭資源更爲豐富的中原地區，將歌辭轉換爲音樂文學教材的機緣更爲豐富。結合前述傳世材料所體現出的文人創制歌辭的盛況，可以得知，唐五代學校中的音樂文學教育應該是全域性的。

餘論

通過對 S.6537、P.3271 歌辭集的分析，可以得知它是一種經過精心編輯的音樂文學教材。它所代表的音樂文學教育在唐宋時期曾廣爲開展，向社會輸出了多種身份的音樂文學人才。若對全部敦煌歌辭寫本的"抄寫者"進行分析，便會看到三種文化身份截然不同的人群，他們分別是民間文人、表演團體中的專業抄手以及士人②。這三種人，都經歷過學校教育，都在學校中接受過音樂文學的相關訓練。步入社會後，他們具有了不同的社會身份，在音樂文學事業方面分擔起了不同的職責：民間文人和專業抄手走入了社會的中下層，爲專業表演團體創作或抄寫歌辭，他們參與建設了後代的各種世俗曲類表演藝術，宋金時代的唱賺、諸宫調、南戲，元明清時期的戲曲與他們不無相關；而士人參與曲子詞的創作和傳播的行爲則直接催生了詞、散曲等音樂文學文體，導致了文學史的別開生面。這些文化上的巨大建樹，都離不開古代學校中的音樂文學教育。

中國古代的"音樂文學"或"曲唱音樂"不可能是天然狀態下的自生自滅，單靠樂人在系統内創作與傳播相關歌辭，單靠文人自發地向藝人學習新型歌辭，都不可能取得如此輝煌的文化成就。學校中的音樂文學教育是向全社會不斷地輸送音樂文學人才的主要源頭，此項教育在周代是一種顯性事件，漢代的鴻都門學是其遥遠的呼應，但鴻都門學的創設同時又象徵着注重人格修養的儒學與注重藝術培養的伎藝之學的正式分離。此後，樂工系統越來越重視音樂技術教育，儒學系統越來越重視人格及詩賦文學培養，處於這兩者交界處的音樂文學教育不知所蹤。這種"失蹤"并非音樂文學教育本身的失蹤，而是相關史實記録的缺失。S.6537、P.3271 本歌辭集透露出了這種教育存在的端

---

① 《唐人選唐詩（十種）》，第 140—141 頁。
② 參張長彬：《從敦煌歌辭寫本看唐五代的音樂文學人才培養》，未刊稿。

倪——音樂文學教育仍廣泛地存在於當時的各類學校之中，而其他相關敦煌歌辭寫本則可以呈現出學校所培養的音樂文學人才的流布狀況，他們進入社會後分別具有民間文人、表演團體中的專業抄手和士人的不同身份，前二者與第三類人的對峙形成了底層音樂文化與上層音樂文化的分野，同時也分別造就了曲類表演藝術和音樂文學的雙重繁榮。

（作者簡介：張長彬，商丘師範學院人文學院講師）

從讀經、抄經到解經：敦煌僧人經典的傳與習
——以敦煌摘抄經爲中心

武紹衛

摘　要：在文獻學範疇中，"抄經"有三種形態：一是以抄寫經卷爲目的抄經，二是佛經經録所謂"撮舉義要"的抄經，三是摘録式抄經。相比之下，摘録式抄經是僧衆自主進行經典學習的表現，故而更能反映出僧衆的學習修行過程。摘録式抄經也有不同的層次，可以反映出僧人學習的進階過程。

關鍵詞：敦煌僧人；讀經；抄經；解經

讀經、抄經、講經（解經）是僧團最基本的日常修行活動，諸如僧傳、靈驗記等佛教文獻中就對讀經、講經等多有表彰。本文想突出的是，讀經、抄經、講經（解經）實際上可以代表不同的文化層次和學習需求，三者之中讀經對僧人的文化能力要求最低，抄經次之，講經（解經）最高。如果從一位普通僧人的文化訓練過程看，他首先掌握的是讀經和抄經的能力，其次是講經和解經的能力。故而通過對僧衆的讀經、抄經和講經的考察，也可以讓我們對僧衆的文化訓練獲得一些細節性的認知。本文即擬圍繞一種特殊的抄經形態對這種進階式的訓練進行一些分析。

在文獻學範疇中，"抄經"有三種形態：一是以抄寫經卷爲目的抄經，二是佛經經録所謂"撮舉義要"的抄經，三是本節要討論的摘録式抄經。

第一種抄經，很容易理解，不需要過多解釋。

第二種抄經，也就是經録中所謂的"抄經"，又名"別生經"或"支派經"，方便表述起見，兹以"別生經"代稱之。關於"別生經"，歷代經録都有定義和講説，如南朝梁僧祐言："抄經者，蓋撮舉義要也。"[①] 隋法經也認爲："後人隨自意好，於大本内抄出別行，或持偈句，便爲卷部。"[②] 隋彦琮亦言"別生，於大部内抄出別行"等[③]。結合

---

① 釋僧祐撰，蘇晉仁、蕭鍊子點校：《出三藏記集》卷5，中華書局1995年版，第217頁。

② 法經等：《衆經目録》卷2，收入《大正新修大藏經》第55册，佛陀教育基金會出版部1990年版，第126頁中。

③ 彦琮等：《衆經目録》卷3，收入《大正新修大藏經》第55册，佛陀教育基金會出版部1990年版，第162頁上。

經録家所列諸多抄經經目以及現存諸如《孛經抄》等抄經，不難發現這種別生經一個特點便是“抄出別行”，即獨立成卷，可以流通，祇不過内容“撮舉義要”，比大本更加簡略。這種抄經雖然受到歷代經録家的貶斥，但因爲“然情取會解，事取簡要”[①]，故而在實際的流通中是比較廣泛的。就敦煌文獻中爲數不少《小抄》等便是節抄《四分律》等而成，也是一種別生經。

　　第三種抄經，也就是本文所謂的“摘抄經”，它們或集中將一些幅帙較大的佛經各卷摘録經要於一紙，或圍繞一些名相而將各經中相關經文彙編於一處。這種抄經與正常的完整地抄寫佛經的行爲不同，它們更多是經過有選擇地摘録或節抄；與“別生經”也有不同，即別生經經過“撮舉義要”，其内容是連貫的，而摘抄經則祇是摘録、很少經過修飾，故而内容并不連貫。爲了區別於其他兩類抄經，暫擬將這種摘録式抄經稱之爲“摘抄”，并將上述兩種摘抄形式，分別稱之爲“A 類摘抄”和“B 類摘抄”。

　　當時人在抄寫時，有時會將後兩種抄經都加以“抄”字，似不加分別，本文之所以分別以別生經、摘抄之名目之，祇是出於方便表述。

　　關於敦煌抄經已得到了一些關注，但相關研究都是圍繞第一種抄經進行，并且更多的是關注諸如抄經題記所體現出的政治史、社會史等周邊問題，而就抄經的分類以及抄經内容本身研究并不是很多。本文則是嘗試從上述角度探討摘抄經所反映出的敦煌僧人日常學習情況。

一、A 類摘抄：佛典經要

　　赤松孝章和齋藤智寬先生曾在其文章中先後集中處理了敦煌文獻中的《涅槃經節抄》，共涉及到 11 件寫本（BD 20、BD 429、BD 3386、BD 6173、BD 6207、BD 6363、BD 6611、守屋孝藏藏本、傅斯年圖書館 188088 和杏雨書屋羽 555、羽 590）。[②] 除了他們所提及的 11 件寫本外，P. 2822 也屬於摘抄類《涅槃經》。此 12 件寫本中，除傅斯年圖書館 188088 與杏雨書屋藏羽 555 爲 8 世紀寫本外，其餘 10 件寫本從書法等角度大致可判定爲吐蕃到歸義軍早期文獻。這 12 件寫本的摘抄形態比較一致，即基本都是以一部經爲經緯，按其經卷順序，從每一卷中摘抄部分經文。這種形態上的一致性，也表明從唐統治時期以至吐蕃歸義軍時期，這種摘抄形態的抄卷一直在被使用。

①　道宣：《大唐内典録》卷 10，收入《大正新修大藏經》第 55 册，佛陀教育基金會出版部 1990 年版，第 335 頁上。
②　〔日〕赤松孝章：《敦煌出土寫本に見る涅槃經傳承の一形態》，《印度學佛教學研究》，1983 年，第 122—123 頁；〔日〕齋藤智寬：《中研院史語所傅斯年圖書館藏〈敦煌文獻〉漢文部分叙録補》，《敦煌寫本研究年報》創刊號，2007 年，第 27—52 頁。

　　其實，不獨是《涅槃經》寫本中存有此類摘抄，諸如《法華經》（如 S. 1358V）、《大般若經》（如 BD 6647 等）、《思議梵天經》（S. 6459 等）、《阿毗達摩俱舍論》（如 BD 7458、S. 249 等）等亦是如此；當然摘抄範圍也不局限於佛經，還有中土注疏，如法成的《大乘百法明門論開宗義記》（如 S. 1061V 等）。

　　BD 12809V（臨 2938）《〈佛名經〉懺悔文行數》很可能也與此類摘抄有關，有趣的是，該件并未直接摘抄《佛名經》經文，而是將摘抄的行數記錄下來：

> 《佛名經》第一卷懺悔，七十行；第二卷，三十九行；第三卷，二十二行；第四卷；第五卷，二十三行；第六卷；第七卷；第八卷，十九行；第九卷；第十卷，十八行；第十一卷，十八行；第十二卷，四十一行；第十三卷，十四行；第十四卷，二十行；第十五卷，十七行；第十八卷，二十一行；第十九卷，十六行；第二十卷，十七行。

　　赤松孝章認爲此種抄卷之目的在於學習，多份寫卷中存有朱筆句讀便是明證，誠爲確論，不過他并未言及這種抄經形態是如何形成，具體而言，是由學習者自主摘抄而成，抑或是受到了他人影響？赤松孝章和齋藤智寬先生都注意到此類寫卷中的一些朱筆句讀是錯誤的[1]。筆者以爲，這種錯誤在反映出讀者對經卷未完全通曉的同時，也説明他對經卷的閱讀也正是一種自主學習；并且也可以證明他不可能具備從一整部佛典之中有意摘抄文句用以學習的能力。故而，綜合看來，這種摘抄祇能來自比其水準更高的人。

　　羽 555 尾題“清信女泛四娘手持、同學優婆夷廿人，開元十年（722）正月十七日寫了，集録修撰老師馬同子寫”，便説明這份摘抄經卷的製作者以及抄寫者都是包括泛四娘在內的諸位優婆夷的師父馬同子。由此條也許可以推知，敦煌的很多摘抄經卷應該都是如同馬同子的師父製作和抄寫，并交由弟子學習。

　　製作此種經卷之動機，也比較容易理解，即可以使學習者集中掌握某一部經的精華，也就是羽 555 尾部經題中所指“經要”；同時比之于原典的卷帙浩繁，這種“經要”可以濃縮爲一卷本，更加容易攜帶和受持。仍以《大般涅槃經》爲例，該經共 20 卷，正式抄經用紙七百三十紙，須分四帙保存[2]，這種規制顯非一般信徒可以持有和學習；馬同子此份經要現存 12—20 卷，用紙 25 張，故而可據之推測全文可能不會超過 50 紙，祇相當於原典的 7% 左右的規模。

　　綜上，諸如羽 555 等摘抄經卷，可能是由師父爲便於學生集中學習某些規制較大或

---

① 〔日〕赤松孝章：《敦煌出土寫本に見る涅槃經傳承の一形態》，第 123 頁；〔日〕齋藤智寬：《中研院史語所傳斯年圖書館藏〈敦煌文獻〉漢文部分敍録補》，第 27—52 頁。
② 參道宣：《開元釋教録》卷 19，收入《大正新修大藏經》第 55 册，佛陀教育基金會出版部 1990 年版，第 682 頁中。

重要的佛典，而按照佛典的經卷順序從中摘抄"經要"而成，其目的可能更多的是側重於誦讀經典。當然對於那些可以獨立摘抄經要的僧人，他們當然可以自主製作"經要"類卷子。BD 4787 可能即是一件這樣的卷子。該件殘存 46 行，從中可以看到摘抄了《中論》《楞伽經》和《思益經》，《中論》起首部分已殘。可以佐證此卷乃是抄寫者自主摘抄的一個證據是，《楞伽經》和《思益經》經題之下都有與抄卷字迹一致的朱筆，内容分别是"明森羅萬象一法之所印處"和"明所住貪著於中而得解脱處"，這兩處朱筆所講正是各摘抄部分的主題①。這種點題的方式無疑可以深化閲讀者對經文經義的理解。

還有一些經文摘抄，可能是抄者隨意抄寫而來，其用意尚不甚清楚，也許僅僅祇是爲了練筆。如 P. 2157 卷背共有 6 號文獻，依次爲《法身禮》《佛説妙好寶車經》《大般若經》卷六、《禮懺文》《大般涅槃經》卷四和《梵網經述記》卷一。從筆迹來看，同爲一人所抄。其中《佛説妙好寶車經》從"如母得子病"偈語開始抄寫，至"寶車菩薩眷屬，歡喜奉行，作禮而去"；《大般若經》卷六始于"爾時，善現便白佛言：諸菩薩摩訶薩發趣大乘，云何大乘？"，至"三世平等，故名大乘"，其後標有"五十帙第六卷略出"；《大般涅槃經》卷四始於"皆聽我等食肉"，至於"二十五有"；《梵網經述記》卷一始於"經：我今盧舍那"，至於"經：汝等一切至亦誦。釋曰：第二"。《涅槃經》和《梵網經述記》的摘抄突顯了抄者的隨意性，如《大般涅槃經》摘抄部分的起手位置"皆聽我等食肉"一句應當是"如來皆聽我等食肉"；結尾"二十五有"實際上是要與其後"如《首楞嚴經》中廣説，以是故名大般涅槃"屬於一個部分，不能斷開。又如《梵網經述記》祇抄至"釋曰：第二"，顯然不完整，經卷上其後尚有空間，而抄者祇抄録至此，説明其本來也祇是抄至此處，無意繼續抄寫完整。

可以確定的以摘抄經文爲練字手段的，可以見於 P. 2564V，該件字迹拙劣，先後抄有《佛頂尊勝陀羅尼經抄》《百行章疏》以及諸如上大夫、計數等雜寫，顯系習字之舉。

A 類摘抄文獻大致如此，下面討論一下側重於理解佛教名相的 B 類摘抄。

二、B 類摘抄

與 A 類摘抄不同之處在於，B 類摘抄之内容是圍繞名相術語進行的。

S. 249 被方廣錩先生擬名爲"某僧修學私抄"。方先生認爲該件是某僧人抄集佛典、親録師傳以學習佛教教理的筆記②。對此論斷，筆者深爲贊同。此件寫卷，若祇看摘抄内容，則十分散亂，找不到一邏輯，故而不甚容易理解抄者的摘抄標準。不過該卷尾題給

---

① 《國家圖書館藏敦煌遺書》第 64 册《條記目録》"BD 4787"條，第 4 頁。

② 《英國國家圖書館藏敦煌遺書》第 4 册《條記目録》"S. 249"條，第 8 頁。

我們提供了一條綫索：

> 從師父口聞五蘊、十八界、十二處、十二因緣求會要舍、四諦求會、舍苦集證滅道、六波羅蜜及三十七品菩提分法修證；又五蘊、十八界、十二處、十二因緣、四諦四食等六波法門總要分別；又《圓楞伽經》說諸佛身同三十二相八十種好、法同六波羅蜜及三十七品菩提分法，心同慈悲度衆生。

尾題筆迹與摘抄經文的筆迹一致，并且緊接著摘抄經文而寫，故而可知尾題與摘抄經文者爲同一人。從尾題可以看出，摘抄經文者曾經從其師父處聞得一些佛教名相，但尾題處祇是列舉了名目：①五蘊②十八界③十二處④十二因緣⑤四諦⑥六波羅蜜⑦三十七品菩提分法修證⑧四食⑨三十二相八十種好。那麼，這些名目與其摘抄的經文是什麼關係呢？

（1）"五蘊"即色、受、想、行、識五蘊；"五蘊"的集中表述位於《俱舍論》卷一，而此摘抄文本祇保存了《俱舍論》卷四至卷二三，故而卷一至卷三的摘抄內容，目前不甚清楚；不過，摘抄經文中涉及"五蘊"者頗多，如《俱舍論》卷六：

> 經部師說：一切無爲皆非實有如色受等別有實物。[1]

又如卷九：

> 十二支位所有五蘊皆分位攝，即此懸遠相續無始說名遠續。[2]

又如《大寶積經》卷五四：

> 所謂證得一切色法無所得忍，證得受想行識法無所得忍，證得蘊界處法無所得忍。[3]

（2）"十八界"是按照人的身體（眼、耳、鼻、舌、身、意）做出的劃分。與"五蘊"相似，"十八界"內容的集中表述也是位於《俱舍論》卷一。

（3）"十二處"，即六根（眼、耳、鼻、舌、身、意根）與六塵（色、聲、香、味、

---

① 《阿毗達磨俱舍論》卷6，收入《大正新修大藏經》第29冊，佛陀教育基金會出版部1990年版，第34頁上。
② 《阿毗達磨俱舍論》卷9，第48頁下。
③ 《大寶積經》卷54，收入《大正新修大藏經》第29冊，佛陀教育基金會出版部1990年版，第319頁中。

觸、法塵），摘抄經文中《大寶積經》廿九卷中在佛陀與文殊師利菩薩之間的問答中有完整解説：

> 觀色如聚沫，中無有堅實，不可執持故，是名色三昧。……觀聲如谷響，其性不可得，諸法亦如是，無相無差別，了知皆寂静，是名聲三昧。……假令百千劫，常嗅種種香，如海納衆流，而無有厭足。其香若是實，則應可滿足，但有假名字，其實不可取。以不可取故，鼻亦無所有，了知性空寂，是名香三昧。……舌根之所受，鹹醋等諸味，皆從衆緣生，其性無所有。若能如是知，因緣和合起，了此不思議，是名味三昧。……觸但有名字，其性不可得，細滑等諸法，皆是從緣生。若能知觸性，因緣和合起，畢竟無所有，是名觸三昧。……設集三千界，無量諸衆生，一心共思求，意界不可得。不在於内外，亦不可聚集，但以於假名，説有種種相。猶如於幻化，無住無處所，了知彼性空，是名意三昧。①

上述六條分別對應着：眼根—色塵、耳根—聲塵、鼻根—香塵、舌根—味塵、身根—觸塵、意根—法塵。

（4）"十二因緣"，又名"十二支"，即從"無明"到"老死"這一過程的十二個環節，摘抄經文中《俱舍論》卷九中有詳細解説：

> 如是諸緣起，十二支三際。前後際各二，中八據圓滿。
>
> 論曰：十二支者，一無明、二行、三識、四名色、五六處、六觸、七受、八愛、九取、十有、十一生、十二老死。言三際者，一前際、二後際、三中際。即是過未及現三生，云何十二支于三際建立？謂前後際各立二支，中際八支，故成十二。無明行在前際，生老死在後際，所餘八在中際。此中際八，一切有情，此一生中皆具有不？非皆具有，若爾何故説有八支？據圓滿者，此中意説，補特伽羅歷一切位名圓滿者，非諸中夭及色無色。但據欲界補特伽羅。大緣起經説具有故。彼説：佛告阿難陀言：識若不入胎得增廣大不？不也，世尊。乃至廣説。有時但説二分緣起。一前際攝，二後際攝。前七支前際攝，謂無明乃至受；後五支後際攝，謂從愛至老死。前後因果二分攝故，無明等支何法爲體。②

---

① 《大寶積經》卷 29，第 159 頁上—中。
② 《阿毗達摩俱舍論》卷 9，第 48 頁上—中。

除此之外，卷卅八等也有涉及"十二因緣"之内容，此不詳列。

（5）"四諦求會"之"四諦"以及"舍苦集證滅道"，即苦諦、集諦、滅諦和道諦，是佛教的基本教理内容，主要描述人生的本質是苦，以及苦的原因、消除苦的方法和達到涅槃的最終目的。關於此點，摘抄經文中亦有詳細表述，如《俱舍論》卷二三：

> 能具觀察四聖諦境，及能具修十六行相；觀苦聖諦修四行相，一非常二苦三空四非我；觀集聖諦修四行相，一因二集三生四緣；觀滅聖諦修四行相，一滅二静三妙四離；觀道聖諦修四行相，一道二如三行四出。[①]

《大寶積經》卷五一亦是如此，文不具引。

（6）"六波羅蜜"，乃是佛教修行的六種行持，即布施波羅蜜（檀波羅蜜）、持戒波羅蜜（屍波羅蜜）、忍辱波羅蜜（羼提波羅蜜）、精進波羅蜜（毗離耶波羅蜜）、禪波羅蜜、般若波羅蜜。此六種行持的集中論述出現在《俱舍論》卷一八，不過摘抄者并未摘録，在此也不易判斷此種現象是出於有意之選擇抑或無意之省略。

（7）"三十七品菩提分法修證"，亦譯作"三十七覺分"，即三十七種有助於菩提（證悟）的修行法，具體有：四念住、四正勤、四神足、五根、五力、七覺支、八正道。在《俱舍論》中，有對三十七覺分的專門解釋，位於卷二五。不過，在此抄本的卷二五中，祇摘録了與"七覺支、八正道"相關的内容。儘管如此，需要注意的是，抄者在摘抄卷二五時存在著一些問題，摘抄經文先是抄録"七覺八道支"一段頌文，而其後抄録了"七聲聞二佛，差別由九根"的頌與論，這種抄録順序是錯誤的，即當是"七聲聞二佛"一段在前，而"七覺八道支"一段在後；摘抄文中用一"又"字連接兩段，該字不見於經文，顯系摘抄者省略了兩段之間的經文，但又要標識二者之間并非連續經文而采用的連接字[②]，易言之，在抄者的意圖中，可能是要摘抄從"七聲聞二佛"以至"七覺八道支"的全部内容，因爲紙張不足或是已經熟知其中内容等原因，最終是采用了省略的方法，祇摘抄了一頭一尾而已。有關"三十七覺分"的幾段經文，正處於省略的位置。

如果上述理解無誤，那麼卷二五摘抄的的内容實際上就是有關"三十七覺分"的，祇不過在摘抄時大部分内容已經被省略，僅抄録了與"七覺支八正道"相關的一些文字：

> 七覺八道支，一向是無漏。三四五根力，皆通於二種。

---

① 《阿毗達摩俱舍論》卷23，第19頁中。

② 用"又"字連接上下文的現象，在此摘抄經文中出現多次，如《俱舍論》卷二三；此外，與"又"用法類似者還有"云云"（《俱舍論》卷二三、卷三四）、"又云"（《須真天子經》卷中）。

　　當然，有些三十七覺分的部分内容也見於摘抄經文的其他部分。如"四念住"，即常念不忘身、受、心、法四者無常、苦、無我，可見於摘抄經文《俱舍論》卷二三"如何修習四念住耶"條。

　　（8）"四食"之"食"即長養支持身命者，共分爲四：段食、觸食、思食和識食。此内容出自《俱舍論》卷九、十，此寫本中有部分摘抄，如：

> 欲中有身資段食不？雖資段食，然細非麁。其細者何？謂唯香氣，由斯故得健達縛名。諸字界中，義非一故。而音短者，如設建途及羯建途，略故無過。諸少福者，唯食惡香；其多福者，好香爲食。

　　（9）"三十二相八十種好"乃是對佛陀的描述。通過尾題，可知，抄者是通過其師有關《圓楞伽經》經文的講説而得知的，在現存的摘抄經文中并未有類似内容。所謂"圓楞伽經"當即"入楞伽經"，其譯本有三，即宋求那跋陀羅本、北魏菩提流支本和唐實叉難陀本，無論是哪一本中，都有對佛陀相的描述，但都祇是描述到了"三十二相"，并不涉及"八十種好"。不過，考慮到"三十二相"與"八十種好"都是非常流行的佛相描述語言，故而在這裏將二者并舉，很可能是一種中土解説的表現，而并非對經文的忠實表達。

　　通過上面的分析，不難發現，尾題中所列諸名相綱要，在其所摘抄的經文中，幾乎都可以找到；亦即他所摘抄内容與其從師父口中所聞是一致的。其實，上述名相，都算得上是非常基本的佛教知識，在所謂"佛教綱要書"這種佛教入門讀物上都有表述，如《小乘三科》（P. 2841、P. 4805 等）、《三窠法義》（P. 3861、BD 7902 ［文 2、北 8393］）中便有諸如"四諦"、"五蕴"、"六根"、"六識"、"十八界"、"六波羅蜜"等的基本解釋。考慮到這些綱要書都是在初入佛門時所要習學的書卷，而内容深奧、譯文晦澀的《俱舍論》等顯非初學佛事之人的讀物，易言之，《俱舍論》并不是與綱要書配合使用的輔助讀物。雖然這些寫本與佛教綱要書非常類似，都是對圍繞具體的佛教名相進行學習，但它們顯示出的學習要直接結合具體的佛典進行，其學習層次顯然要比通過"佛教綱要書"祇識記一些獨立的條目更爲高階。

　　此外，佛經中講述上述名相者衆多，爲何單單摘録《俱舍論》《大寶積經》和《須真天子經》？寫卷中并未直接將名相綱目與摘抄經文直接對應起來，不過，在尾題言"三十二相八十種好"的條目是來自《楞伽經》。"三十二相"的内容亦是很多佛典所載之事，這裏單舉《楞伽經》，顯然是因爲承自"師父"之口。從此一條，我們亦可反推得知，抄者摘録《俱舍論》《大寶積經》的相關内容，亦是受到了其師父的引導。

值得强調的是，“五蘊、十二處、十八界、十二因緣、六波羅蜜”等，恰是法相宗的核心理論，《俱舍論》《瑜伽師地論》等都有完整解説，如 P. 2275《維摩經抄》便直言：

> 　大乘之中分爲三，一法相宗，經論之中廣立法無邊無量。五蘊、十二處、十八界、十二因緣、六波羅蜜等□□八萬四千門，即《解深密經》《瑜伽論》等多説法相。

既然這些名相乃是抄者言從其師父口中聞得，而其集中摘録的就是《俱舍論》之經文，那麼，這説明當時其師父很可能正在講《俱舍論》。

與 S. 249 非常相似的還有 BD 9658 和 BD 9697 等，二寫卷都被擬名爲《諸經雜抄（擬）》。BD 9658 共有四條内容，抄寫者作有標示，分别摘自《涅槃經》卷八、《摩訶般若波羅蜜經》卷卅二、《大般涅槃經》卷六和卷七，不過第二條“卅”當是“廿”之誤，第三條“六”，在今本藏經中都是與第四條共爲一卷，即“卷七”，當然也不排除抄者看到了不同於今藏的版本。除此之外，尚有三處有别字和脱字。不過，總體看來，經文完整。方廣錩先生注意到這紙雜抄内容有一共同主題，即“佛性”[①]，可以信從；可補充者，第一條乃是解釋“如來”義，第二條言法性空，第三條言佛道即解脱道，第四條言一切衆生皆有佛性，即皆可成佛，綜合來看，有一種遞進的邏輯將四條貫穿起來。

BD 9697 中，抄寫者自覺分爲三段抄寫，分别摘抄自《大般若經》卷五四一、《俱舍論記》卷一和《華嚴經隨疏演義抄》卷七十、《大乘入道次第》，每一段都對應着一個具體的名相，即“流布”“八萬四千煩惱門”“隨眠”。圍繞名相摘抄經文，這是此寫卷與前兩個寫卷相似之處，不同之處在於前二者摘自佛典，而此件不僅摘抄了佛典，也抄録了一些中土注疏。

關於這些摘抄文本的用途，也許可以根據其特徵略作推測。雖然上述抄本多摘録佛典經文，但都是圍繞具體名相做出的摘録；并且這些經文出自諸如《俱舍論》甚至中土注疏等，這些典籍并不在佛教所宣揚的具有誦經功德的經典之列，同時也并不在國家試經範圍之内，故而這種摘抄祇能理解爲結合典籍更深入地理解佛教義理做出的選擇，也就是説，其目的在於理解佛教名相，而不在於識誦經文。

至此，我們便可以對上述數份摘抄的性質有一個大概的判斷了，即它們與當時僧團的佛事學習和訓練關係密切，可能是在講經和尚的影響下形成的圍繞具體的佛教名相而摘録的某些重點佛經經文抄，其目的在於理解而不在於識誦。

在 BD 9697 中，我們已經注意到抄者摘抄了諸如《俱舍論記》和《華嚴經隨疏演義

---

① 《國家圖書館藏敦煌遺書》第 106 册《條記目録》“BD 9697”條，第 31 頁。

抄》等中土佛典注疏；敦煌文獻中還有爲數不少的其他注疏，如將抄寫經疏與讀經、抄經納入僧人的學習譜系之中，筆者以爲，比之於單純的讀經、抄經，學習注疏更能彰顯出僧人對佛教知識的需求，當然也是一種更高學習層次的標志。

P. 2592 摘抄了很多經典，目前僅存《超日三昧經》《仁王般若經》《法界體性經》《諸法無行經》《法鼓經》《決定毗尼經》《摩耶經》《樂瓔珞經》《寶薩經》《摩登伽經》《净業障經》《大寶積經》《金剛經》《佛藏經》《楞伽經》等 15 部經，每一部佛典中摘抄文句有長有短，内容也并非連貫，并且有很多文句是抄者在不改變經義的前提下自主改編過的，如原典本作“文殊師利法王子”，在摘抄時，抄寫者會將其簡寫作“文殊菩薩”（《諸法無行經》）；又如《净業障經》首句，抄者作：

三毒是障礙，六度是障礙，佛法僧想是障礙。

而此句在原作：

夫障礙者，貪欲是障礙、瞋恚是障礙、愚癡是障礙。布施是障礙、持戒是障礙、忍辱是障礙、精進是障礙、禪定是障礙、智慧是障礙。佛想是障礙、法想是障礙、僧想是障礙。空想是障礙、無相想是障礙、無作想是障礙。無行想是障礙、不生想是障礙。[1]

摘抄的文句中“三毒”即是“貪欲、瞋恚、愚癡”，而“六度”即是“布施、持戒、忍辱、精進、禪定、智慧”。將摘抄文句與原文對比，不難發現，摘抄時，抄者利用自己已經掌握的佛教知識，將一些冗長反復的佛經句式濃縮。這種簡抄的方式，在不以文害義的前提下，能够提高抄寫速度。

此外，抄者還對一些文段采取了祇抄首尾幾句的方式，如《佛藏經》部分摘抄有：

若有比丘教餘比丘：汝當念佛、念法、念僧。唯愛涅槃必竟清净。

此句在原文中作：

若有比丘教餘比丘：比丘！汝當念佛、念法、念僧、念戒、念施、念天。比丘！汝當觀身，取是身相，所謂不净。當觀一切諸有爲法，皆悉無常，觀一切法空、無有我。

---

[1] 《佛説净業障經》，收入《大正新修大藏經》第 24 册，佛陀教育基金會出版部 1990 年版，第 1097 頁中。

比丘！汝當取所緣相系心緣中，專念空相，當樂善法。當取不善法相，取不善法相已，爲令斷故觀念修習，謂爲斷貪欲觀不净相；爲斷瞋恚觀慈心相；爲斷愚癡觀因緣法。常念净戒深取空相，勤行精進爲得四禪，專心求道。觀不善法皆是衰惱，觀於善法最是安隱，一心修道。分别諦觀善、不善法，諦取相已，唯觀涅槃安隱寂滅，唯愛涅槃畢竟清净。[1]

通過比對，可以得知"若有比丘教餘比丘：汝當念佛、念法、念僧"出於原段落對話中的首句，而"唯愛涅槃必竟清净"則屬於該段落的末句。這種祇摘抄首尾的做法顯系有意爲之，似乎可以説明摘抄者對此段文字比較熟悉，無須摘引全文，保留首尾兩句，即可了知經義；這種摘抄方式，實際上祇能滿足摘抄者自己的需求，而旁人——若非同樣熟悉這些經典——則很難有效利用此卷，故而也可以表明，此種文卷的摘抄者與此卷的抄寫者正是同一人。

那麼，摘抄者的選擇標準是什麼呢？就殘存的摘抄經文看，所有經文都是圍繞"空"展開的，故而其選擇標準也就是經文中講説"空"的文字。抄者在至少15部佛經中摘抄有關"空"法的文字，并且在抄寫完成後又曾使用朱筆點斷和閲讀，那麼他的目的又是什麼呢？這個問題不易回答。但這種圍繞某一概念集中摘録多部佛典相關經文的現象，在佛教文獻中表現最爲突出者乃是佛經注疏。以經解經，是解經學中最基本的方法。如傳爲智者大師述、灌頂記的《仁王護國般若經疏》中圍繞"阿難"一詞，便引用了《大般涅槃經》《正法念經》《阿含經》《報恩經》《胎藏經》等；又如澄觀《華嚴經疏》關於"阿修羅"的解釋，便節引了諸如《大毗婆沙論》《佛地論》《阿毗曇心論》《正法念經》《六道伽陀經》等。之所以將P.2592與注疏解經聯繫在一起，并不是説P.2592便是某一經疏的殘存部分，因爲正如上論，P.2592的摘抄目的顯然不是提供給他人而是供自己使用的，摘抄中的各種斷章文句也明顯不是經疏體，但P.2592將諸經之中圍繞"空"之文句彙聚一處，也彰顯出了它已具備以經解經的風格。鑒於此，筆者認爲此件所代表的學習層次要比S.249、BD9697等圍繞一部經進行學習的層次要高。其摘抄者很可能已經具備了獨立解經的水準。

其實，摘抄衆經要句以備講經之用，當是很多經師常用手段，如《續高僧傳·空藏傳》：

乃抄摘衆經大乘要句，以爲卷軸。紙别五經三經，卷部二十五十，總有十卷。每

---

① 《佛藏經》，收入《大正新修大藏經》第15册，佛陀教育基金會出版部1990年版，第784頁中。

講開務，極增成學。①

比 P. 2592 所代表的層次更高的則是解經注經了，敦煌比較具有代表性的便是曇曠、法成的著作了，上山大峻等先生都已有詳細研究，此不贅述。

三、小結

綜上，筆者對敦煌文獻中的摘抄類佛典作了一番簡單梳理，這種梳理的一條基本主綫即是僧人不同層次的學習方式，亦即讀經、抄經、抄注疏、解經。這是一個大致進階的過程，代表了不同能力下的學習需求，其中讀經與抄經是基礎，而抄注疏和解經則屬於更爲高階的學習。如果我們將這種不同層次需求視爲僧人縱向進階學習活動，那麽我們可以看到羽 555、S. 249、BD 9697、P. 2592 正代表了進階的過程：最初以讀經爲主（羽 555），其後結合經典理解名相（S. 249）、進而爲理解名相而讀經（BD 9697），進而爲解經注經做準備（P. 2592）。這樣的一個過程，應該也是中古時期僧衆佛經學習的大致過程。不過，能够全部完成這樣訓練過程的僧衆，可能并不多。

（作者簡介：武紹衛，山東大學歷史學院副教授）

---

① 道宣撰，郭紹林點校：《續高僧傳》卷 29《唐京師會昌寺釋空藏傳》，中華書局 2014 年版，第 1186 頁。

敦煌文學寫本的裝幀形態 *

冷江山

摘　要： 敦煌文學寫本的裝幀形制主要有卷軸裝、册頁裝和單頁裝三類，有着鮮明的民間實用寫本的特徵。其卷軸裝大多數部件不全，有軸者甚少，以保存文獻和充分利用紙張爲目的的拼接卷往往而是。從敦煌文學册頁寫本的裝幀實例可推知，所謂粘頁裝和蝴蝶裝應該是同一裝幀形制在寫本和印本兩個不同時代的前後相繼的寫本形態，而縫綴裝和綫裝也有着較爲明顯的差異，敦煌文學寫本中用綫繩連綴的多爲縫綴裝，類似後世綫裝的裝幀形制常常祇是一種修補加固散亂册頁的補充手段。敦煌文學寫本中由一頁或半頁紙抄寫的單頁裝與敦煌文學的儀式應用有着較爲密切的關係。

關鍵詞： 敦煌；文學寫本；卷軸裝；册頁裝；單頁裝

我們研究敦煌文學寫本文獻，最先接觸的就是寫本的外部裝幀形態。學術界對敦煌寫本裝幀方式的研究多是從書籍史的角度來論述寫本裝幀方式的多樣性和複雜性，一些如蝴蝶裝、龍鱗裝之類的稀見形制往往更受關注。其實諸如卷軸和册頁的裝幀制度都是文獻學方面的常識，我們的研究主要是從這些形制中去認識敦煌文學寫本的獨有的文獻特點。深入地研究敦煌文獻的裝幀問題，我們常常會發現它們和一些經典的裝幀制度有着不小的差異，通過這些差異我們才能深入地認識敦煌文學寫本文獻的本質特點。本文即以一些典型的文學寫本圖版爲例來探討敦煌文學寫本的卷軸裝、册頁裝、單頁裝等形制，以期通過這些探討深入發掘敦煌文學寫本由外到内的特質。

一、文學寫本的卷軸裝

衆所周知，敦煌文獻多數爲卷軸裝寫卷。關於卷軸裝的形態，以及飄帶、天桿、牙

---

*　基金項目：國家社科基金重大項目 "5—11 世紀中國文學寫本整理、編年與綜合研究"（項目號：16ZDA175）。

簽、包首、卷芯、拖尾 、尾軸等具體組成部件的位置及作用也是古文獻領域內的常識，無需贅述。但當我們真正從裝幀形制的角度來審視敦煌文學寫本的時候，我們會發現，很多時候它們并不像文獻學教科書中所描述的那樣規範。事實上，在文學寫本的卷子中，很少有完全符合規範卷軸裝標準的。具體的寫卷是各具形態，多所權宜的。我們需要真正走進敦煌文書的世界去認真觀察，多方探求，才能弄清民間卷軸的真實情況，從而爲進一步的研討奠定基礎。

（一）敦煌文學卷軸裝的民間性特點

　　卷軸裝是寫本時代的主要裝幀方式，但傳世文獻中流傳到今天的實物鳳毛麟角。我們關於卷軸裝形制的了解，大部分是依據古文獻中的記載得來的。而這些文獻記載的多數爲皇家國庫或一些著名藏書家的卷軸，裝潢都非常精美。如唐張懷瓘《二王等書錄》云：“二王縑素書珊瑚軸二帙二十四卷，紙書金軸二帙二十四卷，又紙書玳瑁軸五帙五十卷，帙金題玉躞，織成帶。”[1]

　　如此精美的金題玉躞顯然是敦煌文學寫本不能比擬的。當然，敦煌卷軸書籍也有精裝（見圖1）和簡裝之分，敦煌文學寫本中的大部分自然都不是爲收藏而抄寫的精裝卷軸。爲了摸清敦煌寫本，尤其是敦煌文學寫本卷軸裝的真實情況，我們對發現的殘留有軸的文學寫本作一個較爲全面的考察，對軸的材質、長度以及整個卷子的裝潢情況作了較爲系統地梳理，且看如下寫本。

圖1　S.2295 軸

　　1.P.2553，卷尾有細木軸。該軸長 31 厘米，無軸頭、無漆。卷高 27.3 厘米—29.3 厘米，長 197.7 厘米。卷前有文字殘缺，無包首，内容爲《王昭君變文》，尾部有余紙約 4 行。

　　2.P.2054，卷尾有細木軸。該軸長 32 厘米，上端光滑，有軸頭狀突起，似曾經過磨洗處理。該卷高 29.3 厘米—29.5 厘米，長 434.1 厘米。前端有 18 行空白紙，有烏絲欄，似有意留白作包首之用。正文抄寫《十二時普勸四衆依教修行》完篇。卷尾有題記：“同光二年甲申歲（924）蕤

---

① （唐）張彥遠：《法書要錄》，上海古籍出版社 2013 年版，第 26—27 頁。

寶之月，蒉雕二葉，學子薛安俊書，信心弟子李吉順專持念誦勸善。"并無拖尾設計。

3.P.2843，卷尾有細木軸。該軸長 26.1 厘米，無漆。卷高 14.7 厘米—15.4 厘米，長 126 厘米，屬於窄小卷子。前面開頭書寫"十恩德一本"題頭，無包首，卷尾字迹一直書寫到緊貼木軸的位置，抄寫未竟又翻過來書寫在卷背靠近木軸的一端，無拖尾設計。

4.P.3241，卷尾有稍粗木軸。該軸長 28.5 厘米，無漆，兩端有類似金屬材質的軸頭。卷高 27 厘米，長 115.3 厘米。前端殘缺，無包首。正文抄《和戒文》全篇，尾題曰："乾寧二年（895）乙卯歲六月廿三日靈圖寺比丘惠聚念記。"卷尾軸與題記之間僅有 2 行字的間距，并非拖尾設計。

5.P.3783，尾端有木軸，長 31.5 厘米，中間軸身稍細，兩端軸頭處較粗，軸頭塗漆。該卷高 26.5 厘米，卷長 356.1 厘米。該卷前端殘缺，正面抄《論語》卷第五，尾題曰："文德元年（888）正月十三日敦煌郡學士郎張圓通書。"卷背有"乙丑年祭文一篇"。正面尾題緊靠木軸，無拖尾設計。（見圖 2）

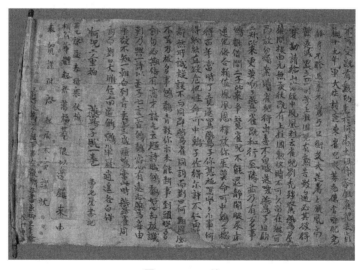

圖 2　P.4019 軸

6.P.3666，卷首有木軸。該軸爲細木棍一根，較紙張略長，軸兩端稍細，顏色較深，似經磨洗處理。卷子及軸尺寸未知。首全尾殘。正面抄"燕子賦一卷"凡 121 行，軸與正文之間有空白紙寬約 4 行字，可視作包首，尾部殘斷。

7.P.4019，尾端有木軸，該軸爲兩端向內彎曲的木棍，棍身不光滑，多見結疤。該卷殘破嚴重，斷爲兩大塊，分別抄寫《新集吉凶書儀》及《燕子賦》，尾題爲"燕子賦一卷，曹光晟書記"，其後尚有書狀範本 4 行。正面尾部文字緊靠木軸，無拖尾設計。

從對上述寫本的考查中，我們可以看到，即使這些有軸的寫本也遠遠達不到標準卷軸裝的要求。且不説包首、縹帶、牙簽、拖尾等輔助部件，天桿和尾軸齊全的都没有。

P.3666 因軸在卷首，又較爲細小，故應爲天桿，其余幾個寫本的軸都是尾軸。從材質來看，幾個軸都是木軸，其中 P.4019 的木軸不僅沒有經過拋光打磨，甚至都還是彎曲的，更像是一個隨手撿來的細木棍。《隋書·經籍志》云：“煬帝即位，秘閣之書，限寫五十副本，分爲三品：上品紅琉璃軸，中品紺琉璃軸，下品漆軸。”[1] 如果按照内府的標準，大部分敦煌文學寫本連下品都算不上。當然，這還是我們挑選的有軸的幾個卷子，實際上敦煌寫本中有軸的非常少。既然是卷軸裝，那麼敦煌寫卷的“軸”都在哪裏呢？有不少人認爲敦煌寫本多爲殘卷，不是沒有軸，而是殘掉了，其實并非如此。我們不能排除有些卷子是在使用或者貯藏的過程中殘掉了軸。如 S.4583、P.3093，這兩個寫本的尾部有剪切的痕迹，都應是原來有軸的卷子。再如 P.3812，卷頭有較爲明顯的粘貼痕迹。徐俊先生尚云該卷“卷首卷軸猶存，原卷裝幀形態保存完好”[2]。但是從現在的很多圖版資料中，該卷的軸已經看不到了，應是出土後在貯藏整理的過程中脫落的。但總體來看，有類似這般有明顯脫軸痕迹的寫本很少。敦煌文獻有 7 萬多號，如果原來都有軸的話，也不至於殘損到有軸寫本如此稀見的程度。其實大部分寫本原本就没有軸，經常就是隨手卷起來用細繩一捆就放在一邊了，這一點也有些學者提出過，但并未深入探究[3]。我們在文獻學課本上學習的標準卷軸裝實際上是這種裝幀形制發展到較高水平才有的產物。尾軸和天桿、包首、標帶、牙籤、拖尾等部件一樣，都是非常講究的典藏卷軸才有的。這樣的卷軸類似我們今天的“精裝書”，而敦煌寫本，尤其是以民間下層實用寫本爲主的敦煌文學寫本，絕大多數都是較爲隨意的“簡裝書”。“精裝書”首先考慮的是裝潢的華美，製作工藝的規範和考究，所以會有金玉、琉璃爲軸，華美絲織品作標，天桿、拖尾、牙籤一應俱全。相比之下敦煌文學寫本一類的“簡裝書”在華美和規範方面就差了許多。

　　儘管敦煌文學寫本卷軸的裝潢不够精美，但是在實用功能層面并不比那些規範的“精裝書”差多少。雖未以金玉爲軸，漆軸與木棍也能起到方便卷舒存放攜帶的作用。對於一些較爲短小的寫卷來説，没有軸其實也不太影響卷舒，有時還可以更爲隨意地卷舒。如 P.4625《五臺山贊》寫本，有明顯的對折痕迹，不排除有卷起後對折攜帶的可能。敦煌文學寫本雖然不見華美絲織物做成的包首和拖尾，但是也經常將廢棄的書狀、賬曆等紙張粘貼在卷首來保護正文，如 P.2226、P.2066 等，這樣的“包首”既起到了保護正文，減少書卷傷損的實際功用，也充分利用了紙張資源，可謂一舉多得。再比如牙籤，牙籤是指懸掛在卷軸之外，方便檢索書名的小標籤，講究的標籤都是牙質的，所以

---

① （唐）魏徵、令狐德棻：《隋書》卷三十二《經籍一》，中華書局 1973 年版，第 908 頁。

② 徐俊：《敦煌詩集殘卷輯考》，中華書局 2000 年版，第 379 頁。

③ 李致忠：《中國古代書籍史話》，商務印書館 1996 年版，第 122 頁；方廣錩：《從敦煌遺書談中國紙質寫本的裝幀》，《文獻》2018 年第 1 期。

叫作牙籤。 卷軸裝的書籍一般都插於書架內，僅露卷端朝外，如不抽出查閱，不知內容，很不方便檢索。 牙籤的設計使這一問題比較容易地解決了。 所以古代卷中很多都有牙籤懸掛。 如韓愈有詩云："鄴侯家多書，插架三萬軸。 ——懸牙籤，新若手未觸。"《唐六典》亦云：

> 唐代內府藏書，其經庫書，鈿白牙軸，黃帶紅牙籤；史庫書，鈿青牙軸，縹帶綠牙籤；子庫書，雕紫檀軸，紫帶碧牙籤；集庫書，綠牙軸，朱帶白牙籤。

可見牙籤是精裝卷軸的必備部件，起着重要的作用。 如上所述，敦煌寫本多爲簡裝，基本上看不到牙籤的存在。 但這并不意味着敦煌手民没有另想辦法來解決檢索不易的問題。 且看 P.3541，這個寫本的一頁紙上面粘貼着一個突出的小紙條，上書"齋文"二字。（見圖 3）寫本卷起以後，這個突出的小紙片，恰好能起到"牙籤"的作用。 雖然不太美觀，但的確簡單實用，這樣的設計讓我們不得不佩服敦煌人的智慧。

圖 3　P.3541 的牙籤

（二）拼接卷的存在

敦煌寫本呈現給我們的不僅是一些業已完工的"成品"，還能給我們展示一個寫卷不斷形成的"過程"。 敦煌文獻中，有一些精美的佛經、道經和儒家經典寫本，大都是有組織有計劃的規範的抄經活動的産物。 這些卷子用紙規範，行款嚴整，從抄寫到成書都要經過校對、裝潢等多道手續。 所以它們基本上都是呈現在我們面前的成品的"書籍"，即便有殘損斷裂，也是後續使用和保存過程中造成的。敦煌文學寫本也有一些相對較爲規範的卷軸，但是更多的是根據生活中的實際需要，隨意製作的私人用品。這些寫本往往沒有嚴格的規劃，甚至常常沒有專門的用紙，借用其他寫本的卷背或者經頭卷尾的情況屢見不鮮，爪剖舊卷另組新本的做法也毫不稀奇。這樣的製作過程，勢必造成一大批內容駁雜，紙質、紙色甚至大小都多有差異的拼接卷。解讀這些拼接卷的拼接方法和拼接目的，是我們研究敦煌文學寫本裝幀形制的重要課題之一。爲了更清楚地探討拼接卷拼接的方式和原因，我們必須先來看幾個典型的卷子：

1. P.3259，該卷單面抄寫，《總目新編》定名爲"祈願文數篇"，其內容具體包括《患文》《都僧政紀念文》《祭文》《式叉尼文》《亡妣文》五篇。該卷諸文獻字體、墨色、行款格式都不統一，字迹不侵接縫。紙張質地和色澤也有差異。故應爲原本單獨使用的儀式應用底本彙貼在一起的。

2. S.6417，該卷雙面抄寫，正面依次爲《邑齋文》（有貞明六年，即公元920年戒榮題記）《印沙佛文》《自咨唱道文》《散蓮花樂》《臨壙文》《願文》《亡考文》《願文》（二通）《臨壙文》《亡僧》《亡尼》《亡考》《僧患》《僧亡》《國母天公主奉爲故男尚書諸郎君百日追念》《願文》《轉經文》《長興二年（931）普光寺尼上都僧統狀、同光四年（926）金光明寺徒衆慶寂神威等狀》《清泰六年（939）金光明寺上座神威等狀》。卷背依次爲《患文》《亡文》《願文》《分三子遺物契》《放妻書》。該卷由23張長短高低不一的紙張粘貼而成，諸文獻從第7個以後字迹、墨色、行款格式相同者很少，卷背文字除分三子遺物契外皆爲倒書。正面前7個寫本後皆有"戒榮文一本"字樣，其余皆無。

3. P.4638，該卷兩面抄寫。（見圖4）依照《總目新編》定名，正面依次爲"回鶻文數行"，《大潙警策　彥和尚集》《隋朝三祖信心銘》《張某乙畫觀音并侍從一鋪發願文》（擬）《曹大王夫人宋氏邈真贊并序》《結壇文》（擬）《右軍衛十將使孔浮圖功德銘并序》《大番故敦煌郡莫高窟陰處士公修功德記》《曹良才邈真贊并序》《索中丞贊》。卷背依次爲《龍變、惠雲、紹宗等端午節獻物狀》《清泰四年丁酉歲（937）左右馬步都押衙羅□□端午節獻物狀》《龍變、惠雲、紹宗等因司空出巡獻物狀》《龍變、惠雲、紹宗等謝狀》"不知名文書四行"（倒書）、"不知名文書三行"（倒書）、雜賬三行、"不知名文書十二行"、《曹仁貴國朝貢使往奉狀》《曹仁貴獻玉狀》《丁酉年莫高鄉陰賢子狀》（未完，倒書）《丙申年馬軍武、宋苟子、宋和信狀》（首題，倒書），雜寫兩行。該卷正面文獻第2、3、4爲同一人抄寫，第8、9、10爲同一人抄寫，其餘文獻、筆迹、格式紙張皆不一致。卷背諸書狀前七篇下筆嚴謹、格式規範，時見朱紅印章當爲應用書狀實物。最後"陰賢子"、"馬軍武"二書狀字迹混亂，多有塗改，且前一篇并未寫完，故都應爲草稿。卷背倒書文字和其他雜寫字迹多侵接縫，應該爲後人閱讀使用時書寫。

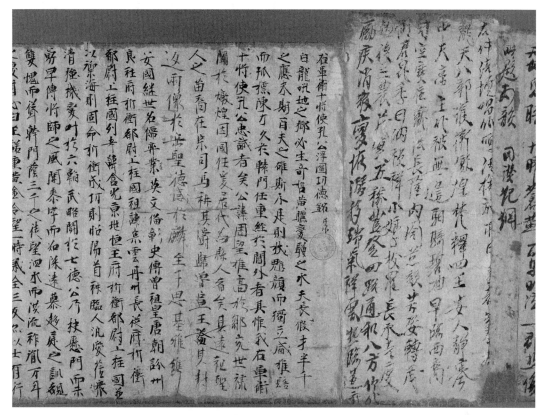

圖 4　P.4638 拼接卷

4.P.3199，該卷兩面抄寫，正面抄齋文兩篇，其一爲建浮圖事，一爲慶宅事。卷背抄《都押衙祭亡母文》。正面文字爲一人所書，二文書之間有空白紙，字迹不侵接縫。卷背爲另一人所書，文字抄寫在卷背中間接縫處，顯爲後人所書。

讓我們分析一下這四個寫本。之所以稱之爲拼接卷，首要的原因是全卷并非一人一次抄寫完成，筆迹、墨色、抄寫格式都不一致，甚至紙張都長短不齊。P.3259 是典型的例子，一看圖片就知道，這是由不同的寫本片段拼接起來的，紙張大小和色差是最爲直觀的呈現。其次，從内容層面來看，這些被拼接在一起的文書在一開始往往是單紙流傳使用的。如 P.4638、S.6417 上面粘貼的書狀，大都格式規範，書寫端謹，有不少上面尚有朱紅的印章，應爲書狀原件。書狀原件最早的時候顯然不是和其他文書粘貼在一起的，背面一般也不會寫有其他不相干的文書。再如 P.4638 的獻物狀，這種文書其實就是所獻物品的情況説明，一般都要和禮物一起奉上，這種正式應用的重要文書顯然也不可能用廢紙抄寫，專紙抄寫，隨禮奉送才是符合生活邏輯的，出現在拼接卷中必然是後來的事情。其實另外的那些釋門文範，例如齋文、亡文、祭文、印沙佛文等也大都是一些宗教或喪葬儀式的發言稿，有相當一部分最初也應該是單頁裝流傳的，這一點後文還有專論，此處不必贅述。

　　拼接卷之所以拼合衆多散頁，其目的一般有二。首先是爲了保存文書，防止小篇幅的文書散佚。當然在此目的之下還是要説明，并不是所有的散頁都會不加選擇的彙貼在一起，按類歸檔也是拼合卷的一個基本思想。如 P. 3199 彙集的是齋文，P. 3718 彙集的是敦煌名人名僧的邈真贊等，類似此類的卷子不勝枚舉。這樣的彙貼方式，顯然爲了方便日後查找使用。拼接卷的另一個目的是，拼合文書後利用卷背。常見的紙張如前文提及的 P. 4638、S. 6417 的書狀。這些書狀紙張一般較佳，用過之後紙背尚可再次利用，單獨的一頁紙難以抄寫較大的篇幅和較多的内容，貼在一起就可堪大用了。敦煌寫本中彙貼實用的書劄、廢棄的曆日、抄經兑廢的殘紙、獻物狀、施舍疏等單個寫本，利用卷背抄寫其他内容的情況很常見。當然，利用卷背抄寫文書未必就意味着正面的文書被廢棄，如 S. 6417，卷背雖然也抄了幾篇釋門文範，但是并不意味着正面的大量文範文書被廢棄了。相反，這些文書共同組成了釋門文範的一個小檔案，爲以後查找帶來了方便。至於要找的文書在正面還是背面，可以不必在意。但是必須指出的是，從拼接卷的角度來分析，《總目新編》和《法藏敦煌文獻》顯然都弄反了 P. 4638 寫本的正背面，有獻物狀和信劄等實用文書的一面才應該是最初的正面。

　　拼合卷的拼合方式前文已作論述。無非是粘結散卷，或利用廢紙另造新篇，甚至爪剖舊卷，另組新卷。需要再進一步論説的是，拼接卷的成卷過程問題。如上文重點觀察的 P. 3259，寫本中有貞明六年（920）、長興二年（931）、同光四年（926）、清泰六年（939）等一些明確的抄寫時間。從這些信息中我們可以知道，這個卷子的形成時間跨度最多可達 19 年之久。細檢原卷，我們發現正面前 7 個寫本後皆有“戒榮文一本”字樣，其余皆無。這七個文書包含兩個標明貞明六年的紀年。從寫本正背面的情況來看，自正面第七個文書之後，文書字迹、墨色、行款格式差異較大，參考尾部寫本的時間，可推知這一寫本原本祇有前面七個文獻，也就是原來的“戒榮文書”。此後的文獻都是隨着時間的推移依次貼上去的。從這個寫本可以較爲清楚地看到，拼合卷的成卷是一個不斷進行的過程，隨時都可以把同類的或散落的文書拼接上去。敦煌文學寫卷不僅是生成和傳播文學的方式，也是一種彙聚保存散頁文獻的方式。當然，拼合寫本頁數的多寡是没有定數的，少則如 P. 3199 僅有兩頁紙，多則幾十張紙拼接也是常有的事情。拼接卷的這種成卷方式也可以讓我們從一個角度來理解爲什麽很多寫本是没有軸的。

二、文學寫本的册頁裝和單頁裝

　　敦煌文獻的裝幀方式是豐富多樣的。除了卷軸裝以外，還有梵夾裝、經摺裝、龍鱗裝、縫綴裝、粘葉裝、蝴蝶裝、綫裝、混合裝等。 敦煌文學寫本的樣本相對較小，不多見梵夾裝、龍鱗裝等稀少的裝幀方式，但是蝴蝶裝、綫裝等形制的册子經常見到。 我們研究寫本裝幀形制的目的是爲研究寫本的内在特點，爲探討寫本與生活的關係奠定基礎，并不是爲了專門探討稀見的形制，所以在此僅重點探討一下最常見的册頁裝和單頁裝的相關問題。

敦煌的册頁裝的形制有很多種，各種形制之間的區分是册頁研究的難點，對寫本研究的影響也比較大。 從大的方向上看，册頁裝的最常見形制可以分爲用漿糊粘貼的蝴蝶裝、粘葉裝和用綫縫綴的綫裝、縫綴裝。 但是要進一步分清蝴蝶裝與粘葉裝、縫綴裝與綫裝就需要分析大量寫本圖版，同時借助學術界的相關成果來深入系統地探討。

（一）蝴蝶裝與粘葉裝

蝴蝶裝和粘葉裝都是用漿糊粘貼的辦法成册的。 蝴蝶裝具體裝幀方式是將書頁對折，有字面向内，無字卷背向外，然後將折好的書帖一頁一頁重疊在一起，在折綫處對齊，用漿糊粘在一起，而後再以厚紙作爲封面包裹書背。 這樣，打開書，可以看到一個整頁，以折綫爲軸，兩邊各有半頁，形狀頗似蝴蝶展翅，故稱蝴蝶裝。 蝴蝶裝是我國書籍史上的一個重要的裝幀方式，一度是最盛行的裝幀方式之一。 相比之下，我們對粘葉裝的了解要少得多。 有不少學者認爲粘葉裝和蝴蝶裝是一回事。 方廣錩曾專門撰寫文章來論證粘葉裝和蝴蝶裝的不同[①]。 他认为二者的最大區別在於蝴蝶裝通常是一面有字一面無字的，一般不會有半頁紙粘貼；而粘葉裝往往是反正面都寫有内容，半頁紙粘貼也是常見的現象。 二者的相同之處都是"内向對折，漿糊粘結"。 敦煌文獻中大部分册子都是漿糊粘結的，多數也都是内向對折的。 讓我們來看看一些具體寫本的裝幀情況如何。

1.S.5451，所抄内容爲《金剛般若波羅多蜜經》。 該册高 14.3 厘米，寬 11.5 厘米，存四頁紙。 該册封皮爲半頁厚紙粘貼，其余四頁紙皆爲"内向對折，漿糊粘結"，每個半頁紙正反面都寫有文字，翻開書册不見空白頁。

2.S.5478，所抄内容爲《文心雕龍》。 該册高 16.8 厘米，寬 11.7 厘米，存 11 頁紙零一個半頁。 該册首尾殘缺，不見封面。 内部 11 頁紙皆爲"内向對折，漿糊粘結"，每個半頁紙正反面都寫有文字，翻開書册不見空白頁。

3.S.5439，所抄内容爲《季布歌》。 該册高 14.5 厘米，寬 10.5 厘米，存 11 頁紙零一個半頁。 該册首全尾殘，封面爲半頁厚紙粘貼。 翻開封面，内首頁書"季布歌"、

---

①　方廣錩：《論粘葉裝》，《方廣錩敦煌遺書散論》，上海古籍出版社 2010 年版，第 154—183 頁。

"季布歌一卷"兩行竪排平行的大字，類似今天書籍之扉頁。內部 11 頁紙皆爲"内向對折，漿糊粘結"，每個半頁紙正反面都寫有文字，翻開書册不見空白頁。（見圖 5）

圖 5　S.5439 粘葉裝册子

4.P.4017，首抄《出賣口分田殘契》（前殘）9 行，後接抄《雜字一本》，其後爲"乙酉年七月"等特大字雜寫 8 行；後抄《社司轉帖》《咏九九詩一首》《曲子長相思》（僅存標題）《曲子鵲踏枝》（獨坐更深人寂寂）《太子贊一本》。該册高 14.7 厘米，寬 10.5 厘米，存 6 頁紙零一個半頁。該册封面殘破，上面滿是塗鴉文字。首頁左端殘缺，尾頁右端殘缺。內部 6 頁紙皆爲"内向對折，漿糊粘結"，第 4、5、6 頁紙均爲空白頁，都畫有烏絲欄。

以上四個册子都符合"内向對折，漿糊粘結"的基本特點，但是翻開可見空白頁的祇有 P.4017 一個。從抄寫狀況來看，這個寫本的空白頁也不是由裝幀造成的規律性紙背空白，祇是册子的使用者并没有抄完罷了。也就是説，這四個册子都不是嚴格意義的"蝴蝶裝"，符合"粘葉裝"的特點更多一些。然而，李致忠、林世田等先生在講到敦煌文獻的蝴蝶裝册子的時候都曾以 S.5451 爲例，説明這些學者都認定該本是典型的蝴蝶裝①。這其中的分歧應該是源於各家對粘葉裝和蝴蝶裝關係的認識不同。從史册的記載來看，粘葉裝無疑是更早的裝幀方式。宋張邦基（約 1131 年前後在世）《墨莊漫録》卷四云：

　　王洙（997—1057 年）原叔内翰嘗云："作書册粘葉爲上，久脱爛，苟不逸去，尋其

---

① 李致忠：《敦煌遺書中的裝幀形式與書史研究中的裝幀形制》，《文獻》2004 年第 2 期。林世田、楊學勇、劉波：《敦煌佛典的流通與改造》，甘肅教育出版社 2013 年版，第 75 頁。

次第，足可抄録。屢得逸書，以此獲全。若縫續，歲久斷絶，即難次序。”

這是最早提到“粘葉”的一則史料。可見粘葉裝在北宋時比較受人歡迎。考慮到任何事物從萌芽到興盛總要經歷一個較長的過程。粘葉裝的出現時代應該更早一些。方廣錩先生認定 S.5478 爲最早的粘葉裝書册，且推證該册爲公元七八世紀的初盛唐寫本。如此說不誤，那麼早在初唐就應該有粘葉裝册子出現了。從粘結方式上看，粘葉裝册子和卷軸裝其實都是用漿糊粘貼的，出現較早也是可以理解的。蝴蝶裝這一名稱從何時產生的，目前還沒有確切的資料記載。我們能查到最早的文獻，是明末方以智的《通雅》中的解釋：“粘葉，謂蝴蝶裝。”“粘葉”是什麼，在這一時期需要專門解釋才能明白，可見此時“粘葉裝”這一稱謂已經退出了歷史舞臺，取而代之的名稱正是蝴蝶裝。這一轉換的大背景其實是寫本時代到刻本時代的轉換，方廣錩先生也指出粘葉裝從北宋就開始衰退了，而這一時期恰好是由寫本時代到刻本時代轉換的時期。蝴蝶裝單面有字，打開書册有字面和無字面間雜，這是它和粘葉裝最大的區別。這一區別也是由傳播方式的不同造成的。對於刻板來説，單面整版印刷顯然便利。而對於寫本時代的手民來説，雙面抄寫也不麻煩，而且更爲節省紙張。從命名情況來看，二者的角度其實是不一樣的。粘葉裝是從裝幀方法的角度來命名的，和綫繩縫綴的册子相對，而“蝴蝶裝”是從外形特點來命名的，其實并不否認它在裝幀上還是需要“粘葉”的。綜上，我們認爲粘葉裝和蝴蝶裝不過是對“内向對折，漿糊粘結”一類裝幀方式在寫本時代和刻本時代兩個歷史階段的不同稱謂而已。既然如此，我們認爲，對於寫本時代的敦煌文獻小册子，符合“内向對折，漿糊粘結”特點的還是稱之爲“粘葉裝”爲好。

（二）縫綴裝和綫裝

敦煌遺書中的册子，用綫繩來裝幀的主要有縫綴裝和綫裝兩種。在敦煌文學寫本的册子中，用綫繩來裝訂的也有不少，早期的一些研究其實并未將縫綴裝和綫裝區分開來。後來學者們陸續發現，儘管都是用綫繩裝訂，裝法其實是有較大區別的。我們來看如下幾個册子的裝幀。

1.P.3836，小册子，該册首抄《南歌子》6 首，最後書《曲子更漏子》標題，内容殘掉。册高 15.2 厘米，寬 7 厘米，存三對頁零前後各一個單頁。册子第二個對頁中縫有明顯的細白綫縫綴，有四孔，相鄰頁中縫不見縫綫。

2.P.3824，小册子，該册抄《妙法蓮華經觀世音菩薩普門品》《金剛般若波羅蜜經》《佛説解百生怨家陀羅尼經》《般若波羅蜜經》《摩利支天經》《佛説延壽命經》《十空贊文一本》《出家贊文一本》。册高 21.5 厘米，寬 15.6 厘米，存 19 頁。該册中可見明顯的

金黃色縫綴綫繩，有上下較爲均匀的 6 孔，相鄰幾頁中縫不見縫綫。（見圖 6）

圖 6　P.3824 縫綴裝册子

　　3.S.5692，小册子，抄《山僧歌》《離三途歌》《無名和尚絶學箴》。册高 21.3 厘米，寬 7.1 厘米，存 6 頁。該册每頁紙折縫中皆有 12 個排列均匀的小孔，應爲縫綴册子時留下的。

　　上述三個册子，都是用綫繩縫綴的。敦煌文學寫本中此類册子也有不少。其綫繩的樣子各異，有類 P.3836 的白色細綫，也有諸如 P.3824 的稍粗的有色細繩。S.5692 雖然没有綫繩殘存，但是中縫的小孔明顯是較細綫繩縫綴留下的痕迹。細緻分析這幾個册子，我們發現，這樣的縫綴方式和明中葉以後流行的經典 "綫裝" 書的裝法有明顯的不同。書籍史上標準的綫裝書都是折齊書葉，在外部左邊緣打孔穿綫的，而這些寫本都是叠好幾個書頁後在折縫處縫綴的。杜偉生先生指出這種裝法和傳統綫裝的區別是翻看書册看是否能看到縫綴的綫繩[①]。綫裝書能看到的部分很少，而縫綴裝是可以看到整個綫繩的縫綴樣子的。研究敦煌書籍裝幀的學者一般都將這種裝法稱爲 "縫續裝"。這一名稱來源於前引張邦基《墨莊漫録》卷四中的那段話。方廣錩先生引用臺灣學者温臺祥的説法，指出張邦基引文有誤，王洙原文做 "縫綴"，"縫綴裝" 是更爲準確的名稱[②]。今亦從此説。

　　敦煌文獻中有没有類似後世 "綫裝" 書籍從外部左邊緣打孔穿綫的裝法呢？多數學者認爲是有的。大家常列舉的一個典型的例子就是 S.5646《金剛般若波羅蜜多經》的小册子。這個寫本是較爲典型的早期綫裝書册的裝法。敦煌文學寫本中這樣典型的綫裝還不多見，但是也有類似綫裝的裝法需要引起我們的注意。且看如下兩個册子。

　　1.S.5556，小册子，首抄《妙法蓮華經觀世音菩薩普門品》，後抄曲子《望江南》3

①　杜偉生：《中國古籍修復與裝裱技術圖解》，北京圖書館出版社 2003 年版，第 453 頁。
②　方廣錩：《從敦煌遺書談中國紙質寫本的裝幀》，《文獻》2018 年第 1 期。

首。該册高 15 厘米，寬 12 厘米，存 16 個對頁，外有硬紙封皮。册子每隔一個對頁有較爲明顯的粘貼痕迹，而相鄰頁面除斷裂的紙張外都是整頁紙。册子上下各有綫孔一個，由書背部穿繩加固，又類似綫裝方式。（見圖 7）

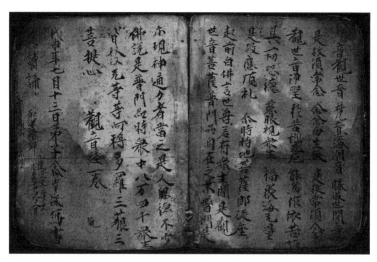

圖 7　S.5556 混裝册子

2.P.3910，小册子，抄《茶酒論一卷并序》（尾題作“茶酒論一卷”）《新合千文皇帝感辭一十一首》《新合孝經皇帝感辭一十一首》《聽唱張騫一曲歌》、闕題詩 21 首、《秦婦吟》。册高 15.8 厘米，寬 11 厘米，存 18 對頁外加封皮。該卷第九頁有清楚的玫紅色綫繩縫綴，共上下六孔。這是個九頁書帖中間縫綴的册子，是個典型的縫綴裝。然而，從册子的封面可以同樣清楚地看到有上中下三道白色綫繩從書背貫穿加固。這顯然又符合綫裝書的裝幀方式。

這兩個寫本都屬於“混裝”模式。S.5556 原本是較爲典型的粘葉裝，後蓋因年久漿糊失效，册頁散亂，不得不從外部上下兩端打孔穿綫修復固定。P.3910 也相類似，衹不過該册原是縫綴裝，大概是原來縫綴的綫繩斷脱，又從外端用綫裝的方式修復固定。如此一來，我們看到，古籍裝幀經典方式——“綫裝”，在敦煌寫本文獻中并非是主流的裝幀方式，更多時候是一種修復書籍的方式，是以“替補”的形式登上書籍裝幀史的大舞臺的。

（三）單頁裝

敦煌文學寫本中還經常出現一些看似没有什麽裝幀形制的單頁紙或半頁紙的寫本，其內容多數是一些小篇幅文學作品的寫本，如歌辭、詩歌、願文、祭文、書信等。方廣锱先生將這類寫本命名爲"單頁裝"，但未作深入分析①。鑒於這樣的"單頁裝"寫本數量較多，而且關係到後文要探究的傳播應用形態等問題，所以有必要在此通過分析具體的寫本專門探討一下。且看如下寫本。

1.P.2813，該卷高 30.6 厘米，長 43.3 厘米，單面抄寫。所抄内容爲"法體十二時"（首題），後接抄佛教"十根"（擬），凡 22 行。前段字行字間距都較爲疏朗，後幾行稍密。字迹拙醜。中間有一道橫向的折痕。

2.P.3120，該卷高 31 厘米，長 43.3 厘米，單面抄寫。抄"送師贊"（首題）和"法華經廿八品贊"（首題）共 10 行，後有約 7 行字的空白余紙。卷背中間頂格書寫"送師贊一本"，大類卷軸之背題。

3.S.4039，該卷高 29 厘米，長 45 厘米，雙面抄寫。正面抄"十空贊一本"（首題）全文和"五臺山贊一本"（首題）前 5 行，余紙不足轉抄卷背，卷背又抄 15 行完篇。十空贊部分分欄抄寫，五臺山贊部分每一首之間有較爲清楚的空格。

4.S.4578，該卷高 30 厘米，長 17 厘米，單面抄寫，有下端殘缺一角。抄寫《望月婆羅門曲子》6 行半，後尚有余紙 2—3 行不書。卷背左上角書"望月婆羅門四首"，其後上下各有雜寫 7—8 字。（見圖 8）

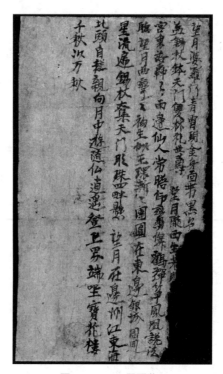

圖 8　S.4578 單頁裝

①　方廣锱：《從敦煌遺書談中國紙質寫本的裝幀》，《文獻》2018 年第 1 期。

從尺寸上看，上述寫本中的 P.2813、P.3120、S.4039，其卷高和卷長都是最常見的敦煌文學寫本的單紙尺寸，其邊緣也都没有明顯的裁剪痕迹，應該都是用一張完整的紙來抄寫的。S.4578 的卷長祇有 17 厘米，邊緣有裁剪痕迹，應是一小半紙抄寫的。在抄寫格式方面，我們也看到，這些寫本也在盡量物盡其用地使用紙張。P.3120，内容不足一頁紙，自不必説。S.4039 余紙不足則直接抄在紙張的背面，P.2813 後端加密的行距和字距也説明抄寫人并不想再多用一頁紙，S.4578 僅用一小半紙顯然也是節省紙張的表現。當然，這些抄寫者不僅是從節省紙張的角度考慮的，P.3120、S.4578 卷後的空白余紙説明，他們還要保證寫本内容的純粹性。我們之所以認爲這些寫本也是一種裝幀方式，主要是因爲它們也是專門爲了某一應用功能而抄寫製作，并不是廢棄的紙張或者長卷脱落的部分。既然敦煌文學寫本的卷軸裝多數没有軸，也没有縹帶、天桿、牙簽、包首、卷芯、拖尾這些講究的部件設計，那麽，這些單頁紙或半頁紙寫本也完全可以視爲一個短小一些的簡易卷軸裝。究竟是半張紙、整張紙還是多張紙的長卷，很多時候是由抄寫内容的長短決定的。如果我們觀察寫本再細緻一些，會不難發現，P.3120、S.4578 卷背都有題寫者所抄内容的題目，這些都可以看成是卷軸裝寫本卷起來以後在外邊題寫的"背題"。這些文字的存在，説明即使是一頁紙或半頁紙，也是卷起來存放和攜帶的。P.3120 的背題就在中間附近，恰好是卷起一頁紙來露在外面的位置。當然和長卷子相比，這種單頁裝的寫本在攜帶上無疑更方便一些。它們可以卷起來，也可以折叠一下就放在衣袖内，P.2813 橫向的折痕大概就是這樣留下的痕迹。

以上主要討論敦煌文學寫本的常見裝幀方式及問題，還有很多其他裝幀方式因涉及寫本不多就不再專門討論了。從敦煌文學寫本的裝幀形制探究中，我們可以看到敦煌文學寫本的民間性、實用性和隨意性等較爲明顯的特點。通過論證我們能够更爲清晰的從外部形態特徵方面深入瞭解文學寫本的文獻特點，爲我們進一步由外而内的探究奠定了基礎。

（作者簡介：冷江山，貴州師範大學文學院教授）

試論吐蕃統治對敦煌地區書寫工具、紙張及書籍形式的影響

朱利華

摘　要：吐蕃統治時期是敦煌文化發展進程中的重要轉折點，由於吐蕃文化的影響或中介作用，原有以中原文化爲根基的敦煌文化發生了變化。體現在書寫工具方面，是因地制宜地使用木制的硬筆；書寫載體方面，使用本地生産的紙張，紙張的大小規格受到吐蕃使用習慣的影響，或者充分利用廢棄紙張的行間或背面抄寫。這一時期出現的漢藏文梵夾裝、經摺裝等書籍形式，也多少受到吐蕃的抄經形制和使用習慣的影響。

關鍵詞：吐蕃統治時期；硬筆；紙張；書籍形式

從傳播的載體來看，中國古代文學大致上經歷了口傳時代、寫本時代、刻本時代等幾個大的時段，公元 5—11 世紀，是中國文化傳播史上的寫本時代[1]。敦煌寫本所涉時代上起十六國，下迄北宋初年，正與紙寫本時代相合，在書寫格式、寫本形態及紙筆的使用等方面保存了第一手“寫本學”資料。正如敦煌文獻本土特色的形成以吐蕃時期最爲關鍵，敦煌寫本也因吐蕃統治時期文化習俗和物質條件的變化而呈現出不同特徵。在此之前，敦煌地區與中原保持一致，内地的紙筆、抄寫的經卷在此地流通。據《新唐書》卷五七記載，玄宗朝所創集賢書院“太府月給蜀郡麻紙五千番……歲給河間、景城、清河、博平四郡兔千五百皮爲筆材”[2]，知所用紙筆爲麻紙和兔毫毛筆。自貞元二年（786），沙州軍民以“毋徙佗境”爲約與吐蕃結成城下之盟，進入吐蕃統治敦煌時期。直到大中二年（848），張議潮率衆驅逐吐蕃，敦煌地區重歸唐朝，其間長達六十八年與中原隔絶，加之此前已孤懸塞外二十年，敦煌地區的毛筆和紙張的供應渠道也漸趨中斷。在紙筆缺乏的情況下，不得不因地制宜地使用木制的硬筆，使用本地生産的紙張，或者充分

---

① 伏俊璉：《5—11 世紀中國文學寫本整理研究概論》，《雲南師範大學學報》2017 年第 5 期。
② 《新唐書》卷五七。

利用廢弃紙張的行間或背面抄寫。除了材料匱乏的原因外，硬筆的使用和紙張的大小規格還受到吐蕃書寫習慣的影響，書籍的形式也受到吐蕃抄經形式的影響。本文在吸收相關研究成果的基礎上，探討吐蕃統治時期因書寫工具、紙張的變化給敦煌寫本帶來的影響，以及這一時期書籍形式的變化。

一、吐蕃統治時期的硬筆書寫

中國古代很早就使用以竹、木制成的書寫載體，竹、木材質的書寫工具也早已有之，如《史記·酷吏列傳》張守節《正義》云："古者無紙筆，用刀削木爲筆，及簡牘而書之。"[①] 敦煌漢代烽燧遺址出土有竹錐筆，新疆吐魯番等地有單尖葦管筆、紅柳木筆及雙瓣合尖葦管筆出土[②]，這些因西部干燥的氣候條件而保存下來的竹筆、木筆實物，證實了硬筆使用的悠久歷史。

敦煌文獻中有不少硬筆書寫的寫本，既有漢文寫本，也有民族文字寫本，内容涉及佛經、佛經注疏、聽講筆記、官私文書、詩歌、佛事應用文、賬目、雜寫等。民族文字包括吐蕃文、于闐文、回鶻文、粟特文、梵文、突厥文等，其中尤以吐蕃文寫本最多。國内外學者普遍認爲敦煌遺書中硬筆寫本的大量出現與吐蕃的統治有關。首先注意到敦煌寫本中有硬筆書寫的是日本學者藤枝晃先生[③]。他在《漢字的文化史》一書中，專設"敦煌的'硬筆'書"一節，指出敦煌的硬筆書寫與吐蕃的統治有關，受到吐蕃人用木筆和葦筆書寫吐蕃文的啓發。并指出："硬筆書寫本在敦煌寫本中，要占總數的一半以上，達六成或甚至七成。"[④] 李正宇先生最早對敦煌硬筆書法進行全面系統的研究，他於1993年出版《中國唐宋硬筆書法 —— 敦煌古代硬筆書法寫卷》一書，這是對中國古代硬筆書法進行系統研究的第一部專著。2005年，他又推出由臺北新文豐出版公司出版的《敦煌古代硬筆書法 —— 兼論中國書法新史觀》繁體版，而簡體版則於2007年由甘肅人民出版社出版。該書對《中國唐宋硬筆書法 —— 敦煌古代硬筆書法寫卷》進行了修訂和完善，從理論上對敦煌古代硬筆書法的特點及其地位和意義進行了深入討論，填補了我國古代硬筆書寫研究的空白。兩位學者都指出敦煌地區的硬筆書寫并非始於吐蕃統治時期，但是受到吐蕃人使用硬筆書寫吐蕃文字的啓發，使得"硬筆的使用變成普通的事情

---

① 張衍田：《史記正義佚文輯校》，北京大學出版社1986年版，第433頁。

② 李正宇：《敦煌古代硬筆書法 —— 兼論中國書法新史觀》，甘肅人民出版社2007年版，第12頁。

③ 〔日〕藤枝晃：《吐蕃統治時期的敦煌》，《東方學報》，第31冊，1961年。劉豫川、楊銘中譯本，《長江文明》第7輯，河南人民出版社2010年版。

④ 〔日〕藤枝晃：《漢字的文化史》，翟德芳、孫曉林譯，知識出版社1991年版。

了"①，"硬筆書寫得以在敦煌大爲盛行并長期流行，此後數百年應用不衰"②。

吐蕃統治敦煌後，在敦煌地區推行吐蕃本土的生活方式，服飾上"拆襦裤以文身"，"解髻鈿而辮髮"③；語言文字上，説蕃語、習蕃字，留下了不少漢藏對音本文獻，漢藏文官私文書具有同等效力，而吐蕃人使用硬筆書寫的習慣自然也會影響當時的書寫方式。特別是吐蕃統治中後期，吐蕃統治者在沙州發起了大規模的藏文寫經活動，包括漢、藏和其他民族在内的寫經生參與到寫經活動中④。據 P.t. 175 載吐蕃君臣盟誓："吐蕃全境，勉力奉行正法，《般若經》等大乘經典，無論部類大小，自本部及於邊鄙，以誦讀、講説、聽聞、修習之方傳播弘揚。"⑤P.t. 1703 所抄《十萬頌般若波羅密經》（簡稱《十萬頌般若經》）正是吐蕃時期抄經的主體（圖1）⑥。對於藏族以外的寫經生來説，抄經過程中既掌握了藏文的書寫，也習慣了硬筆書寫的方式。張延清認爲這場抄經的"中心年代當在公元826—830年之間，從準備到結束，上下浮動幾年，大概有10年左右時間"⑦。那麽敦煌硬筆寫本集中産生於這一時期，此後一直持續到晚唐五代宋初時期。

圖 1　P.t. 1703《十萬頌般若波羅密經》

除了吐蕃書寫習慣的影響外，這一時期使用硬筆書寫還受到物質條件變化帶來的影

① 〔日〕藤枝晃：《漢字的文化史》，第100頁。

② 李正字：《敦煌古代硬筆書法——兼論中國書法新史觀》，甘肅人民出版社2007年版，第6頁。

③ P. 4640《陰處士碑》。

④ 馬德：《甘肅藏敦煌藏文文獻概述》，《敦煌研究》2006年第3期。

⑤ 黄維忠：《敦煌文獻中的贊普資料選輯》，張云、黄維忠編：《唐代吐蕃資料選輯》，中國藏學出版社2005年版，第432—437頁；任小波：《吐蕃興佛運動的東漸——敦煌 P.t175號〈贊普興佛法事願文〉》，沈衛榮主編：《漢藏佛學研究——文本、人物、圖像和歷史》，中國藏學出版社2013年版，第55—57頁。

⑥ 本文使用圖版均下載自"國際敦煌項目"（International Dunhuang Project）網站：http://idp.nlc.gov.cn/。

⑦ 張延清：《簡析敦煌古藏文經卷的抄寫年代》，《敦煌研究》2007年第2期。

響。吐蕃統治河西地區後，河西走廊與中原之間的聯繫中斷，原有與中原地區保持的一致性被打亂。表現在書寫工具上，則是内地毛筆難以獲得，如敦煌藏文寫本 P.t. 1142 呈遞給吐蕃官員的一封書信中提到：“（此地）紙墨不常有，（捎來的）紙墨已經收到”①。而製造毛筆所用的兔毫和竹管非本地所產，於是因地制宜地使用本地材料製成的木筆和葦筆書寫。因此，吐蕃統治時期使用硬筆書寫，既有吐蕃人書寫習慣的影響，也有特定歷史條件下物質匱乏的原因，正如同在吐蕃統治下的西域地區使用木簡和硬筆一樣②，二者有着相同的歷史文化背景和物質條件限制。

敦煌漢字硬筆書體的筆劃特徵與毛筆書寫的面性筆劃有所不同，是受到書寫工具性能制約而形成的線性筆劃，李正宇先生將其概括爲“二十四字訣”，即“曲直爲線，點不像桃，肩鉤不頓，撇不似刀，捺不出脚，鋒芒昭詔”③。根據這些特點，可大致確定硬筆書寫的寫本。S.1686，原題《大蕃歲次辛丑五月丙申朔二日丁未沙州釋門都教授和尚道引群迷敬畫釋迦牟尼如來》，其中“大蕃歲次辛丑”爲公元 821 年，時爲吐蕃後期，從“之”、“**彩**”等字來看，具有明顯的“曲直爲線”特徵（圖2、圖3）。

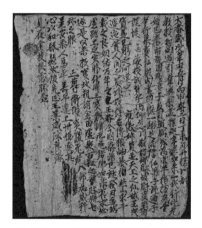 

圖2　S.1686《大蕃都教授和尚畫釋迦牟尼如來》　　圖3　S.1686v 雜寫

有的寫本同時使用毛筆和硬筆書寫，如 S.3071 正面爲道家發願文，背面爲“道士文書并無用處”幾個毛筆書寫的濃墨大字，該行大字前後抄寫敦煌各寺借閱佛經的賬目，其中主要條目也用毛筆書寫，後面具體的經名卷帙數目則爲硬筆書寫，字體纖細硬朗（圖4）。羽 673 與此情況幾乎全同（圖5）。根據這兩個寫本正背面抄寫情況可以推斷：抄有道家發願文的殘卷流入佛寺後被認爲“并無用處”，以毛筆標注，然後利用空白處抄

① 王堯、陳踐：《敦煌吐蕃文獻選》，四川民族出版社 1983 年版，第 58 頁。
② 〔日〕藤枝晃：《漢字的文化史》，翟德芳、孫曉林譯，知識出版社 1991 年版，第 98 頁。
③ 李正宇：《敦煌古代硬筆書法 —— 兼論中國書法新史觀》，甘肅人民出版社 2007 年版，第 19 頁。

寫佛經賬目。根據賬目中提到的僧人名字，可推斷賬目大致寫於 839 年前後，時爲吐蕃統治後期[①]。

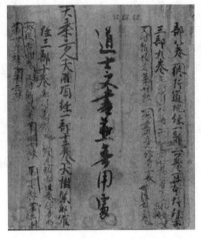

圖 4　S.3071v　　　　　　　　　　　　　　　　圖 5　羽 673v

　　除上述較明顯的硬筆書寫特徵外，硬筆書寫時往往出現毛筆的運筆特徵，説明書寫者是慣用毛筆的；有的硬筆文字還刻意模仿毛筆書寫特徵，即藤枝晃先生提到的"描畫"筆法，需仔細辨認方能看出不同。如 P.3725 分別有毛筆和模仿毛筆書寫的文字（圖 6、圖 7），該寫本正面抄寫《老子道經卷上》，尾題："國子監學生揚獻子初校，國子監大成王仙周再校。開元廿三年五月日"，是初唐時期以工整楷書書寫的正規道經寫本，尾題處有另一人書寫的"大乘無量壽經"，這是吐蕃時期較爲常見的利用道教寫本習字抄寫

圖 6　P.3725《老子道經卷上》（尾題）　　　　圖 7　P.3725 卷尾習字（局部放大）

①　參見朱利華：《敦煌道教寫本的再利用論析》，《歷史文獻研究》2021 年第 2 期。

的例子。"大乘無量壽經"連寫五遍，粗看與毛筆無異，細看則爲硬筆模仿毛筆書寫的習字。以"大"字爲例，習字中的"太"字撇捺粗細不一，撇畫細弱，捺畫較粗且尾部棱角分明，很可能是仿照毛筆效果進行了描畫，明顯與道經尾題中毛筆書寫的"太"字具有的圓潤流暢風格不同。

吐蕃退出敦煌地區後，吐蕃文化仍有其持續影響。匈牙利學者烏瑞在考察敦煌藏文文獻後指出，藏語文在公元10世紀仍然被作爲官方的語文普遍使用[1]，硬筆書寫的習慣也當同時存在，如P.3861是一件漢文、藏文、于闐文并存的寫本（圖8）。

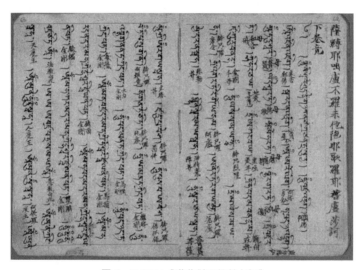

圖8　P.3861《漢藏對照佛教名詞》

《伯希和劫經録》著録該件云："1. 金剛廿八戒；2. 三窠法義；3. 諸真言。小册子，前後有于闐文即藏文數行。"[2] 孫伯君根據對音漢字中出現的俗字，結合藏漢對勘佛教術語的情況，推測爲吐蕃占領敦煌時期的材料[3]。但據藏文與于闐文同在一卷的情況來看，很可能是公元10世紀曹氏歸義軍與于闐交好時期的寫本。公元八九世紀的敦煌和于闐都曾在吐蕃統治之下，藏文便成爲民族交往中的重要媒介。包括藏文、于闐文在内的民族文字，其硬筆書寫的習慣都會對漢文書寫方式產生一定的影響。

從書寫史來看，使用竹木筆書寫似乎是書寫工具上的倒退，但在硬筆書法的發展方

① 〔匈〕烏瑞（G Uray）：《吐蕃統治結束後甘州和于闐官府中使用藏語的情況》，《亞細亞學報》（*Journal Asiatique*）第269卷，1981年第1—2期；中譯本見烏瑞著，耿昇譯：《吐蕃統治結束後甘州和於闐官府中使用藏語的情況》，《敦煌譯叢》第1輯，甘肅人民出版社1985年版，第212—220頁。王堯、陳踐：《敦煌吐蕃文獻選》，四川民族出版社1983年版，第41—43頁。

② 參看《法國國家圖書館藏敦煌西域文獻》29，第15頁；"國際敦煌項目"（International Dunhuang Project）圖版，http://idp.nlc.gov.cn/。

③ 孫伯君：《法藏敦煌P.3861號文獻的梵漢對音研究》，《語言研究》2008年第4期。

面有其積極作用。李正宇先生認爲：“敦煌硬筆書法將毛筆書體的隸、楷、行、草的面性筆劃改造成綫性筆劃，豐富了硬筆書法的内容和表現手法，使我國硬筆書法進入了一個新的歷史階段。”[1] 敦煌寫本中的硬筆書寫與吐蕃統治有直接關係，是特殊歷史時期民族文化交流的結果。

二、吐蕃統治時期的紙張

由於使用原料的不同和技術的發展，歷代所用紙張有所不同，《職官分紀》卷15引韋述《集賢紀述》云：“陳代有大建至德年所寫書卷，皆用短幅黄牒紙，齊、周書紙墨亦劣，隋代舊書最爲麗好，率用廣陵麻紙繕寫。”[2] 敦煌寫本時間跨度大，寫本來源不一，所用紙張的材料和尺寸也有所不同。敦煌寫本紙張的區別就成了寫本斷代的重要依據，即法國學者蘇遠鳴所説的寫本斷代的“外部考證”[3]。日本學者藤枝晃認爲英國學者翟理斯爲斯坦因收集的敦煌寫本編目時，“似乎是以紙質、染色爲主，并根據筆迹來判定寫本年代的”[4]。藤枝晃將敦煌寫本分爲A北朝、B隋朝、C唐朝、D吐蕃期—歸義軍四期，也是將包括書寫工具和紙張材質在内的因素作爲分期的主要依據[5]。

學者們還借助科學技術手段，對寫本用紙進行檢測分析，作爲考證寫本年代和判斷真僞的手段之一。如潘吉星選取歷代敦煌寫經紙進行化驗分析後指出：晉、六朝多是麻紙，隋、唐除麻紙外，有楮皮、桑皮紙，五代時麻紙居多[6]。“國際敦煌項目”於1997年舉辦的“二十世紀初葉的敦煌寫本僞卷”學術研討會上，其中一個主題是“科學、紙張、書法”，科學工作者們通過對紙張成分的檢測來判斷寫本的真僞[7]。

敦煌寫本中的初盛唐寫本上承隋代多使用麻紙，且多爲經過入潢和熨燙的黄麻紙，具有紙質細密、顔色均匀、柔韌結實等特點[8]。吐蕃統治敦煌後，來自内地的紙張供應中斷，導致了當地紙張的缺乏，此時用紙有了明顯的變化。一方面充分利用故紙背面抄寫

---

① 李正宇：《敦煌古代硬筆書法 —— 兼論中國書法新史觀》，甘肅人民出版社2007年版，第27頁。

② （宋）孫逢吉：《職官分紀》，《四庫全書》子部十一。

③ 〔法〕蘇遠鳴：《敦煌漢文寫本的斷代》，〔法〕謝和耐等著，耿昇譯：《法國學者敦煌學論文選萃》，中華書局1993年版，第552頁。

④ 〔日〕藤枝晃：《漢字的文化史》，第75頁。

⑤ 〔日〕藤枝晃：《敦煌遺書的分期》，敦煌吐魯番學會編：《敦煌吐魯番學研究論文集》，漢語大詞典出版社1990年版，第12頁。

⑥ 潘吉星：《敦煌石室寫經紙的研究》，《文物》1966年第3期；又見《中國造紙技術史稿》，文物出版社1979年版，第171—178頁。

⑦ 參看榮新江《“二十世紀初葉的敦煌寫本僞卷”學術研討會簡介》，《敦煌研究》1997年第4期。

⑧ 杜偉生：《敦煌遺書用紙概況及淺析》，《融攝和創新：國際敦煌項目第六次會議論文集》，北京圖書館出版社2007年版，第73—74頁。

或以故紙粘貼製作成新的卷子，如對廢棄的道教寫本和官府文書、佛經等進行再利用[1]；另一方面使用敦煌本地產紙張，S.0542《戊年六月十八日諸寺丁壯車牛役部》中人名下注"紙匠"，藏文寫本P.t.1078有悉董薩部落紙匠申海奴拖欠紙張的記載[2]，可見本地有專門從事造紙的工匠。張延清還據P.t.1997《十萬般若波羅密多經》背面藏文書寫的"藏紙很平順"，認爲該寫本使用藏紙抄寫；并認爲卷軸裝外觀較爲粗糙，來自藏地，而梵夾裝產自本地，從裝潢、裁切以及紙張品質等方面都略勝於卷軸裝[3]。總之，這一時期使用的紙張并非來自内地，而是以本地所產爲主。

這些紙張的品質和尺寸與以往相比有較大區別。藤枝晃指出："唐代寬26厘米左右的紙是常例，而吐蕃時期使用寬31—33厘米、外觀粗糙的大型紙，後者或許在敦煌所產。"[4] 法國學者戴仁根據紙張形態分析對敦煌寫本進行斷代研究，或對已經斷代的寫本根據紙張特徵重新作出判斷，發表了一系列相關論文，如《敦煌的經摺裝寫本》《敦煌和吐魯番寫本的斷代研究》《敦煌寫本紙張的顏色》《敦煌寫本的物質性分析》等。其中被斷代爲吐蕃統治時期的寫本，"由於其較厚的紙張、更不正規的結構、更厚的網紋和不同程度的染色而很容易辨認出來"[5]。高田時雄也指出"這種尺寸的紙相當厚，具有吐蕃統治時期紙張的特徵，而在其他時代則没有發現過"[6]。關於吐蕃時期寫經紙張在材質、尺寸和外觀方面的詳細情況，藤枝晃指出：

　　卷子的尺寸，一般是25—26厘米，相當於當時的1尺。不過後來的1尺已變爲30厘米左右了，而寫本用的麻紙仍然是早先的一尺，似乎不這樣的話，排列在書架上就會有凸凹而顯得難看。一般將這樣的一尺叫做小尺。與長1尺相對，寬是1.5尺或2尺，自不待言，這種長度爲1尺的凡寸實際是木簡尺寸的孑遺。8世紀末，敦煌地區歸吐蕃統治之後，這種質地優良的麻紙就無法再從中國内地運來了，此後專用當地生產的紙。這種紙紋理極粗，尺寸也不再是小尺，而是當時通用尺的1尺×1.5尺。染料的品質也相當差，有時甚至使用不染色的灰白的生紙。[7]

---

①　參見朱利華《敦煌道教寫本的再利用論析》，《歷史文獻研究》2021年第2期。

②　張延清：《吐蕃敦煌抄經研究》，第166頁。

③　張延清：《吐蕃敦煌抄經研究》，第171頁。

④　〔日〕藤枝晃：《吐蕃統治時期的敦煌》，《東方學報》第31册，1961年；劉豫川、楊銘中譯本，《長江文明》第11輯，河南人民出版社2010年版。

⑤　〔法〕戴仁：《敦煌和吐魯番寫本的斷代研究》，〔法〕謝和耐等著，耿昇譯：《法國學者敦煌學論文選萃》，中華書局1993年版，第541頁。

⑥　〔日〕高田時雄著，鍾翀等譯：《敦煌·民族·語言》，中華書局2005年版，第49頁。

⑦　〔日〕藤枝晃著，翟德芳、孫曉林譯：《漢字的文化史》，知識出版社1991年版，第75—76頁。

黃明信、東主才讓對北京圖書館藏的二百多個藏文寫卷進行考查後指出：

> 絶大部分經卷的紙質較厚、紙面平整，顯得有點堅硬，大多呈淡黃色，看起來就如現代的"牛皮紙"。有些經卷前後粘接用紙并不一致。有些經卷紙色較深，呈暗黃色（或棕黃色、土灰色、棕灰色等），有些用紙色澤較淡，呈淡黃色且發白，有的則又白又薄呈半透明，顯得較柔軟……寫卷用紙均爲麻紙，從紙面可見到麻筋，纖維不均匀并且較長，迎光還可見到紙漿分布不均，紙質粗松。[1]

其中"色澤較淡""又白又薄呈半透明"的紙張，即藤枝晃所説"不染色的灰白的生紙"，是當地所産未入潢的紙張。正規抄經用紙尚且如此，一般用紙更爲粗劣，如前文提及的 S.1686 號寫本即是。

從具體抄寫特徵也能看出當時用紙的情況。初盛唐時期紙張供應充足，紙質優良。吐蕃統治敦煌前夕或初期，敦煌地區的紙張尚有富餘，如 P.3052《敦煌僧同題詩抄》單面抄寫（圖9），殘存同題詩兩首[2]，分別署名僧金髻、僧利濟，二人見於 S.2729《辰年（788）三月五日算使論悉諾羅接謨勘牌子曆》，均爲金光明寺僧。詩歌抄寫工整，題署完整規範，字距、行距較寬，兩詩之間空有三行左右，從粘接處可知一紙僅寫一首詩。

圖9　P.3052《敦煌僧同題詩抄》

吐蕃統治敦煌後，由於紙張緊缺，常常對紙質精良的廢棄紙張再次利用，如抄於失效的唐代官文書和道教寫本背面，前者尺寸較一般紙張稍大（31 厘米 × 46 厘米）。P.3676《餞送達法師詩抄》即利用道經背面抄寫（圖10），詩歌作於吐蕃統治中期，是

---

①　黄明信、東主才讓：《敦煌藏文寫卷〈大乘無量壽宗要經〉及其漢文本之研究》，《中國藏學》1994 年第 2 期。

②　P.3052 可與 Дx.105+10299 拼合，拼合後現存金髻、利濟、志貞、法舟同題詩各一首。

當時敦煌僧俗文人餞別達法師入幕"東衙"的組詩①。從抄寫情況來看，題署完整，無界欄，行距緊湊，反映了當時充分利用故紙的情況。

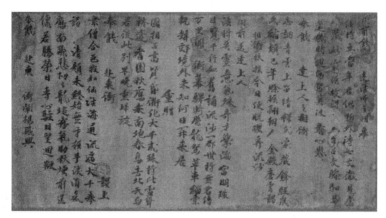

圖 10　P.3676《餞送達法師詩抄》

此外，在使用新紙方面更是精打細算，即便是吐蕃官方發起的大規模抄經活動，也要做到嚴格管理發放。如 P.3240 首題"壬寅年七月十六日付紙曆"，記録了某次寫經活動的紙張和佛經分配情況。藏文文書也有相關記録，P. ch 3243 音注本《開蒙要訓》背面有"丑年孟冬二十五日酌量命令如此分配"和"寅年仲夏二十七日酌量命令如此分配"等記録，其中第 1、2 段落是交付紙張時的目録，3 段落以後爲寫經分配②。對於違反規定或浪費紙張者，還要進行嚴格處罰，如寫經生領取紙張後必須妥善保管，如有使用不當或高價出售者，"將逮捕其親屬中的一員，老少不論，關進監獄，本人則將被關進交納種福田者的住處"，如果負責人未能收回剩餘紙張，里正"將按每卷紙張鞭笞十下來懲罰他"③。

綜上所述，吐蕃統治時期的用紙情況發生了變化，因無法從内地獲取，不得不在本地生產紙張，或直接使用故紙抄寫；而紙張的尺寸也和吐蕃抄經紙張的規格有關。紙張在紙質、色澤和尺寸及具體使用方面呈現的特徵，成爲判斷寫本年代的重要依據。

三、吐蕃統治時期的書籍形式

敦煌寫本以卷軸形式爲主，但在吐蕃統治時期出現了之前没有的一些書籍形式。藏

①　朱利華、伏俊璉：《敦煌文人竇良驥生平考述》，《敦煌學輯刊》2015 年第 3 期。
②　〔日〕高田時雄著，鍾翀等譯：《敦煌·民族·語言》，中華書局 2005 年版，第 103—107 頁。
③　〔英〕F.W. 托馬斯編著，劉忠、楊銘譯注：《敦煌西域古藏文社會歷史文獻》，民族出版社 2003 年版，第 70—71 頁。

文寫本是吐蕃統治時期最具時代特色的標志之一，黄文焕《河西吐蕃文書簡述》較早關
注到藏文卷子本形態：

　　從卷子的形制上看，是用許多張紙粘連而成，每張紙寬約 30 厘米、長約 45 厘米，
中間竪著留出 1 厘米左右的一綹間隔把每張紙分爲前後兩頁。抄經時，文字也是自左而
右橫寫。它在外貌上，明顯地仿效漢文經卷形制。但卷子書寫方式和格式又與漢文本
不同，有着自己的特點。九世紀以後的藏文經典雖也有卷式的，但無此特殊規格。從
這方面也可斷定這批卷子是八九世紀的産物[1]。

　　"每張紙寬約 30 厘米、長約 45 厘米"，正是藤枝晃所説的吐蕃統治後當地生産的"1
尺 × 1.5 尺"[2]。黄明信、東主才讓在對北京圖書館藏的二百多個藏文寫卷進行考查後也
指出：

　　北京圖書館藏文寫卷的形制，通常是若干長約 46cm，寬約 31cm 的紙粘接起來并卷
制而成的，大多是三紙粘接而成，也有四紙到三十紙不等，十五紙、十八紙的卷子比較
多見。每紙之間的接縫約 0.5cm。每紙分左右兩欄，分別用細墨綫（或鉛，尚不詳）劃
有橫格，即所謂"烏絲欄"，每欄橫格十七到二十二行不等，十九行二十行者爲多。橫
格兩邊齊頭處用竪直綫框起來，每紙中間留出 1cm 左右的空白處做間隔。經文自左至
右、自上而下單面橫寫在每欄的橫欄中，用竹筆蘸墨書寫[3]。

北京圖書館藏文寫卷紙張尺寸雖與黄文焕所述略有差異，但毫無疑問是同一規格，
這也是當時藏文寫經的標準紙張。除卷軸本外，藏文寫本還有篋頁形制，黄文焕對《十
萬頌般若經》進行了描述：

　　篋頁是矩形，長爲 72.8 厘米、寬爲 20.2 厘米，每頁雙面橫寫，每面十二行，在第
五行至第九行間，距左右兩側端各 20.4 厘米，距上下兩端各 10.1 厘米處畫半徑爲 4.9
厘米圓圈各一個，又於圓心上各穿透一孔，直徑約爲 4 毫米—6 毫米。《二萬五千頌般若
經》篋頁也是矩形，長爲 58.2 厘米、寬爲 18 厘米，圓心在第五至九行間距左右兩側端

①　黄文焕：《河西吐蕃文書簡述》，《文物》1978 年第 12 期。
②　早期的"尺"一般是 25 厘米—26 厘米，後來已變爲 30 厘米左右。見藤枝晃著，翟德芳、孫曉林譯：《漢字的文化
史》，知識出版社 1991 年版，第 75—76 頁。
③　黄明信、東主才讓：《敦煌藏文寫卷〈大乘無量壽宗要經〉及其漢文本之研究》，《中國藏學》1994 年第 2 期。

各 18.8 厘米、距上下兩端各 9 厘米處，圓半徑爲 3.2 厘米，各圓心上穿的孔直徑仍然是
4—6 毫米。其他寫經篋頁的規格不外上述兩種，這種文内大雙孔篋頁是中唐吐蕃經典
獨具的形制特點。[①]

　　《十萬頌般若經》很受吐蕃統治者重視，其中若干寫本署有可黎可足贊普（公元
817—836 年間在位）的王妃貝吉昂楚的名字[②]。"篋頁形制"即梵夾裝，漢藏文均有抄寫。
該形制與印度寫在貝多羅樹葉上的貝葉經十分相近，是將紙張製成與貝葉相似的一片片
紙頁，每頁鑽有小孔洞，上下各用硬板固定，然後用繩子將硬板和數片紙頁穿起來，閱
讀時紙頁鬆散方便翻看，閱完後將繩子收緊，成爲梵夾。梵夾裝藏文寫本如 P.t.16《岱
噶玉園會盟寺願文》（圖 11），該寫本寫於"長慶會盟"（821—822）前後，是在吐蕃、
唐朝、回鶻三方會盟背景下，在岱噶玉園會盟寺建成開光儀式上的一組發願文，分別由
不同轄區官員代表個人和管轄之地民衆爲贊普、吐蕃官員的祈福發願[③]。

圖 11　P.t.16《岱噶玉園會盟寺願文》（局部）

　　漢文寫本又見 P.4646《頓悟大乘正理決》（圖 12），該文由"河西觀察判官朝散大夫
殿中侍禦史王錫撰"。公元 792—794 年間，敦煌漢僧摩訶衍應贊普詔前往邏娑與印度僧
人辯法，王錫擔任摩訶衍的助手，全程參與辯法，并將辯法過程撰寫成《頓悟大乘正理
決》[④]。該寫本雖采用梵夾裝的形式，但保留了漢文由上向下竪行書寫的方式。
　　此外，還有一種形式是經摺裝，這種形式是受到印度佛經書籍形式的影響而出現。
相對於長卷來説，經摺裝可隨意翻到想看的内容，書頁開合和放置都更加方便。從卷子
本到摺本的進化似乎是自然形成的，將卷軸裝按照一正一反的有規律的折叠就形成了經
摺裝。但藤枝晃先生認爲"敦煌的摺子本不是從卷子發展而來，而是從貝葉演變而成"，

①　黄文焕：《河西吐蕃文書簡述》，《文物》1978 年第 12 期，後收入《中國敦煌學百年文庫·民族卷》（二），甘肅文化出
　　版社 1999 年版，第 149 頁。
②　黄文焕：《河西吐蕃文書簡述》，《文物》1978 年第 12 期，後收入《中國敦煌學百年文庫·民族卷》（二），第 165 頁。
③　〔英〕F.W. 托馬斯編著，劉忠、楊銘譯注：《敦煌西域古藏文社會歷史文獻》，民族出版社 2003 年版，第 80—91 頁；楊
　　銘：《敦煌藏文寫本〈岱噶玉園會盟寺願文〉研究》，《西北民族論叢》第六輯，第 230—251 頁。
④　〔法〕戴密微著，耿昇譯：《吐蕃僧諍記》，甘肅人民出版社 1984 年版，第 211 頁。

圖 12　P.4646《頓悟大乘正理決》（局部）

其根據是“每頁正中或正中稍靠上面一點都開有一個小孔”①，與梵夾裝相似。郝春文也認爲：“早期的經摺裝也有可能就是做梵夾裝書籍時的未完成的半成品。”②敦煌遺書中的經摺裝絕大多數是藏文文書，所抄多爲密宗佛經及陀羅尼經文，説明與吐蕃抄經形制關係密切。

　　吐蕃統治時期的書寫工具、紙張和書籍形式各有其變化，三者之間又相互密切關聯，共同構成吐蕃時期敦煌寫本的時代特徵。比利時學者普散在應邀爲斯坦因所獲敦煌藏文文獻編目的過程中，根據寫本的外在形制，將寫本分成 Pothi（大葉）、Concertina（手風琴式）、Roll（卷）、Scroll（卷軸式）和 Book（書的形式）五類③；指出不同形制使用紙張的不同，如 Concertina（手風琴式），即經摺本，是相當厚的長紙片，或雙層紙折叠而成，正反兩面可連續抄寫；Scroll（卷軸式）由大葉的紙張製成，最大的軸卷裱在厚厚的漢紙上④。使用的紙張較厚，一方面是造紙工藝的問題；另一方面當與梵夾裝和經摺裝等書籍形式的需要有關，也更適合硬筆書寫。

　　那些紙質粗劣的寫本多爲硬筆書寫的、具有自用性質的文本。如前文提到 S.1686，從圖版觀察，使用的是邊緣裁切不齊的殘紙，紙張顏色較淺，因紙質疏鬆，以至於正背面墨迹相互滲透，爲本地產紙；從抄寫行款來看，正背面均無界欄，字距、行距非常緊凑，使用硬筆抵上下邊緣抄寫，無天頭地脚，體現了個人對當地產紙張的充分利用；正面文字有塗抹，可見是底稿，背面爲習字性質的雜寫。據 P.4640 所抄歸義軍時期紙張破用曆中有粗紙、細紙之分，S.1686 可能就是用粗紙抄寫。

　　綜上所述，敦煌寫本是寫本時代保存下來的珍貴實物，呈現了早期寫本的真實面貌。以吐蕃統治時期爲界，敦煌寫本出現了不同於之前的一些特徵。陷蕃前的寫本以初盛唐時期爲主，爲毛筆書寫的工整楷書，使用紙質優良的厚黃紙，內容多爲儒、釋、道經典，體現了以閱讀爲主的正式文本的特徵。吐蕃時期寫本除官方組織的抄經外，大多字體不太工整，有的甚至很潦草，所抄內容多爲佛經注疏、聽講筆記、佛事應用文範本或稿本、

①　〔日〕藤枝晃：《漢字的文化史》，第 95 頁。
②　郝春文：《石室寫經：敦煌遺書》，甘肅教育出版社 2007 年版，第 8 頁。
③　宋家鈺、劉忠編：《英國收藏敦煌漢藏文獻研究：紀念敦煌文獻發現一百周年》，中國社會科學出版社 2000 年版，第 77 頁。
④　宋家鈺、劉忠編：《英國收藏敦煌漢藏文獻研究：紀念敦煌文獻發現一百周年》，第 77 頁。

寺院賬目以及雜寫等，多以硬筆書寫於本地産紙張上，這些紙張較初盛唐寫本粗劣，多未入潢，紙張厚，紙質蓬鬆，顔色呈灰白色，體現了以個人使用爲主的非正式文本性質。吐蕃統治時期是敦煌文化發展進程中的重要轉折點，由於吐蕃文化的影響或中介作用，在原有中原文化根基上成長起來的敦煌文化發生了變化。體現在書寫工具和書寫載體上就是使用硬筆書寫，使用本地生産的較粗劣的紙張，或對廢紙再次充分利用；這一時期出現的梵夾裝、經摺裝等書籍形式，也多少受到吐蕃抄經形制和使用習慣的影響。

（作者簡介：朱利華，西華師範大學文學院副教授）

敦煌寫本製作的流動性考察
—— 以 P. 2972 爲中心

羅娛婷

摘　要：P.2972 是由兩紙粘連書寫不同文書的雜抄寫本。第一紙正面抄《茶酒論》，背面爲習字雜寫，爲不同人不同時間抄寫。第二紙正面抄《黄麻麥粟等曆》，背面抄"丁丑年靈圖寺李僧正遷化納贈曆"殘句、食物賬、《捨施回項疏》等，亦爲不同人不同時間抄寫。P.2972 整體呈現了寫本動態的抄寫過程：把原本一面有字且内容不同的兩紙粘連一起，在另一面由不同人在不同時間抄寫了不同的内容。看似隨意製作的寫本，反映了當時的生活情景：敦煌靈圖寺有較雄厚的經濟實力，其僧官亡故後舉辦的葬禮極其隆重；靈圖寺借貸物品的情況與捨施疏的範文；敦煌所用的教材有《茶酒論》等民間講誦文學。此外 P.2972《捨施回疏》與 P.4075《丁丑年四月官取黄麻麥粟等曆》雖爲兩人抄寫，却共同昭示了太平興國二年（977）曹延禄祭拜曹元忠的事件。

關鍵詞：敦煌寫本；流動性；P.2972；P.4075

　　法藏敦煌寫本 P.2972 爲卷子裝，由大小不一的兩張紙粘連而成，雙面書寫。第一紙有裂紋和殘洞，無修補痕迹，紙張被多次折叠，折痕較深①。關於 P.2972 的研究，前人研究僅限於《茶酒論》，忽略了寫本其他的内容以及相互之間關係。本文從寫本製作的流動性特點出發，將 P.2972 各部分内容拆分并逐一研究其抄寫情況與原生書寫狀態，接着考察書寫時間、書寫者以及書寫目的。所謂流動性，是指文本的不確定性，由於使用目的不同，相同書籍在不同寫本中呈現不同的面貌②。研究認爲第一紙的《茶酒論》抄寫時間最早，背面的習字雜寫次之；第二紙正面内容抄寫時間早於背面。《茶酒論》與原卷内容分離後，學郎在其背面塗鴉書寫并與還是空白的第二紙粘連，但學郎并未使用第二紙。

---

① P.2972 參考圖版見國際敦煌專案網站，網址：International Dunhuang Project；法國國家圖書館 Gallica 綫上圖書館；《法國國家圖書館藏敦煌西域文獻》第 20 册，第 284—287 頁以及《敦煌寶藏》第 125 册，第 480—481 頁。
② 伏俊璉：《寫本和寫本學》，《古典文學知識》2020 年第 5 期，第 111—112 頁。

太平興國二年 P.2972 再次得到利用，先於正面抄寫寺院借貸賬曆，後抄録敦煌各大寺院爲靈圖寺李僧正助葬的情況。而卷背的《捨施回向疏》同卷文書字迹不同，且性質存在較大差異，稽考後認爲其與 P.4075 寫本中的《丁丑年四月官取黄麻麥粟等曆》皆爲學郎抄寫，共同反映了公元 977 年曹延禄祭拜曹元忠的事件。P.2972 寫本呈現出不斷更新、流傳的性質，通過對 P.2972 寫本製作流動性的研究，一方面可以更好地給寫本定性；另一方面是盡可能地還原寫本原生態紙張資訊與多角度、多範圍内考察寫本。

一、寫本每一紙的形態與内容

（一）茶酒論

　　第一紙正面存 36 行，行約 14 字。所抄《茶酒論》，首尾皆殘，無題目。第 1 行殘存"酒能"兩字，紙張右下方有裂紋和殘洞，紙張殘損嚴重，從紙張殘損形狀不規則來看，爲自然損毀。紙張的折痕較深，當爲反復折叠所致，加之文本内容有朱筆點逗，楷書書寫，筆迹精工，推測被重復使用，因此殘損。本卷起於"三盞已後，令人"，訖於"得水，作甚（形）容"。《茶酒論》還見於 P.2718、P.3910、P.2875、S.5774、S.406。其中 P.2875 是一張殘片、S.5774 爲三個殘片、S.406 爲兩張殘片，P.2718 尾題"《茶酒論一卷》、開寶三年壬申歲正月十四日伎述院弟子閻海真自手書記"。P.3910 首題"《茶酒論一卷并序》鄉貢進士王敷撰"。由此可以看出《茶酒論》作者爲"王敷"，其身份爲鄉貢進士。

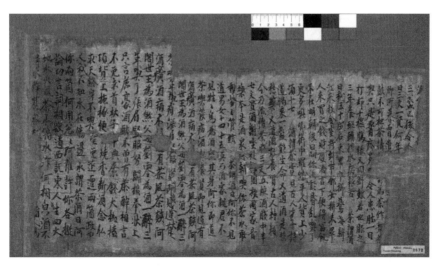

圖 1　第一紙正面《茶酒論》

（二）習字雜寫

　　第一紙背面雜寫 8 行。字迹歪斜，字體大小不一，書寫潦草隨意，與正面《茶酒論》非一人所抄，從内容分析應爲金光明寺學士郎習字所寫。

　　以上就是第一紙正背面的原生狀况，爲何在紙張正背面出現了兩種抄寫筆迹？筆者推測，正面抄寫的《茶酒論》原屬寺學讀物，從折叠的痕迹來看，是用於識讀、背誦的篇目，因與原卷脱落後重新粘連再次使用。卷背的抄寫者、使用者皆爲學士郎，從書寫筆迹來看學士郎應處於初學階段，比較同時期的蒙學教材以及前人對寺院教材的研究，《茶酒論》無論從内容還是含義，對於他們來説都太難了[①]。因此，正面《茶酒論》應不是此學郎所用教材。

圖 2　第一紙背面《習字雜寫》

（三）《黄麻麥粟等曆》

　　第二紙正面首行有“茶酒論”三字，字體與第一紙抄寫的《茶酒論》不同，與第二紙《黄麻麥粟等曆》相同。故“茶酒論”三字與《黄麻麥粟等曆》的抄寫者當爲一人。第二行開始抄寫“黄麻麥粟等曆”，共 15 行，行 17—27 字，楷書，字迹潦草，抄寫隨意，字迹模糊，末尾留有空白。

---

① 屈直敏：《敦煌文獻與中古教育》，甘肅出版社 2011 年版，第 173—185 頁。

圖 3　第二紙正面《黃麻麥粟等曆》

　　據内容可知這是一份入賬曆，入即收入，破即支出，曆指賬目。該内容中包含了大量的粟、豆、麥、麻等什物，其中交納什物的人也是形形色色。有官員"氾都頭"、普光寺的寺尼，還有就是敦煌普通百姓。

（四）丁丑年六月十日圖李僧正遷化納贈曆

　　第二紙背面爲分欄書寫，與第一紙、第二紙正面的抄寫方向皆相反，分爲三部分内容。右起第一行抄"丁丑年六月十日圖李僧正遷化納贈曆"一句，楷書。"圖"是當時敦煌僧寺"靈圖寺"的簡稱，"僧正"是敦煌寺院僧官的稱謂，"遷化"指的是僧人圓寂。佛教教團中，僧官亡歿後，各寺都要向都司（佛教事務行政機構）納贈一些粟、面、油等，以供營葬之需，而記録這些什物的文書稱作納贈曆。"丁丑年六月十日圖李僧正遷化納贈曆"應爲標題。此行右側分上下兩欄書寫，上欄是 17 行的《食物賬》，下欄是 9 行的《捨施回向疏》。

（五）《食物賬》

　　第二紙卷背第二部分抄《食物賬》，楷書，共 17 行，每行最多 4 字。其抄寫方式與俄藏敦煌文獻 Дx.11199《丁卯年十一月□□》如出一轍，Дx.11199 爲殘紙一張，從殘存文字"祭盤、麥油粟"及格式來看，或爲净土寺某人亡逝，其他各寺助葬活動中之納贈記録[1]。故《食物賬》首字亦爲敦煌寺院的簡稱，簡稱下面是各寺院納贈什物。由此可

---

①　刘傳啓：《敦煌喪葬文书辑注》，巴蜀書社 2017 年版，第 191 頁。

知，這是敦煌寫本中的一種抄寫格式，《食物賬》所抄内容爲各寺助葬活動的納贈記録。

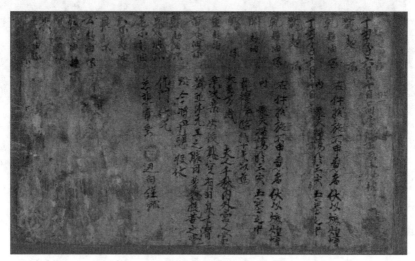

圖 4　第二紙背面《食物賬》等

（六）《捨施回向疏》

第二紙卷背第三部分抄《捨施回向疏》，共 9 行，每行最多 14 字。 楷書，字迹潦草。 内容大意是祈禱平安、吉祥，第六行"普提"旁有倒寫符號，據内容可知這是敦煌常用的願文文書。 同類型的文書還有 P. 2704 的《曹議金回項疏》與 P. 3718 的《轉經設齋度僧捨施功德文》等。

以上爲 P. 2972 全部内容，從抄寫狀況可知第一紙爲兩人書寫，正面《茶酒論》抄寫時間早於卷背的雜寫；第二紙亦爲兩人所抄，正面的《黄麻麥粟曆》與卷背内容分屬兩人抄寫。 那麼 P. 2972 書寫的文書之間存在什麼關係？ 爲什麼書寫筆迹會天差地别？ 書寫的時間是否一致？ 詳見下文討論。

二、P. 2972 粘連後的新單元

從寫卷正背面的關聯性（書寫内容相近）出發，將寫本内容組合起來作爲獨立的新書寫單元分析其書寫時間、書寫者以及書寫用途，接着探討紙張粘連後寫本的關聯性。 在稽考過程中發現 P. 4075 所抄《丁丑年四月官取黄麻粟等曆》與 P. 2972 中《捨施回向疏》的内容具有高度相似性，研討後將其列爲第三個書寫單元進行討論，進一步考察敦煌寫本在製作中的流動性。

（一）"茶酒論＋學士郎習字雜寫" 第一紙 "學郎教育"

P.2972 第一紙正面抄《茶酒論》，從紙張折痕與朱筆點逗情況分析，《茶酒論》曾被反復使用。背面爲學士郎習字書寫，有 "金光明寺學士郎" 的身份標注。兩部分內容爲兩人所書，且《茶酒論》抄寫時間早於卷背的雜寫。

《茶酒論》無傳世本，是獨賴敦煌遺書保存下來的作品，前人研究中已多次做過校錄，故不贅述。《茶酒論》全文以茶、酒辯論爲脉絡，從神農分五穀、軒轅製衣、倉頡造字、孔丘化儒起興，引經據典，由此提問：茶之與酒，功勳、尊卑爲何？在辯論中述己之長，攻彼之短，以四六句成文且押韻，讀起來朗朗上口、旨趣非凡。《敦煌掇瑣》《敦煌變文集》《敦煌變文集新書》等皆收錄了《茶酒論》一文，張澤寧、李德龍、余曉紅三位先生對《茶酒論》個別字詞都進行了程度不一的校錄，并提出相應的校改意見。李正宇、伏俊璉、張鴻勳、徐俊四位先生對《茶酒論》成書以及抄寫時間都做了推斷。朗吉、馮曉平、李德龍三位先生則是將《茶酒論》與藏文作品《茶酒仙女》作了比較性分析，認爲兩者之間存在擬人化、論辯性、寓意相近等方面的聯繫。趙逵夫、梁貴林、暨遠志等先生從唐代戲曲、茶道、佛寺與《茶酒論》的關係方面出發，研究其中的淵源。對於《茶酒論》的文體，在學界長期存在爭議。钟書林先生縱觀《茶酒論》文體研究近百年歷史後發現，圍繞其文體分類先後形成了 8 種説法，雖説法相近但總體分歧仍然較大，可見《茶酒論》文體的複雜性[①]。此外，有學者認爲《茶酒論》還體現了佛、道、儒三教的思想內涵、唐五代時期茶酒文化的繁榮等。從前人研究中可以看出《茶酒論》具有豐富的內涵與外延，在具有戲劇講唱性的同時，還具有俗賦的鋪陳敘事、對仗押韻的特點。敦煌抄寫《茶酒論》的六件寫本中，P.2718、P.2972 與 P.3910 三個寫本分別抄寫於建隆三年（962）以前、開寶五年（972）、太平興國四年（979）間，此時正是曹氏歸義軍統治時期，在此期間敦煌寺學極度興盛，此外還有官員興辦的私學，而私塾的教師可以自主選擇教材，其中包括教訓文書《太公家教》、通俗文學作品《燕子賦》《孔子項托相問書》、佛經等各種文獻。[②] 此外，P.2972 卷背有金光明寺學士郎的雜寫 P.3910、P.2718 的抄者分別爲敦煌氾孔目學郎與伎術院弟子，與《茶酒論》同卷抄寫的有《新合孝經皇帝感辭》《新合千文皇帝感辭》《秦婦吟》《王梵志詩一卷》等文書，而這些文書皆屬於敦煌學校教材的範疇。故推測《茶酒論》與當時教學活動有极大關係。

卷背 "習字雜寫"，內容如下：

---

① 　鍾書林：《敦煌寫本〈茶酒論〉文體考論》，《圖書館理論與實踐》2011 年第 7 期。
② 　〔日〕伊藤美重子：《唐宋時期敦煌地區的學校和學生 —— 以學郎題記爲中心》，《童蒙文化研究第三卷》，2018 年，第 25—50 頁。

　　　　壬戌年二月□□曹都頭帖□福。曹會。金光明寺學士郎□□曹友寶。□酒醜子曹友。索醜子□□曹會。金光明。金光明寺學子。曹□□。

　　第一行抄寫的"壬戌年二月□□曹都頭帖□福"，首先歸義軍時期有兩個壬戌年，一爲天復二年（902），二爲建隆三年（962）[①]。曹都頭之名最早於948年出現，金光明寺開設寺學期間僅有一個壬戌年，即建隆三年（962），"習字雜寫"從字迹判斷當屬一人所寫，故"壬戌年"爲建隆三年（962）無疑。從抄寫內容可以確定他們在建隆三年（962）前后就讀於敦煌金光明寺寺學中。查證這些人名後發現"曹友寶、索醜子"還見於其他寫本。S.4643、S.4700、S.4121三個寫本抄寫的《陰家榮親會客名目（994）》中"曹友寶"作爲賓客出現，P.3721卷背抄寫的《庚辰年（980）正月十五日夜見點人名籍》中亦有其名。P.3440《丙申年（996）三月十六日見納賀天子物色名目》中"索醜子"交納了什物。從時間上看，這些寫本記錄的是曹友寶等學郎離開寺學之後的社會生活。

　　綜上，正面作爲教材的《茶酒論》在與原卷脫落後，學郎利用卷背空白處練習書寫，從書寫內容判斷該學士郎身份爲敦煌金光明寺寺學郎。而將兩紙粘連的人也應是學士郎，出於練習書寫的目的，學士郎又粘連了一張空白紙，但學郎最終并未在第二紙上書寫。由此推斷：一、《茶酒論》的抄寫時間早於"習字雜寫"，即早於建隆三年（962）；二、正背面的抄者、使用者非同一人，但《茶酒論》屬於敦煌教材的範疇，本卷《茶酒論》的抄者、使用者皆爲敦煌學郎；三、粘連的原因或爲學郎練字書寫，并不是爲了使用《茶酒論》，更不是爲補充其缺失的內容。

（二）"黃麻麥粟等曆＋丁丑年圖李僧正遷化納贈曆＋食物賬"第二紙中的"寺院實用經濟文書"

　　第二紙正面首行題"茶酒論"三字，後另起一行抄《黃麻麥粟等曆》（擬題），其內容如下：

　　　　丁丑年賀郎粟茶打五石七斗□□。程□兒兩石一斗。羅家黃麻三石九斗，□粟麻一石二斗。令狐醜奴粟四石□升。□憨子。憨子醜奴粟四石□斗。王保定豆兩石□素麻兩斗四升，流安豆一石九斗五升□一石。□□豆六石五斗，流安豆一石三斗□□。令狐醜奴豆兩石六斗　□□□豆一石三斗。宋住子豆七斗八□，粟兩石六斗。□□□□□醜兒娘□□兩人入一石粟四石五斗五升。子□大□□□石□□□□□兩石八斗。□□師麥三石九

① 榮新江：《歸義軍史研究·唐宋時代敦煌歷史考索》，上海古籍出版社2015年版，第13—27頁。

斟，粟一石三斟。 氾□子豆一石三斟。 索住兒麥兩石六斟，粟一石三斟。 氾都頭粟三石九斟。 白□德□五石三斟。 胡住兒粟六斟五升。 宋丑兒兩石六斟。 吳保平子□麥一石，粟一石。 丑奴粟一石五斟計四石五斟五升。 吳章六粟六石柒斟六升（又粟三石九斟），豆兩石六斟，麥拾石四斟（石）入麥六。 塩兒粟兩石六斟。 陰什德麥一石九斟五升口。 口承塩兒、吳富盈麥粟四石一斟六升。 普光寺索油、粟一石三斟。 韓憨子粟兩石六斟。 官有粟。 藥富平粟一石九斟。

第一行有"丁丑年"的紀年，歸義軍時期共有三個丁丑年，分別是大中十一年（857）、貞明三年（917）和太平興國二年（977）。 那麼"丁丑年"所指何年？ 首先從內容上可以確定的是《黃麻麥粟等曆》爲一份入賬曆，在這份賬曆中記錄了許多的人名以及官名，如：令狐丑奴、王保定、宋住子、氾都頭、宋醜子、吳保平、吳章六、塩兒、吳富盈等，其中王保定、吳章六、塩兒等人名還多次見於敦煌其他寫本。 如 Дx.01401 寫本抄《辛未年二月六日社司轉帖》，其中有王保定之名，但對於寫本抄寫的時間却存在爭議。 與王保定同卷抄寫的還有"王醜子、董留定"等，經稽考可知 Дx.01401 的抄寫時間"辛未年"應爲公元 971 年；S.4472 寫本《辛酉年十一月廿日張友子新婦身故聚贈曆》中載："王保定柴、餅、粟、油，白□褐二丈，黑斜褐丈六。"其中"辛酉年"爲建隆二年（961）。 此外 Дx.00084 寫本抄《通頰鄉百姓吳員宗等換地契》，載有："□□□□□換地人，男，章六。"此寫本因殘損故未有記載抄寫的年份，但據同卷所抄的人名可以推斷 Дx.00084 寫本所抄的時間也在 10 世紀後期。[①] 稽考後發現這些人全部生活於 10 世紀晚期，在《黃麻麥粟等曆》第 13 行有"口承塩兒、吳富盈麥粟四石一門六升"，其中"口承"是指敦煌借貸活動中的擔保人，常出現在敦煌借貸文書中。 這證明此處抄寫的文書爲一份入賬曆，既有賬目數量，還有付款人與擔保人。 同卷因同一事件抄寫的人名，其生活時間自然不會相距太久遠，那麼此處"丁丑年"基本可以推斷爲太平興國二年（977），由此可知《黃麻麥粟等曆》便是抄寫於公元 977 年的一份賬目文書。

卷背右起首行抄"丁丑年六月十日圖李僧正遷化納贈曆"一句，"丁丑年"指何年？ 現有敦煌文獻中抄有"李僧正"之名的寫本共有 12 個，其中最早的抄於大唐長興二年

---

① 〔日〕土肥義和：《八世紀末期——十一世紀初期敦煌氏族人名集成——氏族人名篇》，東京汲古書院 2005 年版，第 114—694 頁。土肥義和在書中表示 S.4472 所抄辛酉年確爲公元 961 年，而 Дx.01401 所抄的辛未年則可能是公元 911 年和 971 年。 與王保定同卷抄寫的人名中，"王醜子"還見於法藏寫本 P.3595、P.4017、P.2953 和英藏寫本 S.06309，其中 P.3595、P.4017 兩個寫本的抄寫時間確定爲公元 969、985 年，"董留定"還見於 P.3290、P.4063 等寫本，其中 P.3290 抄於至道元年（995）、P.4063 抄於丙寅年（966）。"吳保住"還見於 P.3236《敦煌鄉官布籍》，此寫本抄於壬申年（972）、法藏 P.3579 所抄《百姓吳保住牒》，此寫本抄於端拱元年（988）；"吳保德"還見於英藏 S.01845 所抄的《納贈曆》中，此寫本抄於丙子年（976）。

（931）六月，最晚的抄寫於十世紀後期。[①] 歸義軍終結於景祐三年（1036），在公元931至1036年間，僅僅祇有一個丁丑年，即太平興國二年（977），那麼卷背的"丁丑年"即爲公元977年，這與正面的丁丑年爲同一年。

卷背第二部分内容爲《食物賬》，録文如下：

> 龍：面、粟。乾：面、油、粟。開：面、油。永：粟。金：面、油。圖：面、油、粟。顯：面、油、粟。界：面、油、粟。蓮：粟、面、油。大：□、面、油。恩：面、粟。雲：面、油、粟。修：面、油、□：□、□、□、粟。□：面、油、粟。□：粟

每一行的首字字形較大，李正宇認爲其爲敦煌寺院的簡稱，簡稱下面是各寺院的納贈什物。[②] 俄藏 Дx.11199 寫本爲殘紙一張，抄有《丁卯年十一月□□》，劉傳啓認爲從殘存文字"祭盤、麥油粟"及格式來看，或爲净土寺某人亡逝，其他各寺助葬活動中之納贈記録[③]。其抄寫格式與本卷《食物賬》一樣，故推斷《食物賬》的性質與之相同，亦爲寺院助葬的納贈記録。比對《食物賬》與第一部分内容的字迹，兩部分爲一人所書。那麼便可推斷《食物賬》是各大寺院爲靈圖寺僧官李僧正亡故助葬的文書。

綜合第二紙抄寫的文書，其皆抄寫於太平興國二年（977），正面的内容抄寫時間早於背面，且非一人所書。在這些文書中，我們可以看到當時敦煌寺院在借貸活動中涉及的什物和流程，以及僧官葬禮中各大寺院的助葬規模因人而異。但第二紙《捨施回項疏》抄寫的内容與同卷内容存在較大的差異，其抄寫目的有待研討。

（三）P.2972《捨施回項疏》+P.4075《丁丑年四月官取黄麻粟等曆》中的"祭拜祈福"

P.2972 第二紙卷背的《捨施回項疏》，内容如下：

> 右件捨施所申意者伏以燉煌境内。龍天掃蕩於三災，玉塞之中，梵釋降臨於十善以爲。大王萬歲，夫人千秋，内外官人常親快樂。然後飛空，有羽泉下潛，鱗并沐元，

---

① 敦煌寫本中抄寫"李僧正"的寫本有8個、"李僧政"的寫本有4個，此處全部列爲"李僧正"的寫本。
② 李正宇：《敦煌史地新論》，臺北新文豐出版公司1996年版，第65—100頁。"龍"是"龍興寺"；"乾"爲"乾元或乾明寺"；"開"是"開元寺"；"永"是"永安寺"；"圖"是"靈圖寺"；"顯"是"顯德寺"；"界"是"三界寺"；"蓮"是"蓮臺寺"；"大"或爲"大乘寺、大悲寺、大雲寺"；大乘寺簡稱爲"乘"，大雲寺簡稱爲"雲"，故此處爲"大悲寺"的可能性更高；"恩"是"報恩寺"；"雲"爲"大雲寺"；"修"爲"靈修寺"。
③ 劉傳啓：《敦煌喪葬文書輯注》，巴蜀書社2017年版，第191頁。

無上勝因，普證普提之覺路。今將丹懇投仗。佛門伏乞。慈悲，希垂。迴項，謹疏。

《捨施回向疏》原作《捨施回項疏》，文書的右方抄"丁丑年六月十日圖李僧正遷化納贈曆"一句，而"右件捨施"不可能指這一句話。參考同類文書後可知《捨施回向疏》右側都會抄有捨施物品的記録，或長或短。如 P.2704《後周顯德四年（957）九月梁國夫人潯陽翟氏結壇供僧捨施回向疏》内容右起抄"結壇三月，供僧一七人，施小綾子一匹，土布三匹半，羊皮兩張，紙一帖"兩行，接着才是"捨施回向疏"的内容，同樣書寫格式的文書還見於 S.3565、S.5973、P.3576 等寫本[1]。

本卷的《捨施回向疏》格式上與敦煌同類文書無異，但内容上却稍顯簡單。將其字迹與同頁内容比照，字體更加纖細遒勁，恐非一人所書；但從謀篇布局看，第二紙背面爲分欄書寫，這種抄寫方式側面説明抄者在書寫時或腦海裡對要書寫的文書有一個大概的規劃，或《捨施回向疏》抄寫時間更早。此外，第二紙的抄寫時間皆晚於第一紙，那麼《捨施回向疏》的抄寫時間就有三種情況：962 至 977 年之間、977 年及之後。另，正面的《黃麻麥粟曆》接抄於《茶酒論》之後，抄寫時間也應早於卷背内容，故《捨施回向疏》的抄寫時間就可以具體爲 977 年或 977 年前後，那麼 P.2972 全部文書皆抄寫於曹氏歸義軍時期。而曹氏歸義軍時期自稱"大王"的有曹議金、曹元忠、曹延禄三人，曹議金在公元 931 年始稱"大王"，因元德、元深無大王稱號，故在 964 年曹元忠稱王前，敦煌文書中的大王均指曹議金；曹元忠在公元 964 年稱"大王"，在公元 964—984 年的文書中，"大王"均指曹元忠；曹延禄在公元 984—1002 年稱"大王、敦煌王"[2]。那麼《捨施回向疏》中的"大王"則應指曹元忠，但該文書與同卷内容的内涵存在較大差異，主題各異。稽考後認爲其與 P.4075 寫本所抄内容有高度相似性，主題相近、内涵相似，其所描述的事件皆與曹延禄上任後祭祀祈福有關。

P.4075 寫本，存一紙，其中《丁丑年四月官取黃麻粟等曆》（下稱《四月曆》）與 P.2972《捨施回向疏》具有高度相似性，内容如下：

> 丁丑年四月八日，於倉内王法律、會深、戒净、戒住、戒□彌願昌陸人手上，官取黃麻五又粟四碩。太保（寶）就玉女娘子觀來，著酒用，又十二月粟一碩二鬥，太保就聖受（壽）寺頭祭拜大王來著酒用。

① 唐耕耦、陸鴻基編：《敦煌社會經濟文獻真迹釋録》第三輯，書目文獻出版社 1986 年版，第 96—104 頁。
② 榮新江：《歸義軍史研究·唐宋時代敦煌歷史考索》，上海古籍出版社 2015 年版，第 129—132 頁。

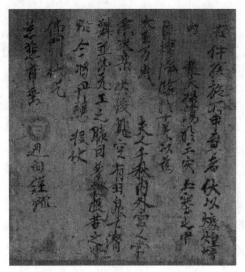 

圖 5　P.2972（局部）《捨施回向疏》　　　　　　　圖 6　P.4075 背面

　　從内容上看，此處記録了兩件事：丁丑年四月寺院爲太保至玉女娘子觀而征取黃麻粟著酒；十二月爲太保於聖壽寺祭拜再次征粟著酒。丁丑年具指何年？太保指代何人？李正宇認爲"丁丑年"定爲太平興國二年（977），"太保"即曹延禄[①]。曹延禄在 977 年繼任節度使後便自稱太保，這裏記録了曹延禄在繼任的第一年進行的兩次祭拜活動，一次在道觀，一次在佛寺。曹氏一貫崇佛，對佛教有着虔誠的信仰，但曹延禄對宗教持有實用至上的理念，與之前曹氏對佛教的一味尊崇有一定的差異。劉永明提到 P.2649 寫本有《曹延禄醮奠文》："府主延禄，伏蒙天造，曲受神恩，爲一郡之王，作二州之帝王，所居之地，宮殿樓臺，養性存身，廳館衙府，每望善神潛守，恒思土地扶持，使遠近以安然，獲内外而帖静……"這段話表明曹延禄對宗教信仰是將"天造"和"神恩"作爲最根本的精神依托，將佛教"善神"作爲次要的實用保佑者。此外，S.4400《曹延禄鎮宅文》也是反映曹延禄舉行非佛教法事活動的材料。[②] 在曹延禄擔任節度使後，由於遲遲未獲得宋朝的正式任命，加之敦煌歸義軍到了後期經常發生動亂，故需要神靈庇護和宗教保護的曹延禄，開始頻繁舉行醮祭活動，其舉行的目的或爲消除禍患、鎮家安宅；或爲保障國家安寧。在這份文書中曹延禄於太平興國二年十二月在聖壽寺祭拜大王，可以確定的是，這裏的"大王"指的就是曹延禄的父親——曹元忠。那麼爲何選擇"聖壽寺"呢？聖壽寺位於敦煌沙州城南，李正宇先生推測爲曹元忠所建。[③] 那麼曹延禄選擇

---

① 李正宇：《敦煌地區古代祠廟寺觀簡志》，《敦煌學輯刊》1988 年第 C 1 期，第 73—74 頁。

② 劉永明：《試論曹延禄的醮祭活動——道教與民間宗教相結合的典型》，《敦煌學輯刊》2002 年第 C 1 期，第 66—74 頁。

③ 李正宇：《敦煌地區古代祠廟寺觀簡志》，《敦煌學輯刊》1988 年第 C 1 期，第 82 頁。

在此地祭拜他的父親是合情合理的。

P.4075 寫本正背面書寫的内容關聯性并不强，且字迹不一，與 P.2972 第二紙抄寫的性質類似，都是由不同的人將不關聯的文書抄寫在一起，在兩件寫本中最大的相同點就是《丁丑年四月官取黄麻粟等曆》與《捨施回向疏》，都共同反映了曹延禄在太平興國二年祭祀祈福的事情，其抄寫者極大可能皆爲學郎。原因有二：首先，《四月曆》已確定記録的是曹延禄著酒祭拜曹元忠的事，而《捨施回向疏》記録了曹延禄祈求敦煌驅災降福的祈禱。二者雖記録事件，却無事件施行的細節，由此可推兩份文書并非是該事件記録的原始文書，而是由另一人轉抄。其次，縱觀 P.2972 與 P.4075 兩個寫本的抄寫狀況，若其爲寺院的實用文書，在抄寫時就不會將 P.2972 的"捨施物品"省去，而記録曹延禄祭拜曹元忠的《四月曆》也極其簡陋，P.4075 正面抄寫佛經，背面抄寫《養子契》《大力金剛真言》《丁丑年四月官取黄麻粟等曆》，書寫潦草，布局隨意，非一人所書。饒宗頤認爲敦煌一些大的寺院裏有教坊一類的機構，有戲場、樂舞隊、聲音人等，僧人要進行誦經、作偈、唱導的訓練。當這些教材不再使用時，寺院便用其背面抄寫交割帳。[1] 兩個寫本正面分别抄寫《茶酒論》與佛經，佛經的講唱性自不待言，張鴻勛等人對《茶酒論》的講唱性都曾做過深入淺出的辨析。在正面文書的"生命"走向終結時，寺院的僧人和學郎給了寫本第二次生命，或粘連新的紙張，或利用寫本剩餘空白，讓寫本的"生命"得以用另一種面目延續。

三、最終整理成卷

前文論述中認爲 P.2972 從内容出發可分爲三個單元：第一紙正背面書寫的"寺學教育"單元、第二紙正背面（除《捨施回向疏》外）的"寺院實用經濟文書"單元、P.2972《捨施回向疏》與 P.4975《丁丑年四月官取黄麻粟等曆》書寫的"祭拜祈福"單元。P.2972 的兩紙原本是各自獨立存在，正面《茶酒論》廢棄後，建隆三年（962）金光明寺學士郎將還是空白的第二紙與其粘連，并在其卷背塗鴉書寫了 8 行文字；此後太平興國二年（977）寺院於第二紙正面抄借貸賬目，從抄者首行題寫"茶酒論"三字推斷，第二紙抄寫時間晚於第一紙；同年六月，另一人在第二紙卷背抄寫了靈圖寺僧李僧正亡故，寺院爲其助葬的事情；同年十二月，歸義軍新任太保曹延禄祭拜家廟，P.2972 所抄《捨施回向疏》就是反映其祈禱的内容。而將《四月曆》與《捨施回向疏》并列分析，是因爲其共同反映了曹延禄公元 977 年祭禱的事情，但二者并非一人所書。P.2972 寫本

---

① 饒宗頤：《〈雲謡集〉的性質及其與歌筵樂舞的聯繫》，《明報月刊》1989 年 10 月號。

從產生、廢棄到再更新使用，整個呈現出在流動中不斷更新、再生的特點。縱觀抄寫全過程，建隆三年（962）前抄《茶酒論》、後抄習字雜寫，太平興國二年（977）六月前抄《黄麻麥粟等曆》，後抄寺院助葬文書，十二月抄捨施疏。整個寫本處於一個不斷更新、傳遞發展的狀態。

四、結語

敦煌藏經洞的遺書都存在不斷被粘連、修復、使用的過程，同一個寫本的書寫者可能是一個、兩個甚至多個，書寫的内容也會紛繁多樣，從一個書寫人傳遞到另一個書寫人手中，或同一書寫人在不同時間書寫，或不同時間不同地點不同書手偶然抄録在一起。那麼這就反映了敦煌寫本的一大特點——流動性。因爲紙張的匱乏，每一張紙都可能被重復利用，在書寫的歷史中，每一份寫卷都經歷了反復使用的命運。正是寫本的流動性，使得我們現在看到寫本内容的多樣性。P.2972 的抄寫就讓我們看到寫本因流動性呈現出來的内容的多樣性，它不是簡單機械的内容遞加。從這些内容中我們既可以看到當時人們對於紙張的珍惜，更可以看到那段歷史中的生活情景是一個什麼情況，這是非常可貴的。那麼寫本的流動性造成寫本内容的複雜性就是值得我們注意的一大問題。

（作者簡介：羅娛婷，西華師範大學碩士研究生）

《大唐嵩山會善寺故大德道安禪師碑》拓本版本及校勘

趙洪雅　林世田

摘　要： 大唐嵩山會善寺故大德道安禪師碑是研究嵩山老安及早期禪宗的一手史料，但原碑於明萬曆年間斷爲兩截，完整拓片存世極少，現存拓本大多上下俱缺，漫漶不清，難以識讀。本文在廣泛搜集傳世史料及存世拓本的基礎上，對道安碑原碑斷裂始末進行考證，梳理歷代見諸記載和現存道安碑拓本的版本情況，將其分爲“斷前本”和“斷後本”兩個系統，并以《唐文續拾》爲底本，以香港李啓嚴群玉齋本、《金石萃編》《全唐文》、國圖本爲校本，對道安碑碑文進行校勘，糾正部分傳世史料中的訛誤，并對道安碑寫本學特徵的流變予以淺議。

關鍵詞： 道安；老安；慧安；《金石萃編》；《全唐文》；《唐文續拾》

大唐嵩山會善寺故大德道安禪師碑（以下簡稱“道安碑”），唐開元十五年（727）立，廣平宋儋撰兼書。原碑在明萬曆年間被雷所擊，斷爲兩截，下截爲土所埋，明末時碑文已漫漶模糊，難以辨認，故長久以來，此碑雖在諸家金石著作中多有論及，但碑文内容直至清末才有較爲完整的文本。歷史上，由於禪宗派系問題，早期禪宗史料如《楞伽師資記》《歷代法寶記》等，對道安禪師的行迹僅一筆帶過，待曹溪門下獨得心傳的説法漸成定論後，道安禪師便更加湮没無聞矣。《道安碑》撰成時間上距弘忍圓寂 52 年、距道安圓寂 19 年，比《楞伽師資記》晚 7 年，但却是基於本門立場，其内容詳實豐富遠超別家所記，是研究道安禪師及早期禪宗的一手史料，加之原碑斷裂，完整拓片今世罕見，因此具有較高的史料價值和研究意義。

碑文的撰作及書寫者宋儋，生卒年不详，字藏諸，廣平人，是開元時期聞名的書法家。據載，宋儋善楷隸行草，開元末，舉場中後輩多師之，且宋儋爲人高尚不仕，經户部侍郎宇文融推薦授爲秘書省校書郎。宋儋好仙佛之道，因服藥過度而雙目失明。《法書要錄》[①]

---

① （唐）張彦遠撰，武良成、周旭點校：《法書要錄》卷六《述書賦下》，浙江美術出版社 2019 年版，第 177 頁。

《書苑菁華》①《書史會要》②《全唐文》③等書皆有記載。宋儋除《道安碑》外，還撰有《唐珏禪師碑》《唐草堂寺報愿碑》《封氏墓志》等，其所作《接拜帖》收入《淳化閣帖》中。

道安（584？—708），又稱老安、慧安，爲禪宗五祖弘忍東山門下十弟子之一。《宋高僧傳》④《景德傳燈録》⑤《佛祖統紀》⑥有載。唐太宗貞觀年間，道安至蘄州東山寺禮拜禪宗五祖弘忍大師爲師，遂得心要，并受到弘忍賞識。永淳二年（683），道安來到嵩山會善寺，在此開壇説法，自此從習者紛至沓來，不絶如縷。久視元年（700），道安與神秀、玄賾同應武則天徵召入京，“此三大師，是則天大聖皇后、應天神龍皇帝、太上皇，前後爲三主國師也”⑦，會善寺一度改名安國寺，并有鎮國金剛佛像置於寺内。唐中宗即位後，對道安也極爲尊重，神龍二年（706）詔請道安入宫中供養，欽賜紫色袈裟一件，度弟子27人。第二年新春，又賜袈裟。但道安終以春秋已高爲由，不久即辭歸嵩山。景龍二年（708）二月三日，道安圓寂於會善寺。

今檢《道安碑》相關論文著述，其一，早在20世紀二三十年代，胡適先生已在《記嵩山老安》⑧一文中評價“宋儋的道安碑文……確是楞伽宗史的一件重要碑版文字”。指出陸心源《唐文續拾》所收《道安碑》碑文是照此碑舊拓本所録，并據史實推測碑文中“上因數徵請之，以師受禪要”，或可作“上因數徵請之八師受禪要”；建塔僧“破竈”即所謂“破竈墮”⑨；而道安、法如及神秀是促使楞伽宗在兩京成爲一大勢力的重要力量。其二，20世紀七八十年代，温玉成先生曾多次親自考察嵩嶽，并於1982年考察會善寺時在山門一段東墻上找到了《道安碑》的上半段，但其《老安及其弟子》⑩一文所據碑文是源自《金石萃編》中的殘文，似未見及《唐文續拾》中的全文。其三，顧偉康先生⑪梳理碑文及相關史料，對碑文中“嵩山老安行迹”與其他史料相牴牾之處進行辨析，對

---

①　（宋）陳思輯：《書苑菁華》卷五，上海古籍出版社2003年版，第48頁。

②　（明）陶宗儀撰，徐美潔點校：《書史會要》，浙江美術出版社2019年版，第108頁。

③　（清）董誥輯：《全唐文》卷三百九十六《宋儋》、卷三百四十六劉禹錫《張僧繇畫僧記》、卷四百四十七竇泉《述書賦》，清嘉慶内府刻本，第4025、3499、4546頁。

④　（宋）贊寧：《宋高僧傳》卷十八《唐嵩嶽少林寺慧安傳》，《大正新脩大藏經》（第50册，T2061），大藏出版株式會社1934年版，第823頁。

⑤　（宋）道原：《景德傳燈録》卷四《弘忍大師旁出法嗣·嵩岳慧安國師》，宋刻磧砂藏本，第42頁。

⑥　（宋）志磐：《佛祖統紀》卷三十九、卷四十，《大正新脩大藏經》（第49册，T2035），大藏出版株式會社1934年版，第370、372頁。

⑦　（唐）净覺：《楞伽師資記》，《大正新脩大藏經》（第85册，T2837），大藏出版株式會社1934年版，第1289—1290頁。

⑧　胡適：《記嵩山老安》，載胡適編著：《胡適卷》，武漢大學出版社2008年，第417—422頁。

⑨　即唐嵩山破竈墮和尚，是道安禪師的法嗣，亦是唐代高僧之一。《宋高僧傳》卷一九、《景德傳燈録》卷二、《五燈會元》卷二、《祖堂集》卷三均有載。

⑩　温玉成：《老安及其弟子》，載温玉成：《少林訪古》，百花文藝出版社1999年版，第106—109頁。

⑪　顧偉康：《東山門下被忽視的高僧——嵩山老安》，載顧偉康：《如是我聞——顧偉康佛學論文自選集》，宗教文化出版社2016年版，第382—399頁。

碑文中"弟子慧遠"及道安進京次數提出自己的看法，并對道安的生平及禪法有深入闡述。但顧偉康先生亦對《道安碑》版本問題提出疑問，認爲："此碑有兩個版本，一種無法卒讀，收入《金石萃編》卷七十七及《全唐文》卷三百九十六中；另一種收入陸心源《唐文續拾》卷三，末有注文'按：此首較多二百三十餘字。'但《唐文續拾》沒有説明這一版本是從何而來。《道安碑》原石據説上半段至今還在會善寺，字迹多殘破。唯一的可能是陸心源手頭有早期的拓片，那麽多了二百三十餘字又是怎麽回事？而且現在兩個版本的字數差別不是二百三十餘字，而是九百多字。"顧偉康先生因此懷疑到底有幾塊《道安碑》？其四，徐文明先生對《唐文續拾》所引碑文進行了標點，并綜合多家史料深入研究了道安生平，但并未論及碑文版本、拓本等問題[1]。其五，陳利民《唐代禪宗傳法世係嵩山碑刻稽考》[2]一文，對《道安碑》所涉及道安行實、禪宗世係等問題進行簡要探討，但所據碑文却是摘自"無法卒讀"、斷簡殘章的《全唐文》。總要言之，學術界對《道安碑》的研究大都建立在傳世史料的基礎上，對此碑斷裂始末、拓本流傳及版本問題尚未有較深入的探討，也尚未有對《道安碑》碑文進行深入整理校勘者。故不揣淺陋，試梳理有關《道安碑》相關記載，擇諸拓本、前人録文校對比勘，并就相關問題予以淺析。

一、《道安碑》相關記載

最早對《道安碑》進行著録者爲北宋朱長文《墨池編》[3]及南宋成書之《寶刻類編》[4]。此後三百餘年，《道安碑》似均不見諸史料記載。至明萬曆年間，袁宏道游覽嵩嶽時親眼見及此碑，才在其游記中對此碑有所記述[5]：

> 道陽城廢址，入會善寺，寺半圮，有泉冷然，及門而没。西去數十武爲戒壇，頹欄敗砌，皆鏤隋、唐佳句，人物山水，細入毫髮。石柱上有唐、宋題名，字極精。寺故魏孝文避暑宮也，唐以來習毗尼者居之，遂有壇。古碑刻完好者 …… 戒壇西南麥畦中，有開元十五年道安禪師碑，廣平宋儋撰兼書。末云"建塔僧破竈"。損一字，蓋神僧破

① 徐文明：《老安禪師及其法系》，載徐文明：《中土前期禪學史》，北京師範大學出版社 2013 年版，第 267—278 頁。

② 陳利民：《唐代禪宗傳法世係嵩山碑刻稽考》，《中原文物》2016 年第 4 期。

③ （宋）朱長文：《墨池編》卷六《唐佛家碑一百》，清文淵閣四庫全書本，第 257 頁。

④ （宋）佚名：《寶刻類編》卷三《名臣十三之二》，清粵雅堂叢書本，第 43 頁。

⑤ （明）袁宏道著，錢伯城箋校：《袁宏道集箋校》卷五十一《華嵩游草之二——游記·嵩游第三》，上海古籍出版社 2018 年版，第 1609—1611 頁。

竈墮①也。塔已荒，不可識，而碑尚可搨，今人但知戒壇寺茶榜，可發一嘆。

考袁宏道此篇《嵩游第三》作於萬曆三十七年（1609）己酉②，是年袁宏道任陝西主試，夏末啓程，秋抵長安。試事完畢後，於九月中旬動身東返，至十一月中旬始抵京。其行程約略從長安出發，經臨潼、華陰、潼關、靈寶、洛陽、緱山，至登封，游覽少林寺、嵩陽宮、嵩嶽廟、會善寺、太室山後，再由鄭州返回京師。袁宏道《場屋後記》③即是此段時期的日記，其中記載此段歸途中游覽情形極爲詳盡：

> 乙巳，……晚次洛陽。
>
> 己酉，登嶺，……折入少林寺。
>
> 庚戌，……晚次登封。
>
> 辛亥，邑令傅梅邀游嵩廟。……
>
> 壬子，偕非二（即朱一馮）曉出西門，道陽城廢址，入會善寺，觀戒壇遺石。……

可知袁宏道見及《道安碑》時在1609年10月31日。此時《道安碑》雖"尚可搨"，但字迹已有殘損。

萬曆三十八年（1610）七月，《道安碑》被雷轟爲兩截。時登封知縣傅梅親歷此事，其所撰《嵩書·卷二十二·章成篇四》"書雷轟道安禪師碑事"條④中有詳細記載：

> 戒壇院西南荒壂中，有開元十五年碑，隸書額"唐嵩山故道安禪師碑"九字，有古法。首行廣平宋儋撰兼書文，尚可讀。字行書，遒勁多骨，而風致超逸，出李北海上。末云："建塔僧破竈"，下損一字。袁中郎謂爲"神僧破竈墮"。予細辨損處，下從"木"，不似"墮"字，豈嵩山有兩稱"破竈"者乎？可疑也。一日，予命人搨得五本，歸燈下展玩，心口自語："儋不以書名，筆法精絕，乃爾明發，當多搨以傳久之。"甫就枕，聞風雷聲大作。平旦雨霽，巡役來告云："夜半前，碑雷轟碎矣。"異哉！萬曆

---

① 錢伯城箋校時所據底本爲陸之選編《新刻鐘伯敬增定袁中郎全集》四十卷明崇禎二年（1629）武林佩蘭居刻本。底本原作"墮"，錢伯城依據《梨雲館類定袁中郎全集》二十四卷萬曆四十五年（1617）金陵大業堂刊本，改作"豎"，誤，當作"墮"。

② 任訪秋：《袁中郎研究》，上海古籍出版社1983年版，第132頁。涉及袁宏道詩文係年的著述迄今除錢伯城《袁宏道集箋校》及任訪秋《袁中郎研究》外，另有馬學良《袁中郎年譜》及沈維藩《袁宏道年譜》四家，各家係年相差較大。但袁宏道游覽嵩岳之時間經過，在其《場屋後記》中有明確記載，四家均無疑議。參何宗美：《袁宏道詩文係年芻議》，《文學遺産》2008年第6期。

③ （明）袁宏道著，錢伯城箋校：《袁宏道集箋校》卷五十二《場屋後記》，上海古籍出版社2018年版，第1628—1630頁。

④ （明）傅梅：《嵩書》卷二十二《章成篇四》，明萬曆刻本，第374頁。

庚戌七月六日也。向疑李邕嵩嶽寺碑爲寺僧所瘞，予欲具三百人餱糧，勒十日限，大索土中，歲儉未果。今乃知此物鬼神所秘，非人力可致也。遂已之，并記於此。

傅梅所記《道安碑》被雷轟碎始末頗富神異色彩。據傅梅所述，萬曆三十八年七月六日，其"命人搨得五本"後，晚間"歸燈下展玩"，欲"當多搨以傳久之"，然而當晚前半夜道安碑便"被雷轟碎矣"。此時距傅梅陪同袁宏道游覽嵩嶽廟尚不足一年，其事甚有巧合詭秘之處，蓋天雷劈中石碑本已爲小概率事件，而傅梅剛拓得五本完整拓本，前後不逾一日，原碑便碎爲兩截，其發生概率則或更小。今《道安碑》碎裂原因已難以考知是異常天氣所致，抑或人力故意爲之，但傅梅《嵩書》確是最早記述這一事件的一手史料。

清康熙初年，葉封《嵩陽石刻集記》[①]載："今碑已於萬曆時雷轟爲兩截矣，其下截爲土所瘞，逾二尺許，掘地得之。文甚模糊不可讀。"可知《道安碑》歷經朝代更迭、世事變遷，在碎裂半個世紀之後，其下半截已没入黃土之中，碑文更加難以辨識。乾隆年間，畢沅游覽嵩嶽時，還曾作《戒壇院廢址觀唐道安禪師碑》詩[②]，發出"縱橫兩截碑，漫漶字難覩"之感慨，可見原碑斑駁衰頹之象。

今檢宋以來諸金石、方志及詩文集，凡論及《道安碑》者，其文字絕大多數皆轉引自《袁中郎集》《嵩書》和《嵩陽石刻集記》，現將目力所見之著作大致按撰寫年代先後條列如下（爲省繁蕪，對其中僅簡單著錄碑文作者、撰寫時間、原碑地點等內容者，皆略去不録；凡關涉宋儋書法評論者，因與本文主旨無關，亦略去不録）：

作者	書名卷次	版本	内容	引用
（宋）朱長文	《墨池編》卷六《唐佛家碑一百》	清文淵閣四庫全書本	略	無
（宋）佚名	《寶刻類編》卷三《名臣十三之二》	清粤雅堂叢書本	略	無
（明）袁宏道	《袁中郎全集》卷十《嵩游第三》	明崇禎二年武林佩蘭居刻本	（前文已引）	無
（明）傅梅	《嵩書》卷二十二《章成篇四》	明萬曆刻本	（前文已引）	《袁中郎全集》
（清）葉封	《嵩陽石刻集記》卷下	清文淵閣四庫全書本	（前文已引）	《袁中郎全集》《嵩書》
（清）顧炎武	《金石文字記·卷三·唐》	清文淵閣四庫全書本	略	無

① （清）葉封：《嵩陽石刻集記》卷下，清文淵閣四庫全書本，第29—30頁。
② （清）畢沅：《靈岩山人詩集》卷三十四《嵩陽吟館集·柔兆敦牂》，清嘉慶四年經訓堂刻本，第338頁。

續表

作者	書名卷次	版本	內容	引用
（清）葉奕苞	《金石録補》卷十三	清咸豐元年海昌蔣氏宜年堂刊六年重編本	"唐道安禪師碑"條：道安爲宏忍大師之弟子。忍受法於達摩，所謂一花五葉之一也。安以隋開皇四年生，唐景龍二年卒，百三十有四歲。碑云："是生如電，隨風電盡；即風如我，隨電亦空。"直瞿曇氏牙後慧耳。……	無
（清）林侗	《來齋金石考略》卷中	清文淵閣四庫全書本	略	無
（清）倪濤	《六藝之一録》卷七十八《石刻文字五十四·唐碑》	清文淵閣四庫全書本	（均引前人著述）	《金石文字記》《袁中郎全集》《嵩書》《嵩陽石刻集記》
（清）潘耒	《遂初堂集·文集卷十六》	清康熙刻本	《游中嶽記》……西去五里許，至會善寺，在唐時亦最盛，主法席者，多載《燈録》，安國師、珪禪師、破竈墮，其尤著也。今則浮石禪師之孫夫隱主之，濟宗一燈，孤懸於此，北僧不習參扣，未免法堂前草深一丈耳。寺中有魏《嵩陽寺碑》、唐《戒壇碑》、《景賢禪師塔記》、楷書《梵網經》。戒壇前有《道安禪師碑》，皆絶佳。……	無
（清）孫嶽頒	《佩文齋書畫譜》卷七十三《歷代名人書跋四》	清文淵閣四庫全書本	（均引前人著述）	《袁中郎全集》《嵩書》《嵩陽石刻集記》
（清）景日昣	《説嵩》卷十四《金石》	清康熙嶽生堂刻本	碑在會善寺戒壇西南巔中，……額"唐嵩山故道安禪師碑"九字，甚有古法。首行"大唐嵩山會善寺故大德道安禪師"，下闕。……	《嵩書》《嵩陽石刻集記》
（清）李光暎	《觀妙齋金石文考略》卷八	清文淵閣四庫全書本	（均引前人著述）	《袁中郎全集》《嵩書》《嵩陽石刻集記》
（清）畢沅	《中州金石記》卷二《唐上》	清經訓堂叢書本	（均引前人著述）	《寶刻類編》《嵩陽石刻集記》
（清）畢沅	《靈岩山人詩集》卷三十四《嵩陽吟館集·柔兆敦牂》	清嘉慶四年經訓堂刻本	《戒壇院廢址觀唐道安禪師碑》 空傳戒壇名，無復青蓮宇。 澁浪朣朧墻，方花餘廢礎。 霜葉滿荒臺，窸窣竄松鼠。 縱橫兩截碑，漫漶字難覩。 野卉不知名，簇簇紅心吐。 茶牓（茶牓今移立城西峻極寺，緣本戒壇院物，故詩仍附於此）勒貞珉，文與書兼美。 爰自拭浮埃，研煤搨數紙。	無

作者	書名卷次	版本	内容	引用
			予本渴相如，久慕功德水。 小摘紫茸香，禪參上乘矣。 旨哉古人言，茗柯有實理。	
（清）陸繼等	（乾隆）《登封縣志》卷三十	清乾隆五十二年刊本	（均引前人著述）	《寶刻類編》《袁中郎全集》《嵩書》《嵩陽石刻記》
（清）孫星衍	《寰宇訪碑録・卷三・唐》	清嘉慶七年刻本	略	無
（清）孫星衍輯	《續古文苑》卷八	清嘉慶刻本	《報友書》後小字注： ……今所存儈書有嵩山故道安禪師碑，字多殘渙。	無
（清）洪頤煊	《平津讀碑記・卷五・唐》	清嘉慶二十一年刻本	略	《寶刻類編》
（清）龐元濟	《虛齋名畫録》卷十六《黄秋盦嵩洛訪碑圖册》	清宣統烏程龐氏上海刻本	第十幀設色 會善寺隸書 會善寺在積翠峯下，門外銀杏翠柏甚古。大曆二年戒壇敕牒碑陰刻貞元十一年陸長源《戒壇記》，在東廊下。僧導至西，原戒壇舊址，見天平二年《嵩陽寺碑》，唐麟德元年移置於此，工人止拓下層八分一段，今見篆額曰“嵩陽寺倫統碑”，其前層層鏤佛，正書佛號，碑制最精。唐净藏禪師塔巍然西峙。開元十五年道安禪師碑臥菜畦中。寺東元僧數塔封號極崇大。問元僧溥光書茶牓，已移城中學宫矣。	無
（清）習書錦	《嵩嶽游記》卷四	民國八年鉛印本	道安禪師碑，嵌會善寺寺門東壁，額隸書“唐嵩山故道安禪師碑”九字。古勁可愛，無損。舊瘞土中，剥蝕殆盡。袁中郎謂此碑爲神僧破竈建，末行破竈二字尚仿佛可辨。	《袁中郎全集》

　　由上述記載可大致瞭解《道安碑》原碑的歷史流變與位置遷移。原碑自唐玄宗開元十五年立碑以來，至明萬曆三十七年袁宏道游覽嵩嶽時，歷經近九百年。此時碑身、碑額俱完整，立於會善寺“戒壇西南麥畦中”，雖然部分碑文如“破竈”之下一字，已漫漶難識，但“碑尚可搨”，碑額隸書“唐嵩山故道安禪師碑”九字及碑文首行“廣平宋儋撰兼書”等字皆尚可讀。不足一年之後，即明萬曆三十八年七月六日，《道安碑》原碑不知出於灾異抑或人力之故斷爲兩截，所幸斷前有完整拓本留存。清康熙初年，原碑下半截已埋入黄土中“逾二尺許”，挖出後似仍置於原地，“文甚模糊不可讀”。據景日昣《説嵩》記載，至遲在《説嵩》成書之康熙五十五年以前，碑文首行“大唐嵩山會善

寺故大德道安禪師"諸字尚能得見，但以下皆闕。清末時，道安禪師碑因無人修葺，下半截已漫漶無字，且倒"卧菜畦中"。至清光緒年間，道安禪師碑才被"嵌會善寺寺門東壁"①，這一千年古碑至此終於得到較爲妥善的保護。

二、《道安碑》碑文著錄情況

《道安碑》原碑雖早已斷爲兩截、字迹漫漶，但所幸傳世文獻中有對其碑文的收錄。對《道安碑》碑文全文收錄者，現存有三種文獻，即《金石萃編》《全唐文》及《唐文續拾》。對《道安碑》進行部分摘錄者有葉封《嵩陽石刻集記》②、陸增祥《八瓊室金石補正》③等。現依照成書年代順序，對《道安碑》全文收錄的三種文獻作簡要介紹。

（一）《金石萃編》

《金石萃編》成書於清嘉慶十年（1805），清王昶（1725—1806）撰。王昶嘔心瀝血，前後歷經 50 年之久，搜集金石碑刻 1500 餘件，依年代先後排列，每件在標題下詳記形制、尺寸和所在地點，然後錄文，附各家專著、文集有關論述，最後闡述己見。《金石萃編》中收入的唐代碑銘最多，《道安碑》即是其中之一，載於《金石萃編》卷七十七"道安禪師碑銘"條④，其下小字云"碑已殘缺。廣四尺七寸，二十八行，字數無考，行書。額題'唐嵩山故道安禪師碑'九字隸書。今在嵩山會善寺。"錄文後引《金石錄補》《嵩陽石刻集記》及《説嵩》，并載有王昶的評論。

按：《金石萃編》所錄碑帖的搜集方式主要是王昶親自訪碑椎拓以及友人相贈⑤。其在自序中説"往來青、徐、兖、豫、吳、楚、燕、趙之境，無不訪求也。""朋好所贏，無不乞也；蠻陬海澨水度可致，無不索也。"⑥可知王昶窮極一生訪求拓片，所到之處無不細心觀摩椎拓。今檢嚴榮《述庵先生年譜》⑦及孫文娟《王昶年譜》⑧，王昶畢生從未登臨嵩嶽，據此可知《金石萃編》所錄《道安碑》碑文應是據某一拓本而來。然《金石萃編》所載《道安碑》缺字頗多，難以通讀。錄文自"（上缺）□□□□□□曠劫誰比

①　據《鄭州市文物志》記載，道安禪師碑至今仍"嵌於登封市會善寺山門外東墙"。鄭州歷史文化叢書編纂委員會編：《鄭州市文物志》，河南人民出版社 1999 年版，第 330 頁。
②　（清）葉封：《嵩陽石刻集記》卷下，清文淵閣四庫全書本，第 29—30 頁。
③　（清）陸增祥：《八瓊室金石補正》，民國十四年（1925）吳興劉氏希古樓本，第 231 頁。
④　（清）王昶：《金石萃編》卷七十七，清嘉慶十年刻同治錢寶傳等補修本，第 1317—1319 頁。
⑤　古東燕：王昶《金石萃編》與碑學復興的關係，福建師範大學碩士學位論文 2018 年。
⑥　（清）王昶：《金石萃編·自序》，清嘉慶十年刻同治錢寶傳等補修本，第 1—2 頁。
⑦　（清）嚴榮：《述庵先生年譜》，清嘉慶十二年塾南書舍刻本。
⑧　孫文娟：《王昶年譜》，蘭州大學碩士研究生學位論文 2015 年。

次有□"始，至"（缺）元十五年十月廿日建"止，800 字左右，其中僅釋讀出 599 字。

（二）《全唐文》

嘉慶十九年（1814），《全唐文》初步完成纂輯工作，二十一年，全書初刻告成。《全唐文》的編纂最初建立在內府舊本《唐文》的基礎上，由於仁宗皇帝認爲內府舊藏《唐文》體例未協、選擇不精，因而詔令臣下重加厘定輯補。但《全唐文》錄文不注出處，頗受後人詬病。今檢《道安禪師碑》，似不見載於唐人文集之中，故推測《全唐文》所錄碑文應亦是據某一拓本而來，而非轉引自某傳世文獻。《道安碑》載於《全唐文》卷三百九十六[①]，錄文自"（上闕）祐所（闕）識曠劫誰比次有"始，至"净戒彌尊勿（闕）"止。末行紀年"開元十五年十月廿日建"等字缺。全文約 800 字，其中釋讀出 772 字。其首尾起止處與《金石萃編》基本一致，缺字亦較多，但比《金石萃編》多釋讀出 173 字。

（三）《唐文續拾》

《唐文續拾》成書於光緒十四年（1888），清陸心源（1834—1894）輯。陸心源博學多識，嗜好藏書，爲清末四大藏書家之一。《唐文拾遺》爲其補嘉慶間官修《全唐文》而成。陸心源每得《全唐文》所未錄而又屬於唐文者，即錄存之。歷時幾十年，得書兩千餘篇，仿《全唐文》之體例順序排列，以補其缺，名爲《唐文拾遺》。《拾遺》行世之後，又續得三百餘篇，集爲《唐文續拾》。《道安碑》載於《唐文續拾》卷三"宋儋"條[②]，題爲"大唐嵩山會善寺故大德道安禪師碑并序"，錄文自"嘗語如性因觀我心"始，至"開元十五年十月廿一日建"止，後有小字"石刻"二字，據此可知此篇錄文爲陸心源據石刻拓片而來，而非轉引自某傳世文獻。末有注文"按：此首較多二百三十餘字"。全文共 1664 字，其中識讀出 1643 字。首尾完整，僅個別字缺，較之《金石萃編》《全唐文》，分別多釋讀出 1044 字和 871 字。

三、《道安碑》拓本的版本及流傳情況

儘管《道安碑》在唐碑中并非名碑，但由於其碑身斷爲兩截，下半截字迹漫漶不清，故頗爲碑帖收藏家所重。原碑斷裂之後，更有好事者捶拓以珍之[③]。清代諸家碑帖著作中

① （清）董誥輯：《全唐文》卷三百九十六《宋儋》，清嘉慶內府刻本，第 4025 頁。
② （清）陸心源編：《唐文拾遺·唐文續拾卷三·宋儋》，清光緒刻本，第 870—872 頁。
③ 陳振濂：《品味經典——陳振濂談中國書法史（魏晉—中唐）》，浙江古籍出版社 2006 年版，第 168 頁。

已有《道安碑》拓本的收藏記録，如錢大昕《潛研堂金石文字目録》①《天一閣碑目》②及趙紹祖《古墨齋金石跋》③等，可知乾隆至道光年間，嘉定錢氏潛研堂、寧波天一閣及涇縣趙氏古墨齋均藏有《道安碑》拓本，惜未有詳細記載，今難以考知其所藏具體爲何種版本。檢同一時期顧廣圻《跋道安禪師碑》④所載：

> 《嵩陽石刻記》，康熙初年所撰，言道安碑萬曆時雷震爲兩截，文甚模糊不可讀，故《金石萃編》僅載半截，了無首尾，但每行三十字而已，予所見皆然。此紉之葉君所藏舊搨本，獨此具存，多出之字過半外，且殊可讀，然則足以傲君家井叔，無論青浦也。

可知《道安碑》至少有兩種拓本，一種"了無首尾，但每行三十字而已"，且顧廣圻云"予所見皆然"，可見此種版本在清中期流傳頗廣，是當時的常見之本，或許即錢大昕、范氏天一閣及趙紹祖等所藏之本；另一種則是較爲罕見、"獨此具存"的"紉之葉君所藏舊搨本"，此種版本比常見本"多出之字過半外"，亦比葉井叔《嵩陽石刻集記》及青浦王昶《金石萃編》所録碑文更爲完整，可見是一種年代更早、碑文更完整之舊拓本。按："紉之葉君"即葉紉之，乃吳門著名金石家。顧廣圻《跋葉紉之金石拓本册》謂："吾友紉之，篤好金石，最勤搜訪，計前後所獲之數，與近來收藏諸名家約略相埒，而出於王少寇《萃編》未著録者正復不少。"其所藏《道安禪師碑》舊拓本，正是比《金石萃編》所過録者更善之本。

此種舊拓本清末葉昌熾亦有所見，其在《語石》⑤中記載：

> 裴漼、宋儋，皆開元時能書者。裴書遜於竇懷哲，宋書優於徐季海。裴有少林寺碑，尚完好。宋有道安禪師碑，亦在少林寺前。前明萬曆間，雷轟爲兩截，下截已漫漶無字。貴陽陳松珊前輩，從廠肆得一本，尚是未裂以前拓，多至數百字。精彩弈弈，如霜隼秋高，摶扶摇而下擊。……

葉昌熾在日記中對此舊拓本亦有詳載：

① （清）錢大昕著，陳文和主編：《潛研堂金石文字目録》，鳳凰出版社 2016 年版，第 540 頁。
② （清）錢大昕著，陳文和主編：《天一閣碑目·唐》，鳳凰出版社 2016 年版，第 514 頁。
③ （清）趙紹祖撰，牛繼清、趙敏校點：《趙紹祖金石學三種·古墨齋金石跋》卷四，黃山書社 2011 年版，第 391 頁。
④ （清）顧廣圻著，王欣夫輯：《顧千里集·卷十六·跋二》，中華書局 2007 年版，第 241 頁。
⑤ （清）葉昌熾撰：《語石》卷七，清宣統元年刻本，第 163 頁。

　　［光緒己亥八月］廿一日午後，松珊招飲，出示舊拓《道安禪師碑》，廣平宋儋撰書，較新拓所增幾千字。……①

　　按：光緒己亥即光緒二十五年（1899），葉昌熾在貴陽陳松珊處得見其從廠肆購得的舊拓《道安碑》。據葉氏判斷，此種舊拓本"尚是未裂以前拓""較新拓所增幾千字"。

　　由此推論，《道安碑》拓本自明清以來至少有兩種差异較大之版本流傳於世，一種較爲常見、了無首尾的"新拓本"，即"斷後本"。料想《道安碑》碎裂之後，曾多次爲人傳拓，因此依據年代早晚及字迹漫漶程度不同，可能有"斷後初拓本""斷後又拓本"等微妙之別；另一種則爲葉紉之、陳松珊所藏之"斷前本"。

　　今檢《道安碑》拓本，流傳至今且見諸公布者，筆者目力所見有四本。

（一）國圖本

　　第一本藏於國家圖書館，簡稱"國圖本"。拓片上、下及碑額俱缺，祇餘中段，右下角有斷裂痕迹。碑二十八行，右側殘缺處行僅二十四字，左側最完整處行三十二字。右起第一行自"□□□祐所□識曠劫誰比次有"始，最後一行至"開元十五年十月廿日建"止，無首行"大唐嵩山會善寺故大德道安禪師"及倒數第二行"建塔僧破竃"諸字。鈐"北京圖書館藏"印。由於拓片上、下俱缺且殘漶嚴重，無法準確判斷碑文字數，推測約在820字，其中可以識別者500餘字。顯然屬於年代較晚之"斷後本"。

（二）拍賣本

　　第二本爲廣東精誠所至藝術品拍賣有限公司2018年春季所拍之李鐵橋藏明拓本，簡稱"拍賣本"。此本封面簽題"唐道安禪師碑明拓本"。內頁簽題"唐道安禪師碑，石耕齋藏""道光壬寅嘉平，得真明搨本"，幷有盧子樞、李鐵橋、李宗顥跋，鈐"石耕齋""養春書屋""李東琪印""李鐵橋"等白文印及"李生""龍門"等朱文印。其中盧子樞跋云：

　　　　此明拓本唐道安禪師碑，乃黃小松司馬得之以贈其友好李鐵橋者。鐵橋愛之甚，手自裁帖珍藏。後歸南海李宗顥煮石家。丙子初春，余復得之李氏，以其爲嘉慶間原裝，遂命工依樣重裱，以存舊觀云。丙子三月裱畢幷識。盧子樞。

---

① （清）葉昌熾：《緣督廬日記抄》卷八，民國上海蟬隱廬石印本，第373頁。

可知此本最早爲乾嘉時期著名金石藏家黃易所有，之後贈給其摯友李鐵橋，後又經李宗顥、盧子樞、梁叔度等人遞藏。李鐵橋跋云：

> 是碑上、下供缺，僅存中段，末行紀年"開元十五年"之"開"字亦缺矣。今年秋，黃司馬易親至嵩洛督工拓碑，而搜訪前人所未見者二百餘種，獨不及此。至十月望後偶得此本見惠，惜拓手不精，墨過濃厚。然紙墨古香可愛的是前明舊搨無疑。手自裁帖，樂不可言，工竣援筆記之。時嘉慶改元冬十月廿有六日。

由此可知此"拍賣本"亦屬於"斷後本"，且李鐵橋據拓本紙墨質地判斷此本爲"前明舊搨無疑"。今拍賣公司僅公布拍賣本部分影像，故祇能稍做比對：國圖本首行"法諱道安"後缺；拍賣本"法諱道安"下有"俗姓"二字。國圖本末行"開元十五年"之"開"字雖模糊但尚可辨認，而拍賣本則全然漫漶矣。惜拍賣本清嘉慶年間經李鐵橋"手自裁帖"，已改爲册頁裝，今已不知其原本面貌如何。

（三）群玉齋本

第三本爲李啓嚴群玉齋藏本，簡稱群玉齋本。卷尾有三則題跋，第一則爲道光二十七年（1847）碑帖收藏大家崇恩跋：

> 此搨雖已模糊，然可讀者尚有一千六百餘字，撿王氏《金石萃編》所録僅五百九十字，此多字千餘，其早於王氏所見之本，蓋不止一二百年矣。《嵩陽石刻記》謂碑於萬曆時雷轟爲兩截，下截爲土所瘞逾二尺許，掘地出之，模糊不可讀。然則此猶萬曆以前搨，可寶也。
> 道光廿七年三月廿六日語鈴道人玉牒崇恩書

按：崇恩爲滿清皇室，覺羅氏，字仰之，號禹舲、語舲、雨舲，別號香南居士、敬翁、語鈴道人。官仕道光、咸豐、同治三朝，先後任山東巡撫、內閣學士等。崇恩收藏歷代書畫、古籍碑帖極富，是清代中晚期著名的書法家、收藏家、鑒賞家、金石學家。
第二、三則爲近代收藏家、金石學家莊炎跋：

> 唐人書用王法者多，用鐘法者少。宋儋此碑仿太傅而稍趨側戾，故封勁無匹，萬曆時已斷爲兩截，以後搨本僅得其半。近模糊愈甚，更無人摹拓，宜世不多見也。此本尚存一千五百餘字，字內藏本恐無有多於此者矣。半生寥落，百不如人，乃於墨緣得天

獨厚，殊堪自慰矣。

　　宣統改元之元旦石琴主人莊炎志

　　道光廿七年此本藏崇語鈴中丞家，後爲丁姓書賈購得，售於巴陵方氏。去歲歸余，一刹那間已三易主，物之去留無定有如是耶！

　　炳漢又志

　　按：莊炎，字炳漢，辛亥革命期間曾任南匯縣長，其繼室夫人吳怡亦通詩文。今此本扉頁上題"明搨唐道安禪師碑　宣統元年中秋吳怡題"，鈐"吳怡""南匯縣民政長印"印，可知是莊炎、吳怡伉儷於宣統元年（1909）賞玩時所寫。此外，內頁還鈐有"石琴齋""莊炎在兩粵所得""莊炳漢己酉收藏口口""內江王錫文賞鑒金石印"等印。

　　按莊炎跋文和諸藏印可知，此本在道光年間爲晚清碑帖收藏大家崇恩所藏，之後幾易其手，經丁姓書賈、巴陵方氏後，於 20 世紀初爲莊炎收得。此外，此本護封還有民國時期天津金城銀行總經理王毅靈題簽"明拓道安禪師碑　毅靈藏"，可知從莊氏散出後又歸王毅靈，最後爲李啓嚴群玉齋收藏。香港書譜社已在《書譜叢帖》第一輯中影印出版。

　　群玉齋本自"大唐嵩山會善寺故大德道安禪師碑并序"始，首行"廣平宋儋撰兼書"七字亦清晰可辨，尾行至"開元十五年十月廿日建"止，碑文可讀字迹多達 1682 字，顯然是極爲珍貴稀見之"斷前本"。據張彥生《善本碑帖錄》[1]稱，此碑最舊本可見首行"大唐嵩山會善寺故大德道安禪師碑"及次行"廣平宋儋撰兼書"等字。群玉齋本上述各字清晰可讀，可知確屬舊本。

　　此種完整的"斷前本"目前尚有多少本存世，一時難以定論。据馬成名《海外所見善本碑帖錄》[2]記載："李氏收藏1994年散出，此明拓未斷本《道安禪師碑》竟無人問津；1995年再次釋出，亦遭相同命運。想當初（20世紀）60年代時，北京張彥生來上海，在一藏家處收得一册《道安禪師碑》未斷本，則爲此行一大收穫。如今竟落至無人問津，此一時彼一時，此一地彼一地也。"

（四）中村不折本

　　除國圖本、拍賣本及群玉齋本之外，今檢香港書譜出版社"出版説明"[3]及相關論

---

[1]　張彥生：《善本碑帖錄》，中華書局 1984 年版，第 125 頁。

[2]　馬成名：《寰宇讀碑書系·海外所見善本碑帖錄》，上海書畫出版社 2014 年版，第 88—90 頁。

[3]　《明拓唐道安禪師碑》，《書譜叢帖》第一輯，香港書譜社，未標注出版年份。

文①，知日本著名鑒藏家中村不折亦藏有一《道安碑》拓本，屬於僅存下半截之"斷後本"，現藏日本台東區立書道博物館。然檢日本珂羅版私印本《道安碑》拓本②，内頁簽題雖是中村不折本③，然觀其所影印内容却絶非道安碑，殊爲奇怪；而書道博物館亦没有官方公布之影像資料，今難以斷定其藏本面貌。

綜上所述，目前已查知《道安碑》拓本計有四本，其中祇有群玉齋本爲明萬曆三十八年以前所拓之"斷前本"。餘者國圖本、拍賣本和中村不折本均爲"斷後本"。此外，據張彦生先生《善本碑帖録》④記載：

> 見最久全碑拓本，爲富華閣售朱翼庵本，後經隸古齋裝裱時已歸日本人。首大唐嵩山會善寺故大德道安禪師等字完好，并廣平宋儋撰兼書等字可見，看紙墨稍淡似元末明初拓本。傳於明萬曆間碑被雷擊爲兩段，今存下半。見清初拓原剪裝裱，首二行俗姓李氏荆，李氏荆三字完好，乾隆拓本氏荆二字存半。嘉慶初拓，二行大禪師乎禪師法諱道安俗姓李等字，三行開皇下涙夫大三字，四行松下貞字，五行於下斬下二字，十五行門下第字，十六行也下摻字，十七行諸下耆宿二字，十八行仰下風如我隨四字，十九行者下既而二字，廿行余下起幽二字，廿一行之下采字等字完好可見。

可知斷後本至少有清初拓本、乾隆拓本、嘉慶初拓本之分。而嘉慶初拓本中"俗姓李"等字國圖本均已殘缺，顯然國圖本拓印時間晚於清嘉慶初年。中村不折本因未見影印資料，故不敢妄下斷論。而張彦生所説已歸日本人之元末明初"最久全碑拓本"則更無從可考矣。

今以《金石萃編》《全唐文》《唐文續拾》録文首尾起始及缺字情况，約略可以推定各文獻所采拓本版本：

文獻	釋讀字數	内容及缺字情况	所據拓本版本	歷史上見諸記載的拓本
《金石萃編》	599	首尾俱缺，僅存中段。右起第一行自"（上缺）□□□□□□□曠劫誰比次有□"始，至"（缺）元十五年十月廿日建"止，首行"大唐嵩山會善寺故大德道安禪師"、倒數第二行"建塔僧破寬"諸字及"開元十五年"之"開"字均缺。	斷後本	國圖本、拍賣本、中村不折本

---

① 毛鑫洋：《唐代宋儋書法新證》，《書法》2018 年第 8 期，第 33 頁。

② 日本私印珂羅版《唐道安禪師碑》（中村不折藏本）。http://www.kongfz.cn/16906182/。

③ 題簽：唐道安禪師碑中村不折氏：唐開元十五年に刻し筆者は淳化法帖中にて異彩を放てる宋贍其人なり嵩山会善寺に在り清初両断し現今は漫患甚なし其未だ断せず文字清淅明代の佳本たることを證すべし。

④ 張彦生著，中國社會科學院考古研究所編輯：考古學專刊乙種第十九號《善本碑帖録》，中華書局 1984 年版，第 125 頁。

續表

文獻	釋讀字數	內容及缺字情況	所據拓本版本	歷史上見諸記載的拓本
《全唐文》	772	首尾俱缺，僅存中段。右起第一行自"□□□祐所□識曠劫誰比次有"始，至"開元十五年十月廿日建"止，首行"大唐嵩山會善寺故大德道禪師"及倒數第二行"建塔僧破竈"諸字均缺。"開元十五年"之"開"字完整。		
《唐文續拾》	1643	首尾完整。右起第一行自"大唐嵩山會善寺故大德道禪師"始，至"開元十五年十月廿日建"止，"廣平宋儋撰兼書"及"建塔僧破竈"諸字均清晰可辨，"開元十五年"之"開"字完整。	斷前本	群玉齋本、葉紉之本、陳松珊本、朱翼庵本

四、結論

《道安碑》是研究禪宗史的重要史料，由於此碑斷裂前的完整拓本存世極少，斷裂後拓本雖多，但均是上下俱缺、殘泐難識之本，故而長久以來碑文內容一直難以通讀利用。對《道安碑》碑文全文著錄的三種傳世文獻均依據拓本而來，其中《金石萃編》《全唐文》均以"斷後本"爲底本，祇有《唐文續拾》以完整的"斷前本"爲底本，因此具有較高的文獻價值，但經過校勘後發現仍有較多訛誤。20世紀以來研究道安禪師的論著中，絕大多數僅依據以上三種傳世文獻，而沒有核驗原碑拓本、梳理拓本版本，因而難免對文獻中字數多寡、魯魚亥豕之處產生誤解。如"上因數徵請之，以師受禪要"一句，《唐文續拾》作"以"，《全唐文》作"八"，故而胡適先生推測朝廷曾先後邀請八位禪師進京說法，實際上由拓本可知當作"以師受禪要"，諸如此類勘誤希望對利用此碑刻的學者有所參考。

再者，程章燦先生認爲，石刻文獻有三種存在形態，即石刻、拓本和典籍[①]。若以石刻文本的視角來看，《道安碑》具有一定的典型性和特殊性，其典型性在於《道安碑》原碑、拓本和典籍三種形態具存，以原碑爲核心，衍生出了不同版本的拓本及金石目錄、游記、詩詞、題跋等各種載於典籍的次生文本；其特殊性在於《道安碑》原碑斷裂，導致其石刻形態的文本發生不可逆轉的變化，而拓本及典籍這兩種存在形態（除存世極少的斷前本拓本外），幾乎都無法完全還原石刻文本的最初樣貌，換言之，對《道安碑》碑文的復原，是一個從次生文本向原生文本逆推的過程。

以原碑爲閱讀對象，催生了一系列基於現場訪碑而創作的文本，如袁宏道、潘耒、黃易、習書錦等人的游記，畢沅的詩詞，傅梅的志書；以拓本爲閱讀對象，則催生了錢大昕、趙紹祖等人所撰的碑帖藏目和崇恩、莊炎、李鐵橋等人所寫的題跋，以及《金石

---

① 程章燦：《石刻的現場閱讀及其三種樣態》，《文獻》2021年第4期。

萃編》《全唐文》《唐文續拾》對拓本的識讀和迻錄。這些次生文本的創作過程，糅入了後人尋訪、摹拓、吟咏、抄錄、校對、鑒賞、編輯、出版等諸多行爲，極大地拓展了《道安碑》石刻文本的閱讀外延。

從文本復原的視角來看，《金石萃編》《全唐文》《唐文續拾》的成書年代與《道安碑》碑文的完整性呈現反相關，表明隨時間的推移，其典籍形態的文本反而愈發貼近石刻文本的原貌，其中起關鍵作用的環節即是對完整拓本的搜集和迻錄。《金石萃編》《全唐文》《唐文續拾》中《道安碑》文本的演變，即是歷代拓碑者、金石學家、文獻學家和收藏家不斷蓄力積累的結果。

附録：《道安碑》校勘

據上述文獻及拓本版本梳理情況，現以傳世文獻中碑文最完整的清光緒刻本《唐文續拾》爲底本，以拓印年代最早的群玉齋本爲甲本，以清嘉慶十年刻同治錢寶傳等補修本《金石萃編》爲乙本，以清嘉慶內府刻本《全唐文》爲丙本，以國圖本爲丁本，對《道安碑》碑文進行校勘，異體字、避諱字不另出注。因乙本、丙本、丁本缺字較多，凡缺處不特標出。

大唐嵩山會善寺故大德道安禪師碑并序

廣平宋儋撰兼書[一]

嘗語如性，因觀我心，即照皆空，真空無我；即談其妙，是妙恒如。嘻！月鑑澄流以□□氏[二]□溫凉，慈氏有以證用通微，澡身揚戒。乘定濟混騰之患，炬慧[三]拔焚迷之苦。扶持所壽根[四]，啟祐所法識，曠劫誰比，次有（空三字）大禪師乎[五]？

[一]廣平宋儋撰兼書：底本、乙本、丙本、丁本均缺，據甲本補。

[二]氏：底本、乙本、丙本、丁本均缺，據甲本補。

[三]炬慧：底本作"慧炬"，甲本作"炬慧"。據甲本改。

[四]扶持所壽根：底本作"扶持所□□□壽根"，甲本作"扶持所壽根"。底本誤，據甲本改。

[五]次有大禪師乎：底本作"次有□大禪師乎"，甲本、丁本"次有"後空三字，作"次有　　大禪師乎"。底本誤，據甲本改。

禪師法諱道安，俗姓李氏，荆人也。玄悟慧達，神應道心。秀氣古韵，紺髮青目。奇其儀表，質於言談。自弱年師問，獨出塵惑[六]，躬被艱難，行洞精苦。越生於開皇，洎夫大業，（空六字）[七]禪師已德聞於周鄭矣！時飛鳥氣沴，伏鱉星祅，草昧中原，戈投散地。我唐龍戰在野，烝人狼顧無家，而塵垢惟深，不霾珠曜；冰霜惟慘，不奪松貞。禪師或建功華陽，或授手邊難，俾勞作逸。爾惟武德九年也，位定乾坤，氣惠河海。佛乘揚文以曳緒，禪池洌净以通原。是日（空三字）[八]大師弘忍傳禪要于蘄下[九]，禪師趨風而慕之。頂頌初聞，事騫太行，竦身以精意，投步而希迹。悲喜罄于資塵，微密玄而會同。雙目片言，洞融發念。坦則佛池，净其法身。圓月湛於清空，傳燈口於冥室。毗耶談極其不二，耆山直示其[十]無三。何以加之？

[六]惑：底本作"感"，甲本、丙本作"惑"，乙本、丁本缺。據甲本改。

[七]丁本"洎夫大業"後空六字。

[八]丁本"是日"後空三字。

[九]下：底本、甲本、丙本作"下"，乙本作"卞"，丁本缺。乙本誤。

[十]其：底本作"以"，甲本作"其"。底本誤，據甲本改。

稽此禪門要宗，始乎天竺達摩。納眾流以成[十一]海，揔羣[十二]沙[十三]以共[十四]身。一香普聞，千光分照。同玄而通導，各受而齊適。爰至[十五]弘忍大師，傳付者[十六]五人矣。比歲禪師與大通俱學於大師，大師每嘆曰[十七]："予常[十八]有願，當令一切俱如妙[十九]門，獲所安樂。學人多矣，唯秀與安，惜其才難也！將吾傳之不至歟！今法要當付，付此兩子，吾無憂哉！"

[十一]成：底本、甲本、丙本、丁本均作"成"，乙本作"戉"。乙本誤。

[十二]羣：底本、甲本、丁本作"羣"，乙本作"君"，丙本缺。乙本誤。

[十三]沙：底本、甲本、丁本作"砂"，乙本缺，丙本作"沙"。丙本誤。

[十四]共：底本、丙本作"立"，甲本、丁本作"共"，乙本缺。底本、丙本誤，據甲本、丁本改。

[十五]爰至：底本作"及至"，甲本作"爰至"。底本誤，據甲本改。

[十六]者：底本脫，甲本似"者"。據甲本補。

[十七]曰：底本、甲本、丙本、丁本均作"曰"，乙本作"日"。乙本誤。

[十八]常：底本、甲本、乙本、丁本作"常"，丙本作"嘗"。丙本誤。

[十九]妙：底本、甲本、乙本、丁本作"妙"，丙本作"沙"。丙本誤。

上因數徵請之，以[二十]師受禪要。（空兩字）[二十一]禪師順退避位，推美於玉泉（空兩字）[二十二] 大通也。從此就皋藪，翳林榛，高讓名聞，堅進師禮。謂人曰："山間樹下，難可厭捨。豐石足以枕倚，香泉足以澡漱。與道而游，不樂何求？"竟居嵩山會善寺焉。夫日登渾天，苦遥夜者利見；火熙寒室，倦凄滄者慶來。舉地歸依[二十三]，傾都師仰。若然者，隨至隨罯，擊之逐之。勿[二十四] 忝尔懷，誓塗我口。拂衣而起，却游以辭。益指於荆州玉泉，已[二十五] 而返覆[二十六] 年序矣！山下有涕淚求法，隕滅不迴，解體而獻心，決目而貢誠者[二十七]。至誠[二十八] 神達，上駭天聖。若夫高密[二十九] 詣耶，則無務薄言；神梵儀耶，則無聞[三十] 往教。（空三字）[三十一] 哲后躬親禪窟，咨□道門。睿族保之而盡師大通[三十二]，友之而來賀[三十三]。中旨殷勤而一晝三接，朝恩稠□而以月繫年。非道妙動於時，能仁感於俗，安至如是乎？遂不得已[三十四] 而心副於世。

[二十] 以：底本、甲本、丁本作"以"，乙本缺，丙本作"八"。丙本誤。

[二十一] 丁本"以師受禪要"後空兩字。

[二十二] 丁本"推美於玉泉"後空兩字。

[二十三] 歸依：底本作"依歸"，甲本作"歸依"。底本誤，據甲本改。

[二十四] 勿：底本、乙本、丙本、丁本缺，甲本似作"勿"。

[二十五] 已：底本、甲本、丁本作"已"，乙本、丙本作"巳"。乙本、丙本誤。

[二十六] 返覆：底本作"反覆"，甲本、乙本、丙本、丁本均作"返覆"。據甲本、乙本、丙本、丁本改。

[二十七] 者：底本脱，據甲本補"者"字。

[二十八] 誠：底本作"諴"，甲本作"誠"，乙本、丙本、丁本缺。據甲本改。

[二十九] 密：底本、甲本、丙本、丁本作"密"，乙本作"客"。乙本誤。

[三十] 聞：底本、甲本、乙本、丁本均作"聞"，丙本作"閒"。丙本誤。

[三十一] 丁本"無聞往教"後空三字。

[三十二] 大通：底本作"大道"，甲本作"大通"，神秀禪師圓寂後，唐中宗賜諡號大通禪師。據甲本改。

[三十三] 來賀：底本作"來仰賀"，甲本作"來賀"。底本誤，衍一"仰"字，據甲本改。

[三十四] 已：底本、甲本、丁本作"已"，乙本、丙本作"巳"。乙本、丙本誤。

禪師崇要秘關[三十五]，指日廣乘，反經而合權，恢理而約喻。或贊其潰靡，發慮由□；或指以淺微，遣[三十六] 義維遠。悟之者意豁而無住，昧之者思絶而失常。或詆或揚，而玄味加妙[三十七]；慈誘無捨，而禪悦溢[三十八] 聲。羣籟齊韵而各盡其音，三獸渡河而不渝其底[三十九]。虛空廣[四十] 大[四十一]，得之同體；日月融朗，得以同暉。始自山門，遍于天下也。烏感韶樂者，美克紹之事；深談良玉者，表^[四十二]貞明之心。夫故聽其聲而不辱其事，觀其事而不累其心，於禪師有之^[四十三]。

［三十五］關：底本缺，甲本似作"關"。

［三十六］遺：底本作"道"，甲本、乙本、丙本、丁本均作"遺"。底本誤，據甲本、乙本、丙本、丁本改。

［三十七］妙：底本作"此"，甲本作"妙"。據甲本改。

［三十八］溢：底本作"隘"，甲本作"溢"。底本誤，據甲本改。

［三十九］底：底本作"心"，甲本作"底"。底本誤，據甲本改。"三獸渡河"出自《優婆塞戒經·三種菩提品》："善男子，如恒河三獸俱渡：兔、馬、香象。兔不至底，浮水而過；馬或至底，或不至底；象則盡底。"

［四十］廣：底本、甲本、丁本作"廣"，乙本缺，丙本作"渾"。丙本誤。

［四十一］大：底本、甲本、丙本、丁本作"大"，乙本作"入"。乙本誤。

［四十二］表：底本作"美"，甲本作"表"。據甲本改。

［四十三］於禪師有之：底本作"於□禪師有之"，甲本、丙本作"於禪師有之"。據甲本、丙本改。

惟景龍二年二月三日中夜，（空三字）^[四十四]禪師忽而命^[四十五]門弟子等謂之曰^[四十六]："驚波洋洋，即生而亡；人代湯湯，共斯爲常。湣^[四十七]依報建緣^[四十八]，報謝緣滅。二百之後，當以驛以山，無庵無廟。深以林莽，因之野火，尋焚而滅。惟吾之初願也。捹必化之器，運不停而寄，欲議恒久，終古無有。凡百爾衆，勿違我言。"越五日將晝^[四十九]，□□萬迴大師自^[五十]京^[五十一]馳寄披納，宣意相喻^[五十二]。至八日，遂^[五十三]闔户去人，臥脇累^[五十四]足而滅。詢諸耆宿，蓋云禪師生於大隨開皇四年，滅於有唐景龍二年，春秋將^[五十五]百有廿餘歲矣。若急其（空三字）聖道^[五十六]，遺其歲時，故莫得實其報齡也。嗚呼！是^[五十七]生如電，隨風將盡，即風如我，隨電皆空。三界共然，前後相苞；五運恒矣，徃復何窮？惟聖靈常存，隨感宣應。從游者不能盡造，希聲者不能畢聞。門人之間，故有百身請代、啜血窮戀而不得者。既而絕息擗地，推膺呼天。雲雾^[五十八]爲之窅冥^[五十九]，川嶽爲之震動。蟻有號吼，鳥亦悲鳴。（空三字）^[六十]主君輟朝，可其付托；侯王哀赴，侑以禮儀。道遠惟光，敬久彌福。嵩巖焚餘，起幽靈之塔；滑城化漸，置招提之寺。日^[六十一]復罄金資福，廣濟度人。靈泉涌溜於道場，瑞氣結文於林頂^[六十二]。異虹奇鳥，首末連見，同^[六十三]感盛賢之去也。

［四十四］丁本"中夜"後空三字。

［四十五］命：底本、甲本、丁本作"命"，乙本作"合"，丙本作"令"。乙本、

丙本誤。

　　［四十六］謂之曰：底本作"謂曰"，甲本似"謂之曰"，乙本、丙本、丁本缺。底本脱一"之"字。據甲本補。

　　［四十七］湣：底本作"無"，甲本似"湣"。

　　［四十八］依報建緣：底本作"依緣報建緣"，甲本作"依報建緣"。底本誤，衍一"緣"字，據甲本改。

　　［四十九］晝：底本作"盡"，甲本似"晝"。

　　［五十］自：底本、甲本、丙本、丁本作"自"，乙本作"日"。乙本誤。

　　［五十一］京：底本、甲本、丁本作"京"，乙本、丙本作"書"。乙本、丙本誤。

　　［五十二］喻：底本、甲本、丁本作"喻"，乙本、丙本作"渝"。乙本、丙本誤。

　　［五十三］遂：底本作"乃"，甲本、乙本、丙本、丁本均作"遂"。據甲本、乙本、丙本、丁本改。

　　［五十四］累：底本、甲本、丁本作"累"，乙本缺，丙本作"黑"。丙本誤。

　　［五十五］將：底本作"得"，甲本作"將"。底本誤，據甲本改。

　　［五十六］若急其聖道：底本作"□□隱其靈通聖道"，甲本作"若急其聖道"，乙本作"缺聖□"，丙本作"闕其聖道"，丁本作"急其"後空三字，作"急其　聖道"。底本誤，衍"靈通"二字，當作"若急其聖道"。

　　［五十七］是：底本作"人"，甲本、乙本、丙本、丁本均作"是"。底本誤，據甲本、乙本、丙本、丁本改。

　　［五十八］雲雾：底本作"覆載"，甲本作"雲雾"。底本誤，據甲本改。

　　［五十九］窅冥：底本作"杳冥"，甲本作"窅冥"。底本誤，據甲本改。

　　［六十］丁本"鳥亦悲鳴"後空三字。

　　［六十一］日：底本作"且"，甲本作"日"。底本誤，據甲本改。

　　［六十二］瑞氣結文於林頂：底本、甲本、丁本作"瑞氣結文於林頂"，乙本作"缺結□□林□"，丙本作"瑞氣結於林頂"。

　　［六十三］同：底本、甲本、丁本作"同"，乙本缺，丙本作"因"。丙本誤。

　　以予度（空三字）[六十四]禪師之至，采禪師之事。性□法力，身發法光，美以里仁，安不擇地，迹□塞而轉[六十五]泰，智由下而轉高，斯固道以生之[六十六]，德惟天縱者也。以爲教必稱師，是有雙峰之學；貞不累[六十七]俗，自多[六十八]獨鑑之美。形骸外物，聚散均於客[六十九]塵；精神內凝，肉骨皆爲舍利。

　　［六十四］丁本"以予度"後空三字。

［六十五］轉：底本缺，甲本似"轉"。據甲本補。

［六十六］之：底本作"知"，甲本、丙本、丁本作"之"，乙本缺。底本誤，據甲本、丙本、丁本改。

［六十七］累：底本、甲本、丁本作"累"，乙本缺，丙本作"愚"。丙本誤。

［六十八］多：底本、丙本作"有"，甲本作"多"，乙本、丁本缺。據甲本改。

［六十九］客：底本作"容"，甲本作"客"。底本誤，據甲本改。

至人心洞於存没，勝被於師資，一爲聖胎，一爲僧寶。是以弟子慧遠者，襲明承慶，演末裕源，東傳之法而載極乎天，北流之妙而不墜於地。今也其没，蒼然何歸？同學等行出高標，業精深寄[七十]，永慕師道，長懷友風。緣幽石以形言，向遺履以投體。式[七十一]資墨客，而揚德馨。辭曰：

水實精鑑，激風而擾；心實恬澄[七十二]，觸境而撓。

迴渾[七十三]者理，定以之清；沄沄者心，慧以之明。

定復伊何，清照萬有；慧復伊何，明徹重垢。

是訓是學，惟德惟師；狂象調伏，情馬從[七十四]羈。

我自貞净，勇超禪定；遍朗髻珠[七十五]，大圓心鏡。

不襲俗諦，湛[七十六]王真如；萬法都胐，五蘊何儲。

堂堂如月，光流不極；撫照餘暉，耴捨[七十七]無得。

衆所瞻仰，香□光露[七十八]；曉樂相望[七十九]，清明識度。

逮時而没，即心奚退；憂花疢懷，摇揚如□。

師徒齊致，離會同然；永痛斯日，載奉何年。

解吾人之慍，妙覺常存；化吾人之道，净戒弥尊。

勿信世相，相[八十]等浮雲。

建塔僧破竈栞。開元十五年十月廿日[八十一]建。

［七十］寄：底本作"寂"，甲本、丙本、丁本作"寄"，乙本作"深"。底本、乙本誤，據甲本、丙本、丁本改。

［七十一］式：底本、甲本、丙本、丁本均作"式"，乙本作"或"。

［七十二］恬澄：底本作"澄恬"，甲本作"恬澄"。底本誤，據甲本改。

［七十三］迴渾：底本作"渾迴"，甲本作"迴渾"。底本誤，據甲本改。

［七十四］從：底本作"依"，甲本作"從"。底本誤，據甲本改。

［七十五］髻珠：底本作"珠髻"，甲本作"髻珠"。底本誤，當作"髻珠"。

［七十六］湛：底本作"慈"，甲本作"湛"。底本誤，當作"湛"。

［七十七］捨：底本、乙本、丙本均作"拾"，甲本、丁本作"捨"。底本、乙本、丙本誤，據甲本、丁本改。

［七十八］香□光露：底本作"香光曉色"，甲本作"香□光露"。底本誤，據甲本改。

［七十九］曉樂相望：底本作"□樂相望"，甲本作"曉樂相望"。底本誤，據甲本改。

［八十］相：底本作"但"，甲本作"相"，據甲本改。

［八十一］廿日：底本作"廿一日"，甲本、乙本、丁本作"廿日"，丙本缺。底本誤，據甲本、乙本、丁本改。

（作者簡介：趙洪雅，國家古籍保護中心辦公室館員。

林世田，國家圖書館古籍館研究館員）

西夏寫本文獻概説

史金波

摘　要： 西夏王朝在存世的幾個世紀里書寫了輝煌歷史，留下了數量可觀的書籍，爲我們透視西夏社會各個方面提供了第一手資料，其中既有刻本，也有寫本。本文分西夏文世俗著作寫本、西夏文佛教著作寫本、西夏文社會文書寫本、西夏漢文文獻寫本四個部分，對西夏時期形成的寫本文獻進行全面梳理，介紹其內容，總結其寫本學特徵，爲學界展示了蔚爲大觀的西夏寫本文獻世界。

關鍵詞： 西夏；寫本；刻本；類別

西夏是 11—13 世紀雄踞我國西北地區的封建王朝，主體民族爲党項族，前期與北宋、遼鼎立，後期與南宋、金抗衡。境內除党項族外，還有大量漢族以及藏族、回鶻等民族。

宋遼夏金時期是中國文化十分發達的時代。西夏借鑒、吸收中原地區先進文明，形成了燦爛輝煌的文化，立國前創製了記錄党項族語言的文字番文，後世稱西夏文。西夏大力推行文字，注重文教，形成了大量西夏文、漢文、藏文、回鶻文文獻，其中有印本，也有寫本。但是，西夏被蒙古滅亡后，文獻典籍遭到嚴重破壞。后經元、明兩朝，党項人逐步融入其他民族之中，其文字成爲死文字，西夏文獻被歷史淹沒。在相當長的時期中竟然連一本西夏書籍也見不到。

1908—1909 年間，大批西夏典籍被發現於黑水城遺址（今屬內蒙古自治區額濟納旗）。後來，在西夏故地又陸續發現了不少西夏書籍。存留於世的西夏典籍是透視西夏歷史文化最重要的窗口。元朝修正史時未修西夏史，西夏資料十分匱乏。因此這些珍貴的文獻有助於重塑西夏的歷史，破解神秘的西夏。

爲解讀早已死亡的西夏文，中外幾代專家不斷努力，才達到了基本可以識讀的程度。這使我們能夠研究西夏典籍，進而爲探索西夏社會歷史文化開闢了新的天地。

出土的西夏典籍不啻數千卷册，此外還有大量寫本社會文書，種類多，內容豐富，全面展示西夏文獻的特點、規模和文化繁榮程度。 研究西夏社會歷史文化，不能不注重西夏的典籍。

西夏的典籍包括印本（又分刻本和活字本）和寫本。 對於西夏的印本文獻，過去論述較多，而對西夏的寫本文獻則關注較少。

西夏能够形成大量的寫本，有以下原因：1. 有的書籍是編撰、翻譯的手稿，尚未正式刊印流行。 這種孤本無論在當時還是現在都十分珍貴。2. 西夏雖有繁榮的刻印書事業，但不可能所有的書都刻印，有的書籍没有刻本，祇以寫本流傳，這種書籍傳本稀少，多爲孤本，具有很高的價值。3. 當時刻印的書籍也不是人人都能够得到，有人需要世俗或佛教的書仍然需要抄寫。 西夏寫本中不少是爲了自己學習或誦讀使用的。4. 一些人虔誠信奉佛教，親自抄寫或發願請人抄寫經書，也刺激了西夏佛經寫本的增多。

西夏寫本中，有西夏文世俗、佛教、社會文書，也有漢文文獻。 下面我們就逐一梳理西夏寫本。

一、西夏文世俗著作寫本

西夏文世俗著作包括西夏自己編纂的世俗著作和用西夏文翻譯中原地區典籍的世俗著作。

（一）西夏編纂西夏文世俗著作的寫本

西夏編纂的西夏文世俗著作的寫本中，有音韻類，歷史、法律類，蒙書類，文學類等。

1. 音韻類

西夏爲發展民族文化，推行西夏文字，規範和擴大西夏文字的使用，便效法中原王朝和其他民族，編印多種類型的韻書和字書。

西夏文韻書《文海寶韻》，具有漢文《切韻》和《説文解字》的共同特點。 此書包括平聲、上聲和入聲、雜類幾部分，囊括了所有的西夏字。 平聲、上聲和入聲前列平聲、上聲韻類代表字。 書中對每一西夏字的字形、字義和字音作了注釋[1]。 這種編纂形式在中原地區韻書中尚無先例，具有很高的學術價值，它反映了西夏學者對本民族語言認識和研究的深度和研究水準。

此書除有殘缺的刻本外，尚有寫本，俄藏黑水城文獻Инв.No.8364、4154 號[2]，原書

---

① 史金波、白濱、黄振華：《文海研究》，文物出版社 1983 年版。 俄羅斯科學院東方研究所聖彼德堡分所、中國社會科學院民族研究所、上海古籍出版社編：《俄藏黑水城文獻》第 7 册，第 122—176 頁。

② Инв.No. 爲俄羅斯藏黑水城文獻編號，文中多处引用，故不一一説明。

或爲蝴蝶裝，但版心有綫捻穿孔。 頁面上下單欄，左右雙欄，行間有隔綫。 前有殘序，正文分平聲、上聲和入聲、雜類三部分，幾乎包括了所有的西夏字。 平聲、上聲和入聲前列平聲、上聲韻類代表字，平聲 97 韻，上聲 86 韻。 雜類首先分平聲、上聲兩部分，每部分再依聲母九類編次。

　　寫本《文海寶韻》相比於刻本有以下特點：（1）保存有書名的全稱"大白高國文海寶韻"，又可稱爲《文海寶韻》。"大白高國"是西夏國名。 書名前冠以國名，是西夏王朝敕頒重要著作的標志。（2）前有序，其中有"朕"的字樣，知爲御製序，可見西夏皇帝對此書的重視。（3）保存有編纂者的信息。 記載羅瑞智忠是編纂此書的主要人員，羅瑞是番族姓。 書後的題款顯示參與編纂人員有 8 位，均具有中書或樞密等職位，此外還有功德司正頭銜的僧人。（4）保留着此書的整體系統，保留有刻本所缺約占全書半數的上聲部分。 這對刻本《文海寶韻》是重大補充，由此可知西夏文的所有上聲字以及它們各屬於哪一個韻類。 這對西夏語的研究，特別是對西夏語音的分析和構擬十分重要。[①]但寫本《文海寶韻》是刻本的略抄本，對西夏字的解釋往往很簡略，不如刻本詳盡。

圖 1　西夏文寫本《文海寶韻》

　　還有一種寫本音韻書籍的殘卷，編號 Инв.No.4153、4781、6685、8179、X2，失題名[②]，據內容擬定爲《音同文海寶韻合編》。 書中大字排列順序與西夏文字書《音同》相同，大字下有類似《文海寶韻》的簡明注釋。 這是一種以《音同》爲綱目，將《音同》和《文海寶韻》巧妙地結合在一起的著作，具有很強的實用性[③]。

①　史金波：《〈文海寶韻〉序言、題款譯考》，《寧夏社會科學》2001 年第 4 期。
②　《俄藏黑水城文獻》第 7 册，第 122—176 頁。
③　《俄藏黑水城文獻》第 7 册，第 233—258 頁。

　　《五音切韻》是西夏另一部重要的西夏文韻書，有6種寫本，編號分別爲Инв.
No.620、621、622、623、624、7192①。其中甲種本有完整序。序中亦有"朕"的字樣，
也應是御製序，作於惠宗時期。書中首列西夏語105韻母，再次是"九音顯門"，以西夏
文分9品音列36母，系套用漢語聲紐類別。後爲"九音之韻母系聯法"，即西夏語韻表。
9品音中每品列一韻表，表上爲聲類代表字，左爲韻類代表字，中間爲聲韻結合的音節
字。再後爲西夏語韻圖，每一韻類一圖，圖中縱向表聲，橫向表韻。此書效法中原漢語
等韻圖表，排列獨特，結構創新。

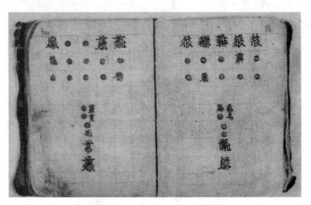

圖2　西夏文寫本《五音切韻》

　　還有一種寫本是集西夏文同義詞的《義同》，編號Инв.No.2539。全書四卷，卷首
殘，缺標題，卷二爲"邊清"，卷三爲"半清濁"，卷四爲"全濁"，以此推斷卷一應爲

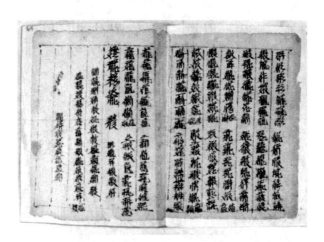

圖3　西夏文寫本《義同》卷末

①　《俄藏黑水城文獻》第7册，第258—398頁。〔日〕西田龍雄：《西夏語韻圖〈五音切韻〉的研究》（上）（中）（下），
　　京都大學文學部研究紀要，1981年3月—1983年3月。

"全清"。每卷7或8品，共32品。每品中集同義字、近義字或相關字爲組，每組7言，間有8言者，共存32頁，每頁多爲7行，有西夏字近6000，無其他注釋[①]。根據對書中各卷文字的分析，四卷文字與傳統音韻學上聲母分全清、邊清、半清濁、全濁無明顯聯繫，這種標題和分卷方法在中國典籍中十分稀見。書末題款有書者、年款、校閲者，後又有抄寫者，前面的"書者"應爲雕版的書寫者，後面的"抄寫者"是抄録刻本者。此書由西夏著名學者御史承旨番學士梁德養閲校，原應有刻本，但至今發現的祇有寫本。書寫者訛清舅茂勢，訛清是党項姓。另有一寫本 Инв.No.2345，僅存12殘頁。

2. 歷史、法律類

西夏重視史書的編纂，文獻記載西夏正式編纂實録是仁孝時期。在黑水城出土的西夏文獻中有西夏史書的寫本殘卷，編號 Инв.No.4225，草書，始記三皇五帝，中夾有多朝代的雜史，最後有西夏太祖繼遷、太宗德明、景宗元昊、毅宗諒祚的簡明生平事迹，是西夏人記録歷史的第一手材料，具有很大的可信度。上述西夏皇帝的生卒年代與漢文史書記載相符。資料雖少，但十分珍稀。[②]

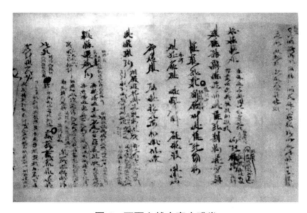

圖4　西夏文雜史寫本殘卷

西夏編纂有王朝法典。在西夏文獻中有比較完整的刻本西夏王朝法典《天盛改舊新定律令》(簡稱《天盛律令》)，是一部系統、完備的王朝法典，成書於12世紀中期，是第一部用少數民族文字頒行的法典[③]。全書共20卷，分150門，1461條。有刻本 Инв.No.787、2558、2570、152、169、167 等50餘號，刻本中有9卷完整，10卷各有不同程度的殘缺，1卷全佚。

①　《俄藏黑水城文獻》第10册，第70—107頁。

②　《俄藏黑水城文獻》第10册，第189—194頁。

③　史金波、聶鴻音、白濱：《天盛改舊新定律令》，《中華傳世法典》之一，法律出版社2000年版。《俄藏黑水城文獻》第8册。

　　《天盛律令》亦有多種寫本，有Инв.No.6286、160、2582、8082等10餘號，爲册頁裝，包括名略（目録）、卷4、卷6—8、卷11—14等卷。[①]

　　此外，還有以《天盛律令》爲基礎的寫本《法則》《亥年新法》等。《法則》有Инв.No.6374、827、2868、2872、8082等，册頁裝，包括卷2—9的内容，内容爲西夏後期對《天盛律令》部分條文的修訂和補充[②]。《亥年新法》或題《新法》，有多種寫本，其中包括Инв.No.5543、749、2565等數十個編號，卷次有第1—4、第6、第7—17等，共有400多頁，多爲册頁裝，其中殘完不等，書寫或用正楷，或用行書，或用草書。其體例與《天盛律令》稍異，正文不立門類，文中多引《天盛律令》條文，并有補訂之處。[③]

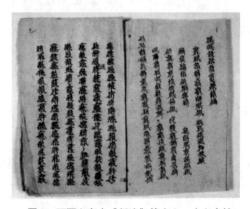

圖5　西夏文寫本《新法》第十六、十七合抄

　　此外還有卷裝式寫本律條殘卷，如Инв.No.5955，存22款，前無題目，后殘。[④]其

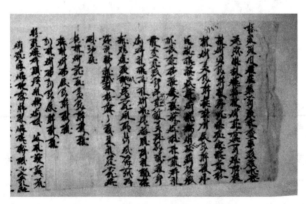

圖6　Инв.No.5955西夏文寫本律條

---

① 《俄藏黑水城文獻》第9册，第1—52頁。
② 《俄藏黑水城文獻》第9册，第53—118頁。
③ 《俄藏黑水城文獻》第9册，第119—324頁。
④ 《俄藏黑水城文獻》第9册，第325—333頁。

中多有與軍事相關的條款，涉及武器的具體材質與價格，特別是黑水城武器的數量反映出當地軍隊的數量，具有特殊的史料價值。Инв.No.4601 是關於軍溜物資馱載等事的條律，爲一長卷，存 15 條，215 行。Инв.No.4759 是關於軍事的律條，也是一長卷，前殘，共 167 行，30 多條。另有 Инв.No.5947，系一書册，手寫草書，有勾改處，共 14 葉 28 面，是關於軍事勝敗的條律，有具體用兵之法，還有圖表。Инв.No.7156 也是書册，前後皆殘，存 9 頁，多記朝廷中書、樞密等官府事。

　　西夏法典、律條的寫本很多，内容豐富，是西夏後期的主要法律典籍，文獻價值很高。

　　3. 蒙書類

　　由於西夏社會教育的需要，除官修的經、史等典籍外，又有多種啓蒙書籍。其中以刻本西夏文—漢文雙解詞語集《番漢合時掌中珠》最爲重要。此外，西夏文寫本蒙書也有多種，并各具特點。

　　西夏文《新集碎金置掌文》簡稱《碎金》，約成書於 12 世紀初期以前。現存《碎金》皆爲寫本，主要爲 Инв.No.741、742V。《碎金》全文 1000 字，每句五言。編者巧妙地將 1000 個不重復的西夏文字編成了長達 200 句、100 聯的五言詩，其編排方法和叙事列名的順序與梁周興嗣撰著的漢文《千字文》相仿。不同的是漢文《千字文》每句四言，西夏《碎金》則每句五言。書中正文始於自然現象、時節變化等，後爲人事，包括帝族官爵、番姓和漢姓、婚姻家庭、財務百工、禽獸家畜、社會雜項等。[①]《碎金》反映了西夏的社會、民族、習俗、文化狀況。如在第 14 聯皇姓鬼名之後，羅列西夏王朝職官、職司，對研究西夏職官制度頗具參考價值。在第 39 聯後有 12 聯 120 個漢姓，不僅有姓氏本身的意義，還有隱含的雙關意義，匠心獨運，頗費琢磨，形成本書一大特點。

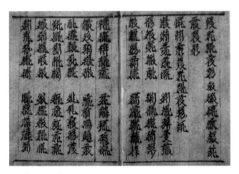

圖 7　西夏文寫本《新集碎金置掌文》卷首

---

① 《俄藏黑水城文獻》第 10 册，第 108—119 頁。聶鴻音、史金波：《西夏文本〈碎金〉研究》，《寧夏大學學報》1995 年第 2 期。

　　關於《碎金》的編纂目的和方法其序言中已經闡明，其目的是明文采，解律令，懂禮俗，教成功，聰明者一月可以學會。實際上是一本速成識讀西夏文蒙書。由於《碎金》簡短易學，貼近生活，富於文采，留存寫本較多，流傳甚廣。《碎金》全書正楷書寫，嚴正工整，一絲不苟，很有功力。卷末載明寫者名耶酉般若茂，耶酉爲番姓，書寫者當是党項族人，他應是一位西夏文書法家。

　　西夏文《三才雜字》，簡稱《雜字》，有多種版本，包括了西夏語常用詞語，以天、地、人分爲三品，每品分爲若干部，每部包括若干詞。其各部目録爲："上天第一"，包括天、日、月、星宿、閃、雷、雲、雪、雹、霜、露、風、天河；"下地第二"，包括地、山、河海、寶、絹、男服、女服、樹、菜、草、穀、馬、駱駝、牛、羊、飛禽、野獸、爬蟲、昆蟲；"中人第三"包括本族姓、人名、漢族姓、節親與餘雜義合、身體、舍屋、飲食器皿、□日略類、諸司與餘用字合、軍雜物。《雜字》甲種本 Инв.No.2535V 和丙種本 Инв.No.4428 爲寫本，乙種本 Инв.No.210、6430 和丁種本 Инв.No.4151、80816 是刻本。各本皆爲殘本，其中甲種本寫本有序言，表明此書是爲（村邑鄉人）學習使用。可見其適應了社會的需要，是流行較廣的一部書。[①] 書中每行都以二字爲一小節，除二字詞語外，一字的漢姓使之兩兩相連，四字的詞語要從中間斷開。

圖 8　西夏文寫本《三才雜字》

　　以上西夏文《碎金》《雜字》等除在黑水城出土外，在敦煌等地也有出土。在重視民族文字文化的西夏，初識文字、啓蒙教育的蒙書在民間受到青睞。

　　4. 文學類

　　西夏重視民族文化，將流行於社會的諺語編輯整理成書。《新集錦合辭》是西夏文

① 《俄藏黑水城文獻》第 10 冊，第 39—68 頁。聶鴻音、史金波：《西夏文〈三才雜字〉考》，《中央民族大學學報》1995年第 6 期。史金波：《敦煌莫高窟北區出土西夏文文獻初探》，《敦煌研究》2000 年第 3 期。

諺語集，仁宗乾祐七年（1176）學者梁德養初編。作者去世後於十八年（1187）增補成書。書中有 364 條諺語，每條諺語由兩句前後對仗工整的文字組成，内容互相照應關聯，以文學的手法反映出西夏人，特別是党項民族的生活習俗和倫理道德，表現出西夏人的聰明睿智和生活理念，包含了西夏社會的經濟、政治、軍事、文化多方面的内容，富有人民性和哲理性。[①]《新集錦合辭》刻本較爲完整。寫本則有兩種，1 種 Инв. No. 6740，5 個殘頁，存諺語 53 條；1 種 1 個殘頁。[②] 英藏《新集錦合辭》有一寫本長卷，編號 Or. 12380-1841，計 120 餘行，前殘，行書，書法自然流暢。[③] 除俄藏刻本外，此長卷是保存諺語條目最多的版本，可據此補原刻本缺字。特別是刻本序言有殘損，英藏本序補足后，庶幾完整。[④]

圖 9　英藏西夏文寫本《新集錦合辭》

　　西夏文詩歌集 Инв.No. 121，包括《賦詩》《大詩》《月月樂詩》《道理詩》《聰穎詩》等，爲乾祐十六年（1185）刻本[⑤]。其背面是寫本詩歌集 Инв.No. 121V，包括《巡行西方燒香歌》《同樂萬花堂歌》《聖宫共樂歌》《新修太學歌》《天下共樂歌》《君臣合和歌》《君臣同德歌》《比鄰國夏德高歌》《勸世歌》等 28 首[⑥]。其中有的詩作也有很高的史學和文學價值，如《比鄰國夏德高歌》，内容是契丹、宋朝初期較强，爲所欲爲，後與人民離心離德，失地亡國，對比西夏皇帝德行高遠。此歌有阿諛奉承語句，但也見進言修德之意。詩歌形式上爲歌行體，每句文字不等，多爲上下句對仗格式，長於比喻，偶發感慨。

①　陳炳應：《西夏諺語—新集錦成對諺語》，山西人民出版社 1993 年版。
②　《俄藏黑水城文獻》第 10 册，第 343—347 頁。
③　西北第二民族學院、上海古籍出版社、英國國家圖書館編纂，李偉、吳芳思主編：《英藏黑水城文獻》，上海古籍出版社 2005 年版，第 219—221 頁。
④　史金波：《簡介英國藏西夏文文獻》，《國家圖書館學刊》（西夏研究專號），2002 年增刊。
⑤　《俄藏黑水城文獻》第 10 册，第 267—282 頁。
⑥　《俄藏黑水城文獻》第 10 册，第 283—311 頁。

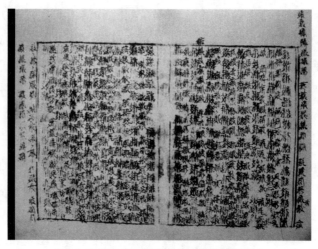

圖 10　西夏文寫本詩歌集《比鄰國夏德高歌》

　　還有一寫本詩歌集 Инв.No.876 中有《有智無障歌》等 7 首，每首題目下有作者。其中有没西義顯、依力禮盛、棱嵬有志、没玉志長等。[1] 此外，還有一些西夏文寫本曲子詞及《五更轉》殘頁等。[2]

　　5. 曆書和醫書類

　　（1）曆書

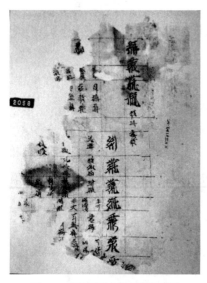

圖 11　英藏西夏文寫本曆書殘頁

　　在中國天文曆法文獻中，關於曆法和曆書的記載非常豐富，但由於曆書多是用過即廢，所以保存至今的古代曆書稀少。近代在敦煌石室中發現了近 50 件漢文曆書，至爲寶貴。從黑水城等地發現西夏曆書多件，很具特色，價值不菲。其中有寫本西夏文—漢文合璧曆書、刻本西夏文曆書和漢文刻本曆書、漢文寫本曆書。

　　在英藏黑水城文獻中，有一寫本西夏文—漢文合璧曆書殘 Or.12380-2058，爲每年一頁、每月一行的表格式曆書，爲夏崇宗正德七年（1133）癸丑年曆。[3]

　　俄藏黑水城出土文獻中有更多的西夏文—漢文合璧曆書，也爲表格式，每年一表占一頁，分左右兩面，右上角有該年的干支。其中 Инв.No.8085 號曆時

<hr />

① 《俄藏黑水城文獻》第 10 册，第 312—315 頁。
② 《俄藏黑水城文獻》第 10 册，第 316—327 頁。
③ 《英藏黑水城文獻》第 2 册，第 316 頁。

最長，從崇宗元德二年（1120）延續到夏襄宗應天二年（1207）共 88 年的曆書，爲中國保存至今歷時最長的古曆書原件，價值頗高。這種用夏、漢兩種文字製作的曆書，可能表明在西夏党項人和漢人共同使用統一的曆書。[①]

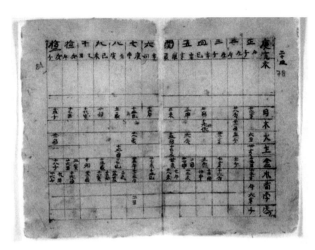

圖 12　俄藏寫本西夏文漢文合璧曆書

此外，西夏還有刻本、活字本西夏文曆書和漢文曆書。

（2）醫書

隨着西夏社會的發展和與中原地區的密切交往，西夏獲得了先進的醫療知識，毅宗諒祚時，就從宋朝得到醫書。[②] 由西夏《天盛律令》可知，西夏的政府機構中有專門的醫人院，還有管理和製作醫藥的製藥司。[③] 這表明西夏醫學、醫藥產業相當發達。

出土的西夏文獻中有多種醫書，皆爲寫本。如西夏文《治熱病要門》Инв.No.6476，存 20 頁，主要内容是治療熱病、婦女病、惡瘡病等，中有病名、藥品、藥量、煎法、服法，組方簡單，多爲西夏本土出産藥材，所治疾病多爲西夏地區常見病。[④]

又有封面題《明堂灸經》的西夏文醫書，編號 Инв.No.2630，册頁裝，首頁標題《新譯銅人針灸經》，存 19 頁。[⑤] 其序言提到"依孫思邈明堂經中説"，又有"諸人莫生疑，當依此作"，應是權威針灸著作。但此書與宋本《明堂灸經》不同，可能是西夏文

①　史金波：《西夏的曆法和曆書》，《民族語文》2006 年第 4 期。彭向前：《俄藏西夏曆日文獻整理研究》，社會科學文獻出版社 2018 年版。

②　《續資治通鑒長編》卷 198 "嘉祐八年四月丙戌"條。

③　《天盛改舊新定律令》第十 "司序行文門"，第 372 頁。

④　《俄藏黑水城文獻》第 10 册，第 200—210 頁。梁松濤：《黑水城出土西夏文醫藥文獻整理與研究》，社會科學文獻出版社 2015 年版。

⑤　《俄藏黑水城文獻》第 10 册，第 211—221 頁。

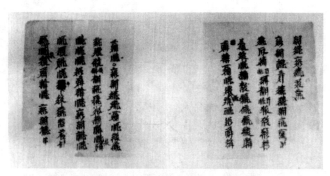

圖 13　西夏文寫本《治療惡病要論》

圖 14　西夏文寫本《明堂灸經》

據中原著作改編而成。

　　1971 年在甘肅武威發現的西夏遺物中，有一件西夏文寫本藥方殘頁，内容是治療傷寒病，内列藥名有傳統中藥牛膝、椒、秫米等，煎法、服法也與傳統中醫一致。[①]

　　西夏還有不少有關天象、占卜的乾象書籍，大多爲寫本，這和宋朝一樣。宋朝雖然刻印業很發達，但乾象之書似乎都是寫本。

（二）西夏文翻譯世俗著作寫本

　　西夏既能發展本民族文化，也善於吸收其他民族的文化特長來充實自己。西夏統治者受中原文化的長期浸潤，不斷學習、借鑒中原地區文化，翻譯中原地區的經典成爲西夏發展文化的重要組成部分，其中有經書、史書、兵書、類書等。

---

① 寧夏大學西夏學研究中心、國家圖書館、甘肅武凉古籍整理研究中心編，史金波、陳育寧總主編：《中國藏西夏文獻》，第 16 册，第 258 頁。

1. 經書

西夏統治者很早認識到儒學文化的重要，毅宗諒祚曾於嘉祐七年（1062）向宋朝求賜字畫和經部書籍。① 宋朝應西夏之求，賜其九經等儒學重要典籍。已經發現的西夏文獻中有刻本《論語》，寫本《孟子》《孝經》，或許西夏已將九經全部翻譯成西夏文。

西夏文譯《孟子》有多種寫本。一種《孟子傳》編號 Инв.No.360、766、774 等，縫繢裝，存 16 頁，有朱筆校改，可能是一種稿本。現存漢籍《孟子》傳注中未見此書底本。西夏文字體粗獷，嚴整端莊。另一種編號 Инв.No.6738，每面皆殘，50 餘面，行草書，無注解；第三種卷子裝，卷末題款：天盛丁丑九年（1157）。②

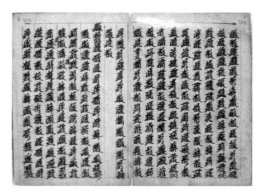

圖 15　西夏文寫本《孟子》

西夏文字創造伊始，就曾翻譯《孝經》，至今未見西夏文《孝經》印本。現存西夏文《孝經》Инв.No.2627 爲寫本，系北宋呂惠卿注釋的《孝經》譯本，除最後一頁稍殘外，全書保存完整。文中多處用朱筆校改過，爲改校原本的稿本。前 5 頁爲呂惠卿注《孝經》序的譯文，内記呂氏姓名、官職及宋“紹聖”年號。③ 更爲可貴的是，呂惠卿注釋的《孝經》漢文本已失傳，其内容却完整地保存在西夏文文獻中。此《孝經》是草書寫就，書法自然流暢，是難得的西夏文草書珍本。

還有一部西夏文寫本《孔子和壇記》，編號 Инв.No.3781，原書爲册頁裝，存 72 片。内容爲孔子和子路與一老人的對話，主要是持道家觀念的老人對孔子爲人處世方法和儒家學説的批評，以孔子的服輸告終。④ 此書應是從當時的漢籍中翻譯成西夏文，但至今找不到漢籍原本。據克恰諾夫研究，此書内容與《莊子》第 31 篇《漁父》較近。看來，

① （宋）李燾：《續資治通鑑長編》卷 196，嘉祐七年四月己丑條。
② 《俄藏黑水城文獻》第 11 册，第 60—81 頁。
③ 《俄藏黑水城文獻》第 11 册，第 2—46 頁。
④ E.I.A. 克恰諾夫、聶鴻音：《〈孔子和壇記〉研究》，民族出版社 2009 年版。

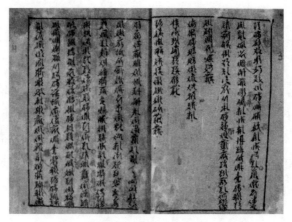

圖 16　西夏文寫本《孝經》

西夏以寫本記録下了一部已經失傳的漢籍著作，成爲此書的孤本。

2. 史書

西夏向宋朝求賜史書《唐書》《册府元龜》等，雖遭到宋朝的拒絶，但由於西夏統治者和社會的需要，西夏還是設法將中原地區較有影響的史書翻譯或節譯成了西夏文本。

西夏在接受儒學的同時，也接受了中原王朝治國的原則和理論。西夏將《貞觀政要》節譯爲西夏文本，刻印出版，名爲《德事要文》。[1] 又將叙述春秋時代歷史的《十二國》譯成西夏文刻印出版。

另有西夏文寫本《太宗擇要文》Инв.No.5875，縫續裝，存 5 頁，行草書，爲君王治國方略的節録，不知其所據漢文本。還編譯引用了 20 餘種漢文佚名著作。[2]

圖 17　西夏文寫本《太宗擇要文》

① 《俄藏黑水城文獻》第 11 册，第 133—141 頁。
② 《俄藏黑水城文獻》第 11 册，第 112—116 頁。

二、西夏文佛教著作寫本

西夏從統治者至社會民衆均普遍信仰佛教。現存世的西夏文獻中，占比最大的是佛教著述。西夏文佛經寫本中，既有大量譯自中原地區的漢傳佛經以及譯自吐蕃的藏傳佛教經典，又有西夏本土編纂的佛教著述。

（一）用西夏文翻譯的佛經

西夏王朝大力提倡佛教，在 11 世紀 30 年代至 70 年代之間先後六次向宋朝贖取《大藏經》。[①]佛經是佛教傳播的最重要手段。以党項族爲主體的西夏王朝發展佛教，在一般不懂得漢語的党項族群衆中宣揚佛教，無西夏文佛經則難以爲繼。西夏贖取《大藏經》的目的一是珍藏供養，二是作爲翻譯西夏文佛經的底本。西夏用 50 餘年時間將大藏經翻譯成西夏文，稱作"蕃大藏經"，凡 812 部，3579 卷。[②]這在西夏佛教史和文化史上占有重要地位，在中國佛教史上也有特殊地位。

出土的西夏佛經中有很多印本，包括刻本和活字本，但最大量的還是寫本。西夏雖然刻印事業發達，刻印了不少佛經，但西夏皇室仍將繕寫佛經作爲發展佛教，傳布佛法的一種手段，從上層到普通信衆都將繕寫佛經作爲崇佛行善的功德行爲。抄寫佛經的人，一般都懷着虔誠、認真的態度，所以繕寫的佛經大都很工整，有不少可稱作書法藝術佳品。

西夏曾抄寫整部《大藏經》，於西夏桓宗時期由皇太后羅氏發願實施。西夏仁宗皇后羅氏篤信佛教，仁宗死後，多次印施佛經，并命人精工繕寫西夏文《大藏經》一部。現存西夏文《佛説寶雨經》和《佛説長阿含經》卷十二，卷首經名下各有一方牌記，内有西夏文五行，漢譯爲"大白高國清信弟子皇太后羅氏新寫全增番大藏經契一藏，天下慶贊已入寺内經藏中，當作爲永遠讀誦供養"[③]。此二經皆爲楷書寫經，文字秀雅，書法精美，系書法上品，經名後第一二行爲西夏梁氏皇太后和崇宗譯經的題名，第三行爲仁宗校經題名。當時能够抄寫整部西夏文《大藏經》是一件浩大的工程。在衆多西夏文寫經中目前僅此兩卷有羅太后的押捺牌記，且形式相同，其餘數千卷羅氏發願寫經或已散失不存。

出土的西夏文佛經數量巨大，其中有的譯自中原漢地，有的譯自藏地，并且大部頭重要佛教著作以抄寫爲主，如《大般若波羅蜜多經》有諸多寫本，尤以俄藏爲最富，成爲西夏寫本的大宗。玄奘自梵文譯爲漢文的一千卷《大般若波羅蜜多經》中，西夏文寫

[①] 史金波：《西夏佛教史略》，寧夏人民出版社 1988 年版，第 59—63 頁。

[②] 史金波：《西夏文〈過去莊嚴劫千佛名經〉譯證》，《世界宗教研究》1983 年第 1 期。

[③] 《俄藏黑水城文獻》第 15 册，彩圖三。

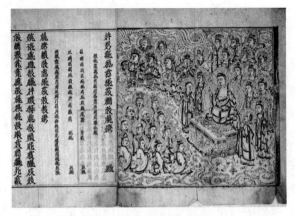

圖 18　西夏文寫本《佛説長阿含經》

圖 19　西夏文寫本《大般若波羅蜜多經》卷第九十三

本中可見前 450 卷，每卷有四五種抄本不等，近兩千卷册。[①]

　　寫本西夏文佛教典籍還有《大寶積經》《大般涅槃經》《大方廣佛華嚴經》《妙法蓮華經》《慈悲道場懺罪法》《無量壽經》《佛説甘露經》《佛説生來經》《佛説諸佛經》《佛頂心觀世音菩薩大陀羅尼經》《十二緣生瑞相經》《大密咒受持經》《聖摩利天母總持》《大悲心總持》《四十種空幢要門》《正理滴之句要門》等多種。其中《大寶積經》共 120 卷，多爲經摺裝。[②] 值得注意的是此經還有很多梵夾裝寫本。西夏將由貝葉裝轉變而來書寫藏文的梵夾裝，改造成竪行書寫的西夏文裝幀形式，形成了西夏寫本的一大特色。[③]

①　《俄藏黑水城文獻》第 15—20 册。

②　《俄藏黑水城文獻》第 21—22 册。

③　〔俄〕米開羅·皮歐特洛夫斯基編：《絲路上消失的王國 —— 西夏黑水城的佛教藝術》，（臺灣）歷史博物館 1996 年版，第 258 頁。

圖 20　西夏文梵夾裝寫本《大寶積經》

　　西夏時期還有泥金寫經。這種佛經成本昂貴，主要由皇室和貴胄之家出資繕寫。西夏的泥金寫經已發現多種。這些精工寫制的佛經不僅有文獻價值，也是珍貴的書法藝術品。

　　西安市博物館藏有泥金寫西夏文《金光明最勝王經》卷一、五和十的部分片斷，用優質的紺色紙和泥金，書以精美的西夏文字。經末有西夏第八代皇帝神宗遵頊的御製發願文，文末有 “光定四年”（1214）款。神宗遵頊在内外交困、國力衰微之際，以皇帝的名義發願繕寫泥金字佛經，以祈福除難。

　　甘肅省定西縣藏有泥金寫西夏文《大方廣佛華嚴經》8 面。[1] 敦煌研究院在北區石窟中發現了西夏文《高王觀世音經》泥金寫本 1 紙。内蒙古文物考古研究所在黑水城遺址也發現西夏文泥金寫本 1 紙。俄藏黑水城文獻中也有西夏文泥金字寫經。

　　特別值得提出的是，1900 年八國聯軍入侵中國北京時，法國外交官趁戰亂於北京掠

圖 21　法國巴黎吉美博物館藏泥金寫西夏文《妙法蓮華經》

---

① 　陳炳應：《金書西夏文〈大方廣佛華嚴經〉》，《文物》1989 年第 5 期。

得西夏文泥金寫《妙法蓮華經》6 册，攜回法國。 此經經摺裝，紺紙金書，裝璜華麗，卷首有説法圖，工整楷書，繕寫精絶。 現 3 册藏於法國國立吉美博物館，已彩色精裝影印出版。①

　　許多西夏文寫本佛經有明顯的校改痕迹，有的還是朱筆，如《大印至竟要集》以朱筆勾改多處。 還有很多西夏文寫經的定本卷末記有校勘次數和校勘者的名字。 如《大般若波羅蜜多經》卷 125 末以三種不同字體記 "一遍校"、"復一遍校"、"三遍校"，證明此經校勘程序十分嚴謹、講究。 這種 "校" 是抄録文字的校對。

（二）西夏編撰的佛教著述寫本

　　西夏不僅翻譯佛經，一些高僧大德還編撰了不少佛學著述。 現所見西夏編撰的佛教著作以藏傳佛教内容爲主，參與編撰工作的有西夏帝師、國師、法師等高僧，所撰著作多以寫本留存。

　　賢覺帝師是仁宗時的佛教領袖，他曾撰作多種藏傳佛教著述，其中有 Инв.No.5 989《聖觀自在大悲心依燒食法事》、Инв.No.7 165《一切如來之百字要門》等②。 另有慧宣帝師曾作《風身上入順》及多種要門等。 五明國師捼也阿難陀撰《頂尊勝相總持功德依經録》《聖觀自在大悲心恭順》，寂照國師撰《净土求生順要門》等。

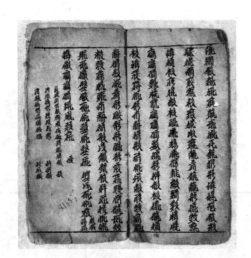

圖 22　西夏文寫本賢覺帝師撰《一切如來之百字要門》

　　因明學隨藏傳佛教傳入西夏。 西夏高僧也撰有相關著作，皆以寫本存世，如 Инв.No.835《正理虚空幢要門》、Инв.No.912《正理虚空幢要門解惑》以及 Инв.No.4848 等有

---

① 史金波、〔法〕克麗斯蒂娜·克拉美羅蒂主編：《法國吉美國立亞洲藝術博物館藏西夏文獻》，天津古籍出版社 2018 年版。
② 《俄藏黑水城文獻》第 29 册，第 94、123—124 頁。

關正理等20多種因明學著述，有的是卷軸裝，有的是縫繢裝，保存了豐富的因明學資料。[①]

佛經的寫本多，能找到的書寫者也比較多。如現存的近兩千卷册西夏文《大般若波羅蜜多經》是衆多不同寫者的成果，有的卷末題款記有寫者人名，其中有党項族，也有漢族。儘管其中書法水準參差不齊，但由於他們辛勤的筆耕，給後世留下了大量寫本書籍。抄寫者中党項人居多，有僧人，也有俗人，可能僧人更多。僧人和其他民衆中的佛教信徒對西夏佛經寫本的形成起了很大作用。

三、西夏文社會文書寫本

在西夏故地出土的文獻中，發現了一批社會文書，約1500件，其中有西夏文文書，也有漢文文書，以西夏文文書占據多數，并且多爲寫本。這批珍貴資料直接來自西夏社會，真實地反映西夏社會生活，無論在數量上還是在內容上皆可與敦煌社會文書相提并論，對研究、認識西夏社會具有極高的學術價值。[②]

西夏文社會文書，多爲草書，且殘卷，有的正背書寫，透字嚴重，釋讀十分困難。經十餘年的解讀、翻譯，其中不少文書已得到揭示。

西夏文文書中經濟方面的有户籍、籍賬、契約等，軍事方面的有軍籍和軍抄賬等，其他有官府告牒、訴訟文書、信函等。漢文文書有軍政文書、經濟文書等。

（一）經濟文書

1.有關户籍、人口的文書。共有100餘號，其中有户籍賬，記每户户主人名、家庭成員大人小孩、性別、與户主關係、人名，項目簡單明了。如Инв.No.6342號户籍賬，記有30户的簡明資料。

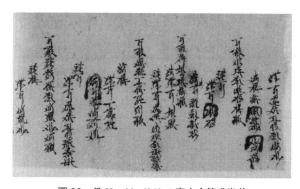

圖23　俄 Инв.No.6342-1 寫本户籍殘卷首

① 《俄藏黑水城文獻》第28册，第1—95頁。
② 《俄藏黑水城文獻》第12、13、14册。

　　還有較完整的西夏文户口手實，是以户爲單位的原始户籍記録，如 Инв.No.7629/1 號記録一個較大的家庭情况，有户主軍籍的結合始末，家庭人口，財産情况，對研究西夏軍籍和家庭都有重要價值。

　　西夏户籍反映出當地家庭類型、人口姓名、男女比例、民族居處、婚姻狀况，證實西夏番、漢民族互相通婚，并有一夫多妻和姑舅表婚現象。對照西夏法典研究，證明西夏有及時申報、三年修訂一次的完善户籍編制制度。[①]

　　2. 有關西夏税收、籍賬類文書。有 100 餘號，其中有耕地賬、户租糧賬、户耕地租糧賬、户耕地租傭草賬、遷溜租糧計賬和户租糧賬、人口税賬、耕地水税賬、欠糧擔保賬、欠繳官糧賬、差科供給賬等。如 Инв.No.5949 記一遷溜所管農户的耕地，記耕地的方法有以撒多少石種子來計算。Инв.No.4808 系一長卷，有西夏文草書 261 行，包括納糧統計賬、諸户納糧賬，繳納的是大麥和小麥。有的納税賬還有農户負擔役工和草的税種。如 Инв.No.4067 號文書是一件納税賬，有 3 户的納税數量和土地方位、四至情况。西夏還有人口税賬 Инв.No.499，可知當時納税標準不論男女，衹區分大小，每個大人納税 3 斗，每個小孩納税 1 斗半。[②] 此外還有欠糧擔保賬。

　　中國國家圖書館所藏黑水城出土文獻的封皮襯紙中，發現有西夏文社會文書，其中有賣糧賬一紙010 號（7.04Х–1），可推斷當時當地的糧價[③]，又黑水城出土的社會文書中有錢糧賬殘頁 Инв.No.2042，也可計算出糧價。另 Инв.No.4696 爲賣酒賬，可知西夏的酒價。[④] 此外還有物品賬、糧賬、畜物賬等。

圖 24　中國國家圖書館藏西夏文寫本賣糧賬

①　史金波：《西夏户籍初探——4 件西夏文草書户籍文書譯釋研究》，《民族研究》2004 年第 5 期。
②　史金波：《西夏農業租税考》，《歷史研究》2005 年第 1 期。
③　史金波：《國家圖書館藏西夏文社會文書殘頁考》，《文獻》2004 年第 2 期。
④　史金波：《西夏的物價、買賣税和貨幣借貸》，《宋史研究論文集》，上海人民出版社 2008 年版。

3. 契約文書。 俄藏西夏文社會文書中有契約 150 餘號，有的一號含多件契約，總共有 500 多件，其中 200 多件有具體年代。 契約分很多種，如貸糧契、典畜契、貸物契、貸錢契、典地契、貸糧還錢契、典牲畜租地契、典工契、還貸契、賣地契、賣畜契、賣使軍契、衆會契（社条）等。 契約中有官府押印的紅契，也有普通的契約。 有的是單頁契約，有的是很多契約連在一起的長卷，其中有的是同種類契約，有的是不同種類的契約，但債權人是同一人。

其中以糧食借貸契約數量最多，有 90 餘號，計 300 多件契約。 有的契約 1 紙隻寫 1 件契約，也有很多是一紙書寫多件契約，有的多達幾十件，形成連在一起的籍賬。Инв.No.6377–23 號貸糧契，是相對標準的借貸契約，可見到西夏契約與中原漢地契約形式相同，包括立契約時間、立契約者即借貸人姓名、出借者即債權人姓名、借貸糧食種類和數額、償付期限及利率、違約處罰、證人姓名、畫押等主要內容。[①]

俄藏黑水城文獻 Инв.No. 4194 西夏天慶庚申年（1200）賣地契，西夏文草書 19 行，記西夏天慶庚申年二月二十二日立契者小石通判，將自屬地一塊，加上院舍，賣與梁守護鐵，議定價二百石雜糧，規定出現爭議時，對賣地者處罰，若反悔時，依官罰三兩金，記明四至，最後賣地者、同立契者、證人 7 人簽署畫押。 文書前中後部分別有西夏文朱印枚，形制相同，印體呈長方形，上覆荷葉，下托蓮花，中有西夏文 4 字，譯文爲 "買賣稅院"，可知爲官府認可的紅契。[②]

圖 25　西夏文天慶庚申年賣地契

Инв.No.5949 爲買賣人口契約，草書 20 行，賣主將自屬的奴僕 6 人以 450 緡鐵錢出賣。[③] 西夏將人口作爲商品買賣，反映了西夏封建社會內部保留着奴隸制的殘餘。

①　史金波：《西夏糧食借貸契約研究》，《中國社會科學院學術委員會論文集》第 1 輯，社會科學文獻出版社 2005 年版。

②　史金波：《黑水城出土西夏文賣地契研究》，《歷史研究》2012 年第 2 期。

③　史金波：《黑水城出土西夏文賣人口契研究》，《中國社會科學院研究生院學報》2014 年第 4 期。

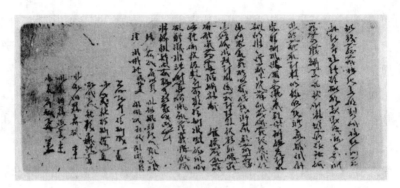

圖 26　西夏文寫本賣人口契

西夏文社會文書中有兩件"衆會"契約，反映西夏民間衆人集錢入會的情況。其中一件 Инв.No. 5949 號是光定寅年（1218）衆會契，共 13 條款，規定每人須交五斗糧，以及急用支出使用和逾期不還處罰辦法，最後是入會當事人署名畫押，因後殘，僅見人名16 個，其中有党項人、契丹人和漢人，而以漢人爲多。[①] 這些反映了西夏民間經濟往來，互助接濟，應對困難的習俗。

西夏契約繼承了中國傳統契約的形式，并形成了自己的風格，是唐宋契約和元代契約的一種中間過渡形式。

（二）軍事文書

軍籍是軍人的一種身份。黑水城出土 50 多件西夏文軍籍文書，保留年款的有 14 件，較爲完整的軍籍有 8 件。[②] 每件軍籍都是記載一個首領所管轄的各軍抄的實際情狀，有

圖 27　西夏文寫本天慶戊午五年軍籍

---

① 史金波：《黑水城出土西夏文衆會條約（社條）研究》，《西夏學》第十輯，上海古籍出版社 2014 年版。
② 《俄藏黑水城文獻》14 册，第 225—226、260—261、66—67 頁；第 13 册，第 195—198、289—290、305—306、200—201 頁。

統一的格式，依次登記首領名字、時間、總體情況，各抄正軍、輔主的名字、年齡及裝備情況，相關人員的簽署等。如俄藏 Инв.No.8371 天慶戊午五年（1198）軍籍，草書 38行，上押首領印，尾部有首領和主簿簽署，背面有上級官員簽署。西夏寫本軍籍文書是西夏軍籍的原始檔案，反映出西夏的基層軍事組織的内容和特點，證實西夏根據法典規定實行嚴格的軍籍登記制度，也是中國歷史上稀見的軍籍文書原件，具有特别重要的史料價值和文獻價值。

此外，有關軍事文書還有軍抄文書、除減續補和實有實無文書、軍抄户籍和財物文書、騎兵賬和馱賬等。[①]

（三）告牒

西夏的官府文書很多，多爲告牒之屬，共約 270 多件。告牒有的開頭是寫本部門、本人名稱，下書"告"字，再寫告訴事情，事多則分條書寫。很多於文末書寫年款，後有官員簽署畫押，或有批復，簽署或批復字往往用一種特殊的草書變體。Инв.No.4991-1 號是黑水監軍司乾祐十年（1179）的告牒，後有黑水監軍司正和監軍司通判的簽署。[②]

另有一寫本長卷 Инв.No.6345，是乾祐戊年節親中書西經略使告牒，前殘，共 182 行，事關刑事之事，并與皇室有關，末簽署乾祐戊年。西夏乾祐有兩次戊年，此處似應是第一戊年（1178）。後有節親中書西經略使嵬名氏、西經略使浪兀氏、西正統中書通判的署名。[③]

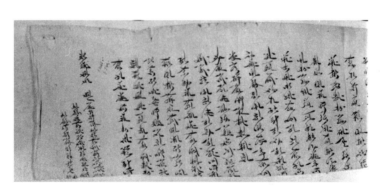

圖 28　西經略使司副統應天卯年告牒

（四）信函

信函往往最真實地反映社會情況，在社會文書中占有重要地位。西夏文信函約有 20

①　史金波：《西夏文軍籍文書考略——以俄藏黑水城出土軍籍文書爲例》，《中國史研究》2012 年第 4 期。史金波：《西夏軍抄賬譯釋研究》，《軍事歷史研究》2019 年第 3 期。
②　《俄藏黑水城文獻》第 13 册，第 320 頁。
③　《俄藏黑水城文獻》第 14 册，第 125—131 頁。

餘件，其中還有同一人的多封書信。Инв.No.4172號是守護吉給父親的家書，共12行。[①]
又Инв.No.4825號也是守護吉書寫的信函，共15行。還另有兩封信，都在Инв.No.5949
內，也是守護吉所寫，一封寫給他父親，另一封寫給他人，兩信分別叙及政務和財務。
梁守護吉是當地一名官員，在告牒類文書中也能見到他的告牒，如Инв.No.4602、5009。
另有父親給兒子的書信，如Инв.No.4204是子年臘月父親給兒子的書信。

圖 29　西夏文守護吉信函

英國所藏西夏文文獻中也有不少社會文書。近些年中國西夏故地也出土了一批西夏
文社會文書。大量西夏社會文書的面世和深入研究，必將全面推動西夏社會研究進展。

四、西夏漢文文獻寫本

西夏轄地原以漢族最多，西夏建國后，雖以党項族爲主體，但漢人依然衆多，且文
化基礎雄厚，文化水平高，留有很多漢文文獻，其中不乏寫本文獻。

（一）世俗著作寫本

西夏編輯了一種漢文《雜字》，寫本，基本保存完好，存36面，前殘，缺序言。

這是西夏保存至今爲數不多的漢文世俗著作之一。該書爲以事門分類的詞語集，分
爲二十部，有漢姓名、番姓名、衣物、斛豆、果子、農田、諸匠、身體、音樂、藥物、
器用物、屋舍、論語、禽獸、禮樂、颜色、官位、司分、地分、親戚長幼，反映了西夏
的民族姓氏、生活用品、生産活動、文化生活、政治活動等西夏社會方方面面，爲瞭解
西夏社會提供了很多第一手資料。所反映西夏的名物制度，既有漢族的，也有党項族

---

① 《俄藏黑水城文獻》第13册，第193頁。

的，證明在西夏社會漢文化和党項文化有機地融合在一起。①

此漢文本《雜字》有其特點："漢姓"列在第一部，"番姓"爲第二部，推測此書由西夏的漢人所作。"漢姓"前殘，尚餘138個姓，而西夏文《雜字》"漢姓"祇有84個。書中對農業、手工業和商業的詞語反映較多，或與漢族主要從事的行業有關。又第十七部"官位"，第十八部"司分"集中了有關西夏職官的詞語，與《天盛律令》比照也有特點。《雜字》"官位"中有三公：太師、太傅、太保，有三少：少師、少傅、少保。《雜字》中"王"的類別比《天盛律令》多，有國王、平王、郡王、嗣王等，特別是有"帝師"，使西夏佛經題款中出現的"帝師"得到證實，至爲重要。

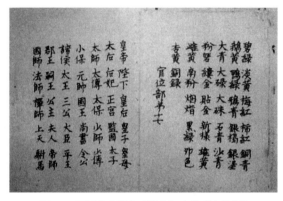

圖30　西夏寫本漢文《雜字》中的"官位部"

如前所述，西夏曾將很多漢文典籍譯爲西夏文，西夏也流行漢文文獻，其中包括寫本。如黑水城出土有漢文《論語》殘頁，爲《論語》"子路第十三""子張第十九"中的各一頁。②

西夏寫本中還有漢文音韻書籍，如《解釋歌義》一本，粘葉裝，共40頁，系漢語等韻門法著作，保存了韻門法的源頭經典之作《指玄論》內容，爲瞭解漢語早期等韻門法及等韻學提供了有價值的材料。③

另有漢文寫本曆書，如1972年在武威小西溝峴發現的文獻中有一紙漢文曆書殘片，也是每月一行的曆書，爲西夏人慶乙丑二年（1145）的曆書，亦與中原曆日相合。④

此外，還有俄藏黑水城文獻中的寫本《月將法》《九宮法》《八卦法》《二十四節氣》《六十甲子歌》等也與曆書有關。⑤

---

① 《俄藏黑水城文獻》第6冊，第137—146頁。史金波：《西夏漢文本雜字初探》，《中國民族史研究》（二），中央民族學院出版社1988年版，第167—185頁。
② 《俄藏黑水城文獻》第4冊，第354頁。
③ 《俄藏黑水城文獻》第5冊，第140—160頁。
④ 《中國藏西夏文獻》第16冊，第274頁。
⑤ 《俄藏黑水城文獻》第5冊，第120—122頁。

圖 31　武威出土寫本漢文曆書

　　黑水城遺址還出土有一件漢文醫方殘葉，前後殘，其中提及醫方和成藥名有"神仙透風丹""烏金丸""楊知觀方"等 10 餘種，其藥方形式，如醫方名、所治病症、藥名、用藥量、製作方法和服用注意事項與前述西夏文醫方相近。①

（二）佛教著述寫本

　　黑水城出土的西夏時期的漢文寫本佛經數量多，種類豐富。在内容上包括經、律、論，既有漢傳佛經，也有藏傳佛經。裝幀形式也多樣，有卷軸裝、蝴蝶裝、縫繢裝、粘葉裝等多種。

　　如漢文《佛說般若波羅蜜多心經》，僅存卷首兩面②，又如《佛說高王觀世音經》存 3 面。③ 再如《四分律行事集要顯用記》卷四，爲綫訂册頁裝，凡 53 整頁，首尾完俱，楷書，書法優美，結體工整，註釋用雙行小字，是一部難得的珍貴寫本。④

　　西夏漢文寫本有釋論著作《釋摩訶衍論》，存第二、三、五、八等多卷。其中第二有 60 多頁，第三 40 多頁，行楷，前後非一人抄寫，書法上乘，流暢自然⑤。此重要著作在西夏被傳抄流行，對研究西夏佛教的宗派信仰和傳承有重要價值。

①　《俄藏黑水城文獻》第 4 册，第 174—189 頁。
②　《俄藏黑水城文獻》第 4 册，第 190 頁。
③　《俄藏黑水城文獻》第 2 册，第 91 頁。
④　《俄藏黑水城文獻》第 3 册，第 282—345 頁。
⑤　《俄藏黑水城文獻》第 2 册，第 163—203 頁；第 5 册，第 338—376 頁。

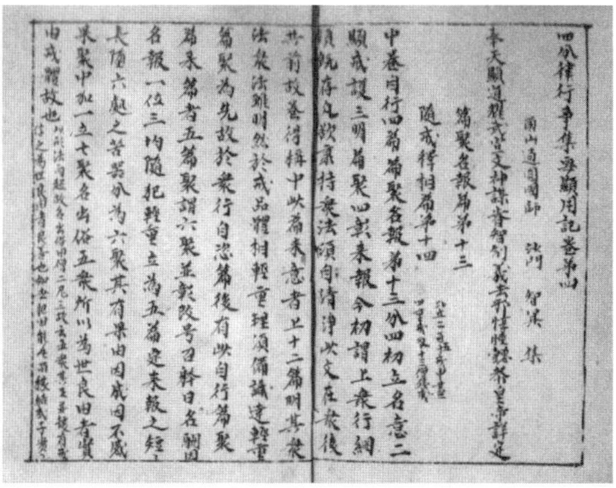

圖 32　西夏漢文寫本《四分律行事集要顯用記》卷四

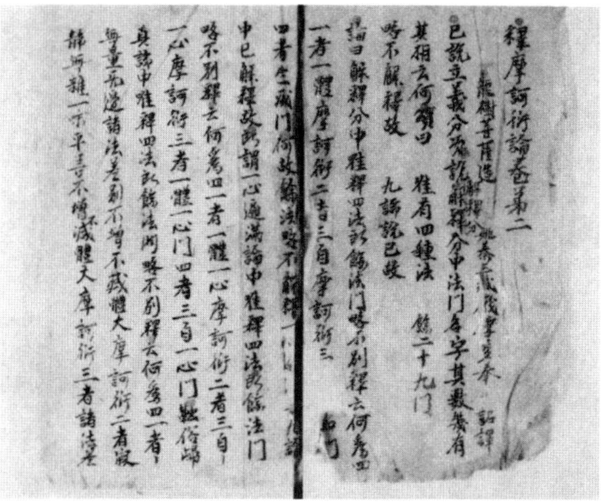

圖 33　西夏漢文寫本《釋摩訶衍論》第二

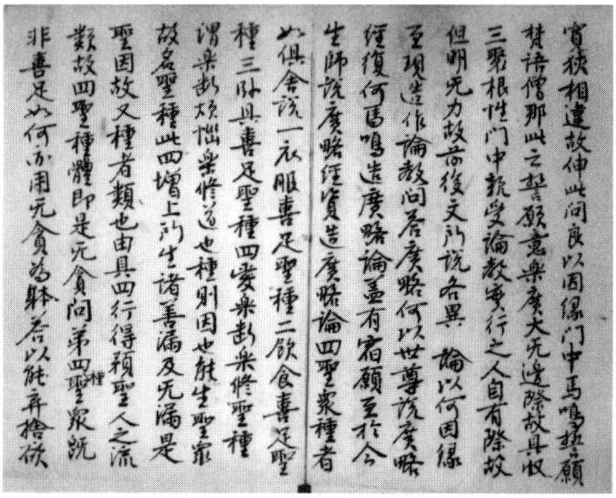

圖 34　西夏漢文寫本《龍論》第一下半

　　與此相關的漢文寫本還有《釋摩訶衍論》的異本，稱爲《龍論》，黑水城出土有第一下半、第二上半，存近百頁，與《釋摩訶衍論》比對，存有頗多異文。[①] 以純熟的行書抄寫，布局疏密有致，文字結體優美，書法流暢自然，是難得的書法精品。

　　猶如西夏文佛經中藏傳佛教文獻寫本居多一樣，西夏的漢文藏傳佛教文獻也主要爲寫本，如《密咒儀軌》《大黑根本命咒》《大黑讚》《文殊菩薩修行儀軌》《金剛劑門》《中有身要門》《顯密十二因緣慶讚中圍法事儀軌》《四字空行母記文》《佛眼母儀軌》《金剛亥母集輪供養次第録》《夢幻身要門》《甘露中流中有身要門》《舍壽要門》《拙火能照無明》《金剛亥母禪定》等，裝幀形式以蝴蝶裝、粘葉裝、縫繢裝爲主，如《舍壽要門》爲蝴蝶裝，版心書寫頁碼，書法上乘。[②]

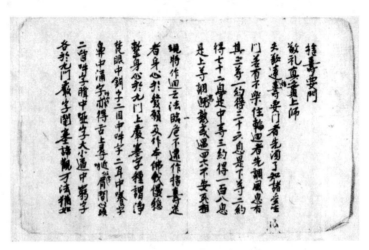

圖35　西夏漢文寫本《舍壽要門》

　　此外，西夏境内還有很多藏族和回鶻族，他們都有自己的文字和高度發達的文化。西夏時期的藏文和回鶻文文獻也數量可觀。在黑水城、敦煌等地出土了一些藏文、回鶻文圖籍，目前所見遠不如西夏文和漢文書籍多，一般無年款記載，有待進一步整理、鑒別和考證。

（三）漢文社會文書寫本

　　西夏故地除出土了大量的西夏文社會文書外，還出土有不少漢文社會文書，多藏於

---

① 《俄藏黑水城文獻》第 2 册，第 204—255、257—306 頁。
② 《俄藏黑水城文獻》第 4 册，第 326—327、330—335、375—376 頁；第 2 册，第 147—157 頁；第 5 册，第 106—120、236—258 頁。

俄羅斯，以寫本殘卷居多。 其中有：

1. 籍賬類：有西夏乾祐二年（1171）材料文書、納膠泥土賬、天盛十五年（1163）令胡阿典借錢賬、收錢賬目、支錢賬目、短麻皮等物賬、舊連袋等物賬等。

2. 契約類：有西夏天慶年間裴松壽典麥契、天盛十五年王受貸錢契、光定十二年（1222）正月李春狗等領土租餅房契、貸錢契、直多昌磨彩代還錢契、典田地文契等。其中光定十二年正月李春狗等租賃烧餅房契，是一單頁完整契約，有漢文 22 行，前 14 行爲契約正文，後 8 行是立文人、同立文人、知見人的簽名畫押。[①]

圖 36　西夏漢文光定十二年（1222）李春狗等租賃烧餅房契

3. 榷場文書：有西夏天慶年間楊推官文書等。

4. 其他文書：有西夏光定十三年（1223）千户劉寨殺了人口狀、趙豬狗捍紗文書、西夏乾祐五年（1174）驗傷單、西夏天慶元年（1194）三司設立法度文書、違約恒制文書、西夏乾祐十四年（1183）安推官文書、賣地書信、西夏乾祐廿四年（1193）文書、西夏光定七年（1217）祭文等。 其中光定十三年千户劉寨殺了人口狀，記 4 户下共殺 8 口人，"見屍首"，并由千户劉寨向上呈報，其中包括軀虜，還有兩個未成年的孩子。[②] 反映西夏末期社會混亂，底層人民的生命已無保證。

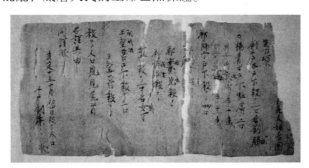

圖 37　西夏漢文光定十三年（1223）千户劉寨殺了人口狀

---

① 俄羅斯科學院東方研究所聖彼德堡分所、俄羅斯出版社東方文學部、上海古籍出版社編：《俄藏敦煌文獻》第 17 册，上海古籍出版社 2001 年版，第 310 頁。

② 《俄藏黑水城文獻》第 6 册，第 160—161 頁。

英國國家圖書館藏西夏文文獻中也有一些西夏漢文社會文書：如白毛涼子等物賬、馬匹草料賬、西夏乾祐年間文書、西夏天慶年間裴松壽典麥契等。

甘肅省博物館也藏有一批西夏漢文文書，如布告、經略司文書、欠款條、請假條、西夏光定二年（1212）西路樂府簽句官文書等。敦煌研究院藏嵬名法寶達賣地契、借糧文契等。

過去已經有數篇研究西夏契約的文章，始有 15 件漢文典當殘契刊布和陳國燦先生的考證[①]，后又有蘇聯克恰諾夫教授對兩件西夏文契約的介紹和探討。20 世紀 80 年代末在甘肅武威纏山村發現了一批西夏遺物，其中也有 1 件西夏借貸契由孫壽嶺先生初步介紹。[②]

在西夏境内，以使用西夏文、漢文爲主，也使用有藏文、回鶻文。在黑水城出土的文獻中也有部分藏文文獻，其中有刻本，也有寫本。藏文寫本多爲梵夾裝，有的還保留着古藏文的部分書寫形式。如 XT1 爲一紙藏文寫本殘叶，有藏文 8 行。[③]另有帶有藏文注音的西夏文佛經，俄藏、英藏皆有，都出土自黑水城，如 Инв. No. 8362 爲一藏文注音西夏文佛經殘片，存西夏文 6 行，每一西夏文字旁右側都標注藏文讀音。[④]這種文獻有助於懂藏文的人讀誦西夏文佛經，表明西夏各民族之間文化互動和交流。在努力破解西夏文的當代，這類用表音文字藏文为表意文字西夏文注音的文獻，對於研究和構擬西夏文字的語音具有重要參考價值。

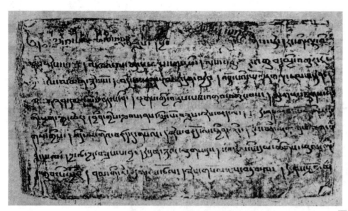

圖 38　黑水城出土藏文寫本殘頁

圖 39 黑水城出土藏文注音西夏文佛經殘頁

①　陳國燦：《西夏天慶間典當殘契的復原》，《中國史研究》1980 年第 1 期，第 143—150 頁。
②　孫壽嶺：《西夏乾定申年典糜契約》，《中國文物報》1993 年第 5 期。
③　俄羅斯科學院東方文獻研究所手稿部藏藏文 XT1。
④　《絲路上消失的王國——西夏黑水城的佛教藝術》，第 261 頁。

黑水城也出土有少量回鶻文寫本文獻，數量不多，多爲殘葉。 如 уйгур 21 爲一兩面書寫的回鶻文佛經殘片，每面殘存回鶻文 7 行。

五、結語

典籍是文明的重要載體，寫本是典籍中重要而有特點的一類。 寫本往往是孤本，古籍中存留的寫本文獻更爲稀少。 敦煌石室大量文書的發現，使古代寫本文書數量大幅度增加，蔚爲大觀。 而以黑水城爲主的大批西夏文獻的發現，是繼敦煌文書后的又一次文獻的巨大收穫。 在地下沉睡了七八百年的西夏寫本文獻數量巨大，種類繁多，形態原始、特色突出，價值十分珍貴。 從有年款的西夏寫本書籍可以大致推定，現存西夏寫本多爲西夏中晚期文獻，以仁宗天盛、乾祐，桓宗天慶、神宗光定年間所占比例最大。

從上述西夏寫本典籍不難看出，這些文獻對研究西夏的語言、文字、歷史、法律、文學、宗教、民族、民俗、地理、醫藥、曆法、科學技術等，都有十分重要的學術價值，還深刻地反映出西夏文化和中華民族文化內在的、密切的聯繫。

西夏寫本文獻無論藏於國外，還是藏於國內，各存藏部門都以善本入藏。 一個世紀以前，世上還見不到一部西夏出版的書籍，現在西夏書籍已占中古時期書籍的很大比重，而其中的寫本所占比重更大。 大批西夏寫本的發現改變了中國寫本古籍藏品的格局。

西夏寫本文獻不僅數量多，品類也很豐富。 西夏的寫本有楷書、行書、草書等，有毛筆、竹筆寫的書籍，還有極爲珍貴的泥金字經書。 從裝幀形式看，西夏寫本幾乎囊括了中國中古時期典籍的各種形式，如卷軸裝、蝴蝶裝、經摺裝、包背裝、粘葉裝、縫繢裝、梵夾裝等，多種多樣，豐富多彩。 這些都是研究中國古代寫本不可多得的資料。

西夏作爲以少數民族爲主體、包括多民族成分的王朝，其寫本典籍還具有多民族色彩。 西夏書籍包含了至少四種民族文字，即西夏文、漢文、藏文和回鶻文。 當時的中國民族文化發展，出現了前所未有的多民族群星燦爛、爭奇鬥艷的場景。 西夏與同時代的遼、金王朝相比，它的民族文字文獻更加發達。 目前僅從出土的西夏文書籍中就統計出約 500 種書籍，幾千卷册，其中寫本占很大比重，這在中國書籍史上值得十分重視。

西夏的寫本典籍在內容和形式上多有創新，如《五音切韻》包含韻圖和韻表，縱向表聲，橫向表韻，表列獨特，結構創新；集西夏文同義詞的《義同》，以全清、邊清、半清濁、全濁分卷，但各卷內中文字似與聲母無涉，却與詞的類別、詞義的積極、消極有關，十分稀見；《法則》和《新法》是西夏後期法律，反映着西夏後期社會的狀況，條文有主有從的多層次、階梯式的條款排列形式，獨領風騷；西夏寫本不僅有當時中原地區各種書籍裝幀形式，而且將橫向書寫藏文的梵夾形式，用於縱向書寫的西夏文書籍；

西夏翻譯了很多中原的書籍，有些書籍在中原失傳，却在西夏以寫本形式保存下來，如宋代吕惠卿注釋的《孝經》等。

　　大量珍貴的西夏寫本文獻多已刊布，并有了一定的識讀和研究基礎，還等待着西夏學專家們進一步深入研究，以推動西夏研究向縱深發展。

（作者簡介：史金波，中國社會科學部委員，民族研究所研究員）

南江縣菖蒲澗題刻小考[*]
—— 兼論從文物到載籍的嬗變

艾茂莉

摘　要：四川省巴中市南江縣之菖蒲澗，今稱太子洞，以傳説中唐太子某曾至其地而聞名。當中共有從唐至清題記十數則，今日能見者僅十則。通過實地考察，我們發現這些題刻有不少內容并未得到研究者重視。《蜀中廣記》《三巴蒪古志》《全宋文》等著作過録文字時也存在諸多問題。將石刻文物與傳世載籍相比較，對於思考金石文獻的研究方法有一定啓發。

關鍵詞：菖蒲澗；題刻；《蜀中廣記》；《三巴蒪古志》

前言

巴中市南江縣城東門約二公里有一太子洞糧庫，其下即成巴高速公路橋梁，沿小路下至溪澗，有一四川省文物保護基地：菖蒲澗。菖蒲澗之名，早見於宋人王象之《輿地碑記目》卷四："《菖蒲澗記》，唐開成四年。或云集州刺史蘇味道遺迹也。"[①]但今日此地稱太子洞，洞上糧庫亦名太子洞糧庫，正因之而命名也。傳説中有唐代太子曾至其地，究竟爲哪位太子，或難坐實。據《舊唐書·高宗中宗諸子列傳》，有章懷太子李賢，"永淳二年（683）遷於巴州"[②]，又有殤帝李重茂，"景雲二年（711）改封襄王，遷於集州"[③]，集州即古南江縣所在地，李賢至巴州，亦可能到南江縣，故此傳説實難詳考[④]。此

---

* 本文係國家社科西部計劃項目《蜀中廣記》整理與研究（15XZW022）成果。

① （宋）王象之：《輿地碑記目》，《叢書集成初編》（第1580冊），商務印書館1935年版，第112頁。

② （後晉）劉昫等撰：《舊唐書》卷八六《高宗中宗諸子·章懷太子李賢》，中華書局1975年版，第2832頁。

③ （後晉）劉昫等撰：《舊唐書》卷八六《高宗中宗諸子·殤帝重茂》，第2839頁。

④ 按：李旭升主編《巴中故事》將此太子坐實爲李重茂。《巴中故事》，四川人民出版社2006年版，第13—14頁。岳泰然：《太子洞考》，中國人民政治協商會議四川省南江縣委員會文史資料工作室編：《南江縣文史資料選輯》第3輯，1989年版，第89—92頁。

地風景秀美，早在唐代就有石刻，宋、明、清更是屢有增刻。這些題刻有的現存，有的雖難覓遺宗，但保存在古籍如《蜀中廣記》《三巴磉古志》等書中。今人著作則有《巴中名勝》簡要論及，其文稱："洞中石壁有石刻，年號可辨識者有：唐大和丁未，宋紹興甲子、淳熙甲辰、嘉定壬申，明嘉靖甲午、天啓，清光緒丁未等。"[①]四川省文物考古研究院等所編《險行米倉道》一書也收録了菖蒲澗石刻題記[②]，但沒有進行文字校録，部分圖片清晰度不够，難以辨識文字。《南江縣志》與《巴中名勝》對菖蒲澗的介紹大致相同，且明言唐武功男子《菖蒲澗記》原碑無存[③]。《四川南江縣太子洞遺址調查簡報》收録了 2012 年所見題刻之拓片[④]，但有一副題刻僅録文字，漏收拓片，沒有對已毀題刻進行考察，文字辨識也存在諸多錯誤。2018 年 10 月 3 日正午，筆者與王斌、綿陽師範學院文學與歷史學院楊觀、張紅梅等老師一起踏訪菖蒲澗，親見今存石刻十餘種。現對整個菖蒲澗現存和已毀題刻進行文字考釋并與相關文獻記載進行對比研究。

一、現存題刻圖録

菖蒲澗現存石刻，南江縣人民政府立于現場之告示碑，稱有十餘種，我們仔細查考，僅得十種。現按年代順序附圖并考釋文字如下，録文用通行繁體字，個別特殊異體字酌予保留。

1. 政和元年（1111）杜德機題記

有宋政和改元清明後一日，權縣事長安杜德機元發，訪菖蒲之溪，薄尋其源，言采其藥。轉步而返，則摳衣碧巖，屏石而坐；解帶古床，幄雲而息。然後掃開武功賢刻，游匝龍潭靈派，使人忘名利塗，識烟霞鄉。遲遲歸郭，凡回首也數矣。時將赴九支令，頗恨得此之晚。

今按：其下有"訪石根"三字，與此題刻無涉。然又不是好事者胡刻之文，可證菖蒲澗題刻有毀弃重刻者。

---

① 李旭升主編：《巴中名勝》，四川人民出版社 2006 年版，第 83 頁。
② 四川省文物考古研究院、巴中市文化廣播影視新聞出版局、巴中市文物局編著：《險行米倉道》，四川大學出版社 2013 年版，第 185—190 頁。
③ 南江縣志編委會編：《南江縣志》，成都出版社 1992 年版，第 700 頁。
④ 四川省文物考古研究院等：《四川南江縣太子洞遺址調查簡報》，《四川文物》2012 年第 6 期。

2. 紹興十八年（1148）蔣城題記

　　廣都蔣城、吳大年，古郫李椿，秦亭權師雄，大梁趙恂，閬中馮時，同谷米居約，以紹興十八年九月十有四日訪古菖蒲澗。觀唐人武功子石刻，置酒碧巖溪，效柳子序飲，損其籌爲一題名以投之。或洄、或止、或沉者，皆賞；惟直前無抵滯則免。坐客率三四飲，笑歌諧嬉，終日乃罷。

3. 紹興庚辰（1160）王芹題記

　　紹興庚辰上巳游菖蒲澗，飲於碧巖，效晉人被禊故事。穎昌王芹、宕渠韓慶孫、開封喬嘉、成都周端行、男夏卿，凡五人。

4. 紹興庚辰（1160）羅祖脩等題記

　　庚辰仲夏念五日，被檄摸字刻石於巖，三日乃就。 羅祖脩、張崗、畢成謹記。

　　按：此題刻位於右側石壁最裏邊，祇有甲子而無年號，但根據周圍題刻紀年來看，應是王芹等人題記刻成後的工匠署款。《四川南江縣太子洞遺址調查簡報》對此"庚辰"未作深究。

5. 淳熙甲辰（1184）李溪題記

　　李溪、李國用、楊義仲、勾成允、唐棣，淳熙甲辰正月晦來游。 時春日融明，惠風和暢，爲蘭亭之飲以歸。 嵒侍。

6. 嘉定壬申（1212）郭仲深題記

嘉定壬申仲春，三城郭仲深攝事集山，清明後一日，游菖蒲澗，訪尋古巖，眉山扈才叔、小益劉温叔、潼上楊珍父同來。

7. 嘉靖十三年（1534）岳凌霄題記

南江縣儒學訓導馬元吉，字子修，號梅齋，別號明山居士。嘉靖三年甲申十二月二十五日到任，十二年癸巳九月二十五日任滿。任內崇獎節義，勸進生徒，贊建學官，創纂邑志，集有《日益日憤》《讀書疑》等錄若干冊。兼便益田糧，救活疫命，收養遺孤，曾蒙本府知府王公以"學識優長，訓課勤篤"等語慰勉。巡撫宋公以"政理俱優，操守無玷"獎勵。提學劉公以"淵源之學，純粹之行"獎勵。甲午秋，方升任六安州學正。茲去後，凌霄等謹刻之石，以示不忘云。大明嘉靖十三年甲子冬十月望旦。林下九十叟岳凌霄，壽官岳貴，晉官岳嵩，門下太學生李朝陽，庠生董鸞、岳近賢，同四鄉父老岳時夫等刻於菖蒲澗石壁。庠生岳惟賢謹書。

8. 天啓二年（1622）蔣佳弼題記

天啓二年壬戌清明後二日，桂林蔣邑侯次公諱佳弼，同豫章劉定漢、劍門鄭維清、集山岳氣定，訪古菖蒲澗，攜觴而遊。將徹，忽傳蔣長公諱佳輔者貽奚囊至，開視之，有二佳句。座中三四人遂因韻成律，用鑴石以識於後。

殘酒醉春行，澗□景況新。龍潛波漾漾，仙洞石磷磷。

苔色如鋪錦，水聲似鼓琴。勝游難再得，何日復登臨。岳按：此題記用《四川南江縣太子洞遺址調查簡報》所附拓片，但仍過於模糊。文末小字"岳"字，未知是更正文之誤還是刻字人署姓氏？又，原題刻第二行乃重復第一行之内容，不再録入。

9. 光緒丁未（1907）王光圻題詩

僄駕天風壁上行，長松謖謖羽衣輕。碧巖紅樹看無盡，叠磴流泉落有聲。

此際緣秋如送客，經年訪古倍關（？）情。游蹤到處留鴻印，試拂蒼苔爲署名。

雪苑詞人王光圻仲郊甫喵藁　石工尹

10. 光緒丁未（1907）劉若珩題記

丁未中冬。蒲磵。江右劉若珩子珮書。

按：此題記雖僅有干支而無年號，但據前一條題記中有"劉子珮"，可知此題記亦刻於光緒丁未年。

又，《四川南江縣太子洞遺址調查簡報》還將一處僅有磨石方框但無文字内容的遺址計算在内，另有一處僅殘存"杜成林"三字的遺迹，本文就不再作考察了。

二、已毀題刻輯存

前面將現存題刻做了簡單梳理，但菖蒲磵有不少題記已經殘毀，如政和元年題記之下殘存"訪石根"三字，光緒丁未題記上方有殘存"大、月"等字，且此題記顯係磨石重刻者。另據四川文物考古院拍攝的照片，菖蒲磵經歷了修整，有一些題記以前能看到但現在難覓蹤迹了。本節亦按照時間順序，將曾有的題記輯録如下。

1. 唐開成四年武功男子《菖蒲磵記》

以《蜀中廣記》卷二五所載爲底本，參校道光《南江縣志》卷中、《三巴磉古志》上册、民國《南江縣志》第一編，道光《保寧府志》卷五九則與《蜀中廣記》所載全同。

自潭北入磵[1]，行經此新開路東，不啻三百步，其間巨石礨倚，嘉木交映，空森復聳[2]，奇勢異狀。緑苔青蒲，印模履踪[3]，捫手探足，無非蒼翠。幽禽皓皓[4]，飛泉渥渥[5]，若有異人仙客鼓瑟吹簫于洞穴之中[6]，使人心逸神暢[7]，悦然忘歸[8]，斯實方外之佳賞也[9]。噫！自有此磵，杳無人蹤，豈異夫浮世之事，通塞有時耶[10]？今鑿崖爲路[11]，梯石爲徑，連延抵于碧崖盤石之東[12]，究其澗分之所[13]。開成四年十月二十三日[14]，武功男子記。僧宏真尋澗之迹，藏諸山房[15]。

[1] 此句前，《三巴𡽱古志》有 "菖蒲澗，澗多菖蒲，因名之"。

[2] "空森復簦"，《三巴𡽱古志》作 "嵌空森簦"。

[3] "模"，《三巴𡽱古志》作 "搭"；"履"，民國《南江縣志》作 "屨"。

[4] "皓皓"，《三巴𡽱古志》作 "欣欣"。

[5] "渥渥"，《三巴𡽱古志》作 "潺潺"。

[6] "異"，《三巴𡽱古志》作 "羽"。

[7] "使人" 前，《三巴𡽱古志》有 "繇是"。

[8] "悅"，《三巴𡽱古志》、道光、民國《南江縣志》作 "恱"。

[9] "方外" 下，《三巴𡽱古志》有 "靈邃"。

[10] "通塞" 下，《三巴𡽱古志》有 "亦" 字。

[11] "今"，《南江縣志》作 "令"。

[12] "崖"，《三巴𡽱古志》作 "巖"。

[13] 此句後，《三巴𡽱古志》有 "巖石亦有鐫字"。

[14] "二十"，《三巴𡽱古志》作 "廿"。

[15] "武功男子記" 至文末，《三巴𡽱古志》作 "武功男子藏諸記，山房僧弘真同尋澗路"。

2. 政和元年（1111）馮子茂題記

以《蜀中廣記》卷二五所載爲底本，參校《三巴𡽱古志》下册。

大宋改元政和辛卯歲仲春月清明日[1]，縣吏馮子茂，典職長楊子山[2]，邀同局中李二都[3]、王四都、楊工四[4]，沿澗究菖蒲碑文，兩日方返[5]，故題于碧巖[6]。三月十四日楊嵩岳山書記[7]。

[1] "春"，《三巴𡽱古志》空缺。

[2] "典職"，《三巴𡽱古志》作 "丞□"。

[3] "二"，《三巴𡽱古志》空缺。

[4] "四"，《三巴𡽱古志》作 "士"。據下一條題記，當作 "士"。

[5] "兩日" 前，《三巴𡽱古志》有 "至誠推之"；"返"，《三巴𡽱古志》空缺。

[6] 此句，《三巴𦠆古志》作"遂摸打而回，故題於碧巖之"。

[7] 此句，《三巴𦠆古志》無。

3. 政和元年（1111）楊子山題記

大宋政和元年辛卯歲二月二日，同縣吏李大悲、馮子茂、王四都、楊工士，因□尋菖蒲澗碑記，至二十一日方尋見，甚喜。縣押錄楊子山謹記。元年三月十四日來監鑴訖，楊子山□□□□□。

按：此題記拓片據《四川南江縣太子洞遺址調查簡報》復製，暫未見他書收錄，我們此次亦未發現原題刻。

4. 政和元年（1111）杜德機題記

此題記僅見於《三巴𦠆古志》下册，《全宋文》卷二八六二即據之輯錄，但無文末八字。

余別秦川，走蜀道，秀山靈溪，間覽迭游。凡山之秀，昔有異人隱焉；凡溪之靈，昔有神物蟠焉。乃知異人與神物，占盡山水嘉處。今睹碧巖古潭，景想昔之異人神物，不虛乎此也。長安杜元發書。此與巖下之題同日。

5. 光緒丁未（1907）王光圻題記

丁未仲冬月二十日，余偕劉君子珮復游於此（後難以辨識）。

按：此圖源自《險行米倉道》，我們實地考察時，已不見此題記。《四川南江縣太子洞遺址調查簡報》雖有更完整的錄文，但未附拓片。

三、從文物到載籍的嬗變

前文我們對菖蒲澗的題記無論存毀都做了收集整理，但將文物與載籍的記錄相比對，我們發現了一些值得注意的問題。

1. 文字異同

文物所呈現的題記文字，如果存在，真實度應該比載籍高得多。這裏的載籍，指的是一切文字文獻，包括方志、金石著作。而這些方志甚至金石著作爲什麼會出現與實物的誤差，原因有二。

首先是編著者的主觀意見。除了實物拓片外，一切過録文字的著作都會帶有主觀性。以《蜀中廣記》爲例，它的主觀性是編者曹學佺會對原文進行删節甚至割取重組。以現存政和元年杜德機題記爲例，"然後掃開武功賢刻，游匝龍潭靈派，使人忘名利塗，識烟霞鄉。遲遲歸郭，凡回首也數矣。時將赴九支令，頗恨得此之晚"，《蜀中廣記》作"然後歸，頗恨得此之晚"[①]。脱去近四十字，原刻又不存在辨識難度，顯係有意爲之。又如畢成等題記，我們認爲刻於紹興庚辰，應與王芹等題記刻於同時；但《蜀中廣記》卷二五却將"畢成記"三字放在紹興十八年蔣城等題記之末[②]，顯係誤會。

其次是辨識者的認字能力與態度問題。前揭諸多題記中，除天啓二年的行草辨識難度較大以外，其他楷體字的題刻都很清晰，很好辨識。可實際上的認字情況如何呢？《蜀中廣記》將紹興十八年蔣城題記中"同谷"認成"周谷"，"以投之"下衍"澗"字，"三四"下衍"十"字，末尾的"終日乃罷"認成"日甫乃罷"；將紹興庚辰王芹題記中的"周端行"認成"周瑞行"；將淳熙甲辰題記中的"李溪"認成"李異"。我們很難給出一個合理的解釋，爲什麼會與石刻原文存在這樣的誤差？《三巴舂古志》可能比《蜀中廣記》在這一點上做得好一些，但也有問題。比如蔣城題記中的"題名"，誤認成了"題各"；而《菖蒲澗記》末尾文字與《蜀中廣記》差别太大，實難斷是非。這些都讓我們對源自實物文獻的文字記録心存懷疑，也是本文會附録原刻圖片的動因所在。

2. 取捨隨心

如前所言，王象之的《輿地碑記目》也好，《蜀中廣記》也好，《三巴舂古志》也好，道光《南江縣志》、民國《南江縣志》等，諸書在記録菖蒲澗題刻時總是不完整的。這種不完整有多方面的原因。

一者可能受書籍體例限制，不能盡録，否則會比例失衡。如《蜀中廣記》卷二五，對於杜德機的題記就僅收録一篇，另一篇未收録；《三巴舂古志》則對宋以後的題記皆未收録；道光《保寧府志》卷五九《藝文志》之文則僅收唐代武功男子《菖蒲澗記》；民國《南江縣志》第一編也衹收録武功男子、杜德機、蔣城三篇題記。

---

① （明）曹學佺：《蜀中廣記》，《文淵閣四庫全書》（第 591 册），台灣商務印書館 1986 年版，第 328 頁下。

② 同上。

　　二者可能出於對題刻價值的主觀判斷，重視時間早的、關涉人物較著名的題刻。

　　三者可能受原題刻辨識、摹寫難度大的限制，收錄題刻者不得不放棄一些題記。我們這次盡可能全部輯錄這些題記，但還是因爲辨識文字問題，留下了不少空缺。

　　四者可能受查訪未遍的影響，某些題記在初次查考時并未見到，如紹興庚辰畢成的題記，在巖洞右側最裏邊，保存得很好，但受光綫影響，一般是難以發現的，目前所見古籍中僅《蜀中廣記》出現了“畢成記”三字，還弄錯了位置。

　　這些原因對於我們研究碑銘題記，都會造成巨大的遺憾。因爲文字異同問題，我們難以對已經損毀的題記存在的諸多記載判斷出孰是孰非；因爲取捨隨心的問題，某些雖然存在過但前人并無記錄的內容，我們再也看不到。

3.　因襲舊誤

　　古代文獻有兩個值得注意的地方：一是不愛出新說，總是喜歡抄錄前人著作的內容，雜抄、雜纂類著作都是如此。對這些著作而言，若原書尚存，則其價值大打折扣；若原書已毀，則其雜抄雖吉光片羽甚可寶，然終不能保證抄錄即原貌，頗似雞肋。二是講究“留口德”，前人著作中明明有錯，後人著書也會出新見更正，但就是不說前賢錯了。這種情況祇會讓再後來的研究者一團霧水，各說各的，也不道破，究竟孰是孰非，就難以深究了。一般說來，時間越早，人們能見到的題記就越多（後期新刻者不算）、越清晰；反之則越晚，被毀棄的題記就越多，見到的也越模糊。我們自然就會對更早的文獻記載產生一種信任與依賴，對晚出的記載產生懷疑。比如前面提到的武功男子刻石，末尾的內容，《三巴香古志》認爲“藏諸”是一個人，但這實在不像一個人名；《蜀中廣記》將之附在另一句話中，倒是文從字順，但實物已毀，誰能說清個中是非？後來的研究者如果從中做出選擇，就多少失於偏頗。如《唐文拾遺》卷二八就據《三巴香古志》輯錄，并以藏諸爲人名，絲毫不提及《蜀中廣記》的記載；《全唐文新編》照搬《唐文拾遺》的成果，也不會提及《蜀中廣記》的異文，都不需要去翻原書就知道是什麼情況。這就越發看出拓片尤其是早期精拓在石刻文獻研究方面的重要性，告誡我們，來自石刻文物的文獻記載，一定要儘量回到文物本身去，不要迷信既有載籍的著錄。

　　最後要附帶談一點的，是對這些石刻題記的利用問題。前面我們說這些題刻有的已經毀了，有的就算殘存但難以辨識，如果不對其加以研究和整理，以後就再也看不到了。但對這些題記的整理卻很不樂觀，金石著作如《三巴香古志》雖有著錄，但係摹寫，時有臆補或文字錯訛處；新編總集《全宋文》囿於某些原因，不可能實地踏訪，然即使是根據《三巴香古志》輯錄菖蒲澗題刻，我們也發現漏收了政和元年馮子茂題記、紹興庚辰王芹題記、畢成等題記、嘉定壬申郭仲深題記。這些整理與輯錄工作，都需要相關研究者來做。

結語

　　古人筆下的碑刻題記，要么位置不明，要么已經被移走，不是一般研究者能輕鬆查訪到的。就算那些碑刻題記還在，但囿於文物保護的規定，一般人不能輕易見到、不敢私自摹拓。地方研究機構也會出於研究目的進行摹拓，但資料深扃庫房，秘不示人。我們的研究團隊這次探訪巴中石刻，還去了著名的南龕坡，也有幸見到了當地的一位研究人員，聽説他們有全套的拓片，但就是看不到。後來我買了一本《南龕石刻賞析》，其所附圖片較爲模糊；書末十餘通碑刻拓片畫質不佳，很令人感慨。我們在研究《蜀中廣記》時，也利用到了《北京圖書館藏歷代石刻拓本彙編》，但縮印於書中的圖片，與國家圖書館網站所公布的高清照片相比，畫質太差。這或許給了我們一些啓示吧。地方文化通常衹有地方研究機構和學者去做，不但要去做，還要用現代化的方式公布這些高清拓片，方便其他學者；更要將文物與載籍結合起來，進行深入的研究。當然，菖蒲澗題記中的不少人物，《三巴賡古志》和《四川南江縣太子洞遺址調查簡報》已經做了一些考察，此處就從略了。

（作者簡介：艾茂莉，樂山師範學院文學與新聞學院講師）

《元朝秘史》寫本學特徵[*]

—— 由十二卷變向十五卷時

薩仁高娃

内容提要：《元朝秘史》是明初由明廷以漢字拼寫蒙古語《蒙古秘史》并附旁譯、總譯而形成的特殊文獻。 明永樂時期編纂《永樂大典》，將《元朝秘史》全文收入，同時將原十二卷分編爲十五卷。 本文對《元朝秘史》寫本學特徵進行概説，并通過對十二卷本和十五卷的比對，歸納《元朝秘史》由十二卷變向十五卷時在寫本學方面所産生的獨有特色。

關鍵詞：《元朝秘史》；寫本學；十二卷；十五卷

13 世紀形成的《蒙古秘史》，其蒙古文完本未能流傳至今。 至明初，以漢字拼寫蒙古語并附旁譯和總譯的《元秘史》産生，亦得到刊刻，此爲十二卷本。 明永樂時期編纂《永樂大典》，在其卷 5175—5193 的十二 "先" 字 "元" 字韻中將《元秘史》全文收入，并將原十二卷分編爲十五卷，書名改爲《元朝秘史》。《元秘史》或《元朝秘史》由十二卷變爲十五卷本時，在寫本學方面産生了哪些特徵，通過對十二卷本和十五卷本進行比對，可歸納出若干面。

一、《元朝秘史》寫本學特徵概説

明建國之初，明廷爲掌握蒙古及周邊少數民族諸方，編纂《華夷譯語》等以漢文對照多種民族文字的字典類文獻的同時，命人以 563 個漢字拼寫蒙古語《蒙古秘史》，以達到學習蒙古語之目的，此即《元秘史》或《元朝秘史》，凡十二卷。《元朝秘史》除漢字

---

* 本文爲 2019 年度 "國家社科基金冷門 '絶學' 和國別史等研究專項"："國家圖書館藏《元朝秘史》整理與研究" 項目（19VJX012）研究成果之一。

拼寫蒙古語正文外，每詞右旁注義譯、左旁標示舌音等字，每段內容後附總譯，即《元朝秘史》全本由正文、旁譯、總譯構成。每卷所收段落長短不一，蒙古學界稱此段落爲"節"，全文共282節。關於節的長短而言，由於爲學蒙古語之目的，最初的分節均較短，越至後，每節收內容越多。

存世《元朝秘史》版本衆多：有十二卷本，也有十五卷本；有正文全本，也有僅爲總譯的節選本；有刻本，也有抄本、稿本、批校本。見最早者爲明洪武年間刊刻的十二卷本《元秘史》①，目前所見十二卷本均由此本傳抄而行，影響最大者爲清張敦仁（1754—1834）抄顧廣圻（1770—1839）校本②。十五卷本則由《永樂大典》收本傳抄而成的諸本，流傳較廣，抄本居多。

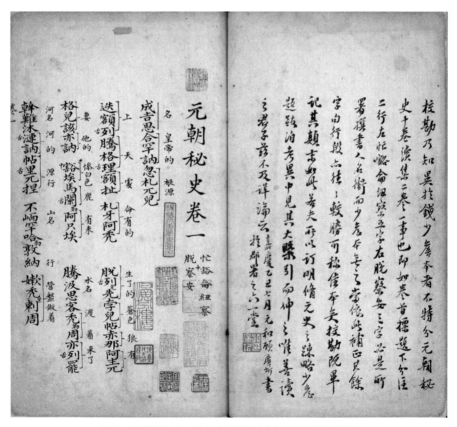

圖1　顧廣圻校十二卷本《元朝秘史》（國家圖書館提供）

① 現存40餘葉，暫存於臺北故宮博物院。國家圖書館藏其縮微膠捲，編號cbm 796。國家圖書館出版社於2013年出版《原國立北平圖書館甲庫善本叢書》，第121冊中收此部《元朝秘史》。
② 國家圖書館藏顧廣圻校本，十二卷，清抄本，6冊。館藏號7394。收入由內蒙古文化出版社於2017年綫裝影印出版的《元朝秘史版本叢刊》第一編中，收入第六批《國家珍貴古籍名錄》中。詳見薩仁高娃著，張元濟與顧廣圻校本《元朝秘史》，《文津學志》第十輯，2017年。

　　從寫本學角度講，《元朝秘史》無論十二卷本，還是十五卷本，因其內容構造上的特殊性，造就了它刊刻或抄寫過程的特殊情況。

　　1. 裝幀方面：早期蒙古文古籍，多爲梵夾裝，綫裝甚少，包括西藏阿里地區托林寺藏蒙古文《蒙古秘史》散葉[①]亦爲梵夾裝。《元朝秘史》作爲漢字拼寫蒙古語的特殊文獻，受漢文古籍影響，目前所見者均爲綫裝，與漢文古籍裝幀形式無異。

　　2. 文字方面：《元朝秘史》看似爲漢文典籍，但其語言爲蒙古語，全篇以漢字拼寫蒙古語，甚至爲準確表達蒙古語詞彙及語法，選用了較多怪癖字，很難從中抽取某字納入某韻中。

　　3. 每行寬度：《元朝秘史》正文與其旁示音字和義譯是不可分割的一體，需於一行中抄録或刊刻，故與漢文古籍相比，《元朝秘史》每行較寬，每個詞帶其旁譯和示音字，佔據雙行或三行，其風格與正常的漢文典籍格格不入。

　　4. 每行長度：用漢字拼寫蒙古語時每個詞拼寫所用漢字多寡不一，一行中所收字數不等，爲保證行末詞的完整性，一行或短或長，參差不齊，很難以一行多少字來描述。

　　5. 詞後劃綫：爲準確表示詞後旁譯，每個完整詞後面劃竪綫，以表達此綫前爲一個詞，其後旁譯爲該詞的義譯。據明洪武刻本，人名後爲粗綫，普通詞後爲細綫，地名後不劃綫。後期傳抄而成的十二卷本或十五卷本，此劃綫特徵有所改變。由明洪武刻本間接抄成的顧廣圻校本，粗綫以紅綫替代，孫星衍舊藏十五卷本[②]則均以紅綫替代，翁同書舊藏本[③]完全省略了詞後劃綫。

　　正因這些特殊性，木板鐫刻工序繁瑣，難以保證其準確性，故目前所見《元朝秘史》抄本居多，刻本極罕[④]。就抄本而言，抄録正文，亦複雜繁瑣，從而出現了僅抄其總譯部分的"永樂二年"本[⑤]和張穆抄本[⑥]。

① 參見薩仁高娃：《西藏阿里地區發現蒙古文散葉研究》，國家圖書館出版社 2013 年版。

② 國家圖書館藏孫星衍舊藏本，十五卷，清抄本，第 2 冊，館藏號 00762。收入由内蒙古文化出版社於 2017 年綫裝影印出版的《元朝秘史版本叢刊》第一編中。

③ 國家圖書館藏翁同書舊藏本，十五卷，清抄本，第 4 冊，館藏號 5360。收入《中華再造善本》，收入由内蒙古文化出版社於 2017 年綫裝影印出版的《元朝秘史版本叢刊》第一編中。

④ 據國家圖書館《元朝秘史》諸本，刻本除明洪武刻本之外，僅見葉德輝觀古堂刻十二卷本和清光緒二十二年（1896）漸西村舍會彙刊十五卷《元朝秘史注》。

⑤ 爲十二卷本總譯部分，國家圖書館藏號 77277，存卷一至卷六，一冊。開本 35.3 厘米 × 23 厘米，版框 25.9 厘米 × 18.6 厘米。卷端題名"元朝秘史"，每半葉 10 行，行 20 字。四周粗單邊，黑口，版心書卷次、本卷頁碼。書末封底内貼有紙簽，上書"一部二本 永樂二年八月内抄到"字樣。

⑥ 爲十五卷本的總譯部分，張穆抄自《永樂大典》，靈石楊氏道光二十七年（1847）刻《連筠簃叢書》收。

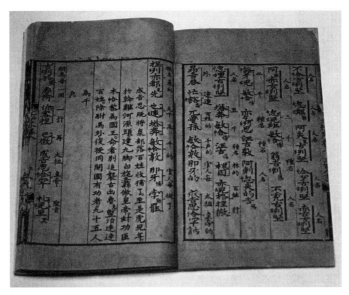

圖 2　明洪武刻本《元秘史》(載自《"國立"故宮博物院藏蒙古文物彙編》)

二、《元朝秘史》十二卷本與十五卷本的比對

　　《元朝秘史》由十二卷變向十五卷，與《永樂大典》收《元朝秘史》時，考慮其編纂的整體布局以及《元朝秘史》爲詞旁帶有義譯、字旁帶有示音的特殊文獻，很難與其他"元"字韻統合，需獨立成冊等因素有密切關係。那麼，《元朝秘史》由十二卷變成十五卷時，除保留上述寫本學特徵之外，每卷收內容、每葉行款以及文字方面均發生了變化。

（一）每卷節數與行數的調整

　　目前所見十五卷《元朝秘史》諸本，行款及每行所收詞句完全一致，故我們認爲十五卷本自《永樂大典》抄出并流傳，雖產生了多種本，但諸本間抄寫規格完全保持一致。《元朝秘史》被收入《永樂大典》，由原來的十二卷變成十五卷時，每卷所收節數有何變化，我們先看如下表：

表 1　《元朝秘史》十二卷本與十五卷本所收節數比對

《元朝秘史》十二卷本和十五卷本分卷明細	顧廣圻校十二卷本	孫星衍舊藏十五卷本
卷一	1—68 節（收 68 節）49 葉	1—68 節（收 68 節）26 葉
卷二	69—103 節（收 35 節）51 葉	69—96 節（收 28 節）21 葉

續表

《元朝秘史》十二卷本和十五卷本分卷明細	顧廣圻校十二卷本	孫星衍舊藏十五卷本
卷三	104—126 節（收 23 節）　50 葉	97—118 節（收 22 節）　21 葉
卷四	127—147 節（收 21 節）　51 葉	119—140 節（收 22 節）　22 葉
卷五	148—169 節（收 22 節）　51 葉	141—153 節（收 13 節）　19 葉
卷六	170—185 節（收 16 節）　54 葉　與克烈部作戰	154—169 節（收 16 節）　16 葉
卷七	186—197 節（收 12 節）　50 葉	170—185 節（收 16 節）　26 葉
卷八	198—208 節（收 11 節）　49 葉	186—197 節（收 12 節）　24 葉
卷九	209—229 節（收 21 節）　49 葉	198—207 節（收 10 節）　19 葉
卷十	230—246 節（收 17 節）　55 葉	208—224 節（收 17 節）　18 葉
卷十一	247—264 節（收 18 節）　53 葉	225—（缺 237 節）238 節（收 13 節）　13 葉
卷十二	265—282 節（收 18 節）　58 葉	239—246 節（收 8 節）　15 葉
卷十三		247—264 節（收 18 節）　24 葉
卷十四		265—（273 節不同）276 節（收 12 節）　15 葉
卷十五		277—282 節（收 6 節）　12 葉

由上表可知，十二卷本和十五卷本，卷一所收內容皆爲 1—68 節，并未出現差距[①]。其餘卷次所收節數情況具體如下：

卷二由原 69—103 節共收 35 節改爲 69—96 節，收 28 節；

卷三由原 104—126 節共收 23 節改爲 97—118 節，收 22 節；

卷四由原 127—147 節共收 21 節改爲 119—140 節，收 22 節；

卷五由原 148—169 節共收 22 節改爲 141—153 節，收 13 節；

卷六由原 170—185 節共收 16 節改爲 154—169 節，收 16 節；

卷七由原 186—197 節共收 12 節改爲 170—185 節，收 16 節；

卷八由原 198—208 節共收 11 節改爲 186—197 節，收 12 節；

卷九由原 209—229 節共收 21 節改爲 198—207 節，收 10 節；

卷十由原 230—246 節共收 17 節改爲 208—224 節，收 17 節；

卷十一（續集卷一）由原 247—264 節共收 18 節改爲 225—（缺 237 節）238 節，收 13 節；

---

① 筆者認爲，"永樂大典館"將《元朝秘史》收入《永樂大典》時，先抄完卷一，發現其厚度與《永樂大典》其餘册不盡一致，便進行重新分卷。然而，因已抄畢卷一，故對其不再進行分卷，保持原樣。況且，因出於學習蒙古語而編，起初分卷所收內容不長，可不再重新分卷。

卷十二（續集卷二）由原 265—282 節共收 18 節改爲 239—246 節，收 8 節；

卷十三收 247—264 節，共 18 節；

卷十四收 265—276 節，共 12 節；

卷十五收 277—282 節，共 6 節。

由此得知，《元朝秘史》由十二卷本改爲十五卷本時，除了卷一所收節數完全不變之外，卷二起每卷所收節數均有變，直到卷六時，十五卷本恰好多出一卷，變爲卷七。如此分卷，至卷十一時多出二卷，直至結束。值得注意的是，十二卷本第 1—246 節爲正集，從第 247 節爲續集卷一，十五卷本分卷次，雖未再分正集與續集之別，原正集，即第 1—246 節分布在卷一至卷十二中，第 247 節變爲卷十三首，未將其放入卷十二中或末，未將正集與續集內容相互混入。另外，目前所見十五卷本均缺第 237 節。我們雖看不到《永樂大典》所收本，但公認爲抄自《永樂大典》所收本的張穆抄本，儘管僅爲總譯部分，但此總譯本中存有第 237 節的總譯[1]，故可判斷《永樂大典》所收本爲完好無缺，從其抄的張穆本亦完整，何時起出現了缺第 237 節的版本，尚需研究。

如此分卷後，行款方面，《永樂大典》收《元朝秘史》，按統一規格抄寫，半葉爲八行，每行字數則不像《永樂大典》收其餘文獻般整齊劃一，其具體情況如何？因《永樂大典》卷 5175—5193 不見存世，暫不得而知[2]。據目前所見十五卷諸本，則均半葉 10 行，不計每行各詞中空位，每行實際字 26—28 個。每卷收行數則如下：

卷一 正文爲 319 行，總譯爲 200 行，共計 519 行

卷二 正文爲 266 行，總譯爲 147 行，共計 413 行

卷三 正文爲 281 行，總譯爲 127 行，共計 408 行

卷四 正文爲 307 行，總譯爲 128 行，共計 435 行

卷五 正文爲 276 行，總譯爲 84 行，共計 360 行

卷六 正文爲 218 行，總譯爲 95 行，共計 313 行

卷七 正文爲 369 行，總譯爲 135 行，共計 504 行

卷八 正文爲 335 行，總譯爲 128 行，共計 463 行

卷九 正文爲 276 行，總譯爲 85 行，共計 361 行

卷十 正文爲 263 行，總譯爲 94 行，共計 357 行

---

① 清道光二十七年（1847）靈石楊氏刊《連筠簃叢書·元朝秘史十五卷》，卷十一，第四葉。

② 據現存《永樂大典》，每半葉八行，實則小字十六行，行二十八字。筆者認爲，其所收《元朝秘史》亦如此，半葉八行，但此八行則帶有旁譯和示音的獨立行，非小字十六行。

卷十一　正文爲 185 行，總譯爲 61 行，共計 246 行

卷十二　正文爲 207 行，總譯爲 78 行，共計 285 行

卷十三　正文爲 357 行，總譯爲 105 行，共計 462 行

卷十四　正文爲 222 行，總譯爲 75 行，共計 297 行

卷十五　正文爲 199 行，總譯爲 34 行，共計 233 行

以上共計 5656 行，即現所見十五卷本《元朝秘史》的行數。因不知《永樂大典》收《元朝秘史》，使用底本爲何版十二卷本，故無從判斷由多少行數變爲現所見的 5656 行。 祇知十五卷本一改現所見十二卷本卷一首行"成吉思合罕訥忽札兀儿"爲獨立一行模式，呈連續抄錄，形成十五卷本卷一首行"成吉思（中）合罕訥　忽札兀儿　迭額列騰格理額扯　札牙阿禿　脫（舌）列（克）先"，致使原十二卷本第一節正文 5 行，在十五卷本第一节中成 4 行。

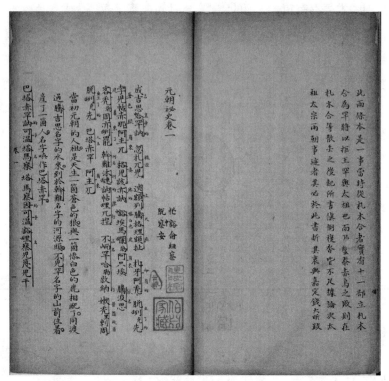

圖 3　孫星衍舊藏十五卷本《元朝秘史》（國家圖書館提供）

（二）文字的改動

我們通過對現存十二卷本和十五卷本進行比對，可歸納出十五卷本換字、删字、補字情況。 以國家圖書館藏孫星衍舊藏本爲基礎，與該館藏顧廣圻校本進行對勘，發現孫

星衍舊藏本誤漏以及示音字（中）合與哈的交錯使用較多，對示音"舌"的漏字、餘字、誤字、錯位等情況尤爲突出。本文對此情況不做一一列舉，僅對單字、短句的換字、删字、補字情況做統計。

1. 換字情況

孫星衍舊藏本正文中抄寫不同單字有 413 處，可分爲完全錯別字、形似錯別字、同音不同字、形似音似字、音似換字、語法換字等情況。我們可將前二種看作抄寫流傳過程中的誤字，可認爲非主動改變者。後四種情況，則可認爲由原十二卷改爲十五卷時，不祇在卷次上進行調整，字詞上亦做了改動。下面將此情況以表格歸納，舌邊字示音"勒"和蒙古語 q 的示音"中"、標示舌音的"舌"字，均置於（）中；國家圖書館藏翁同書舊藏本與顧廣圻校本一致者，在備註中表示"翁同顧"，國家圖書館藏瞿鏞舊藏本[①]的特殊情況亦做備註説明。

表 2 《元朝秘史》十二卷本與十五卷本間字詞對比

節次	行次	孫星衍舊藏本	顧廣圻校本	不同字	分析	備註
221	1	出額（克）薛額（舌）里顏	拙額（克）薛額（舌）里顏	出—拙	形似音似	
251	7	哈苔豁字格禿里	（中）合苔豁字格禿（舌）兒	哈—（中）合 里—（舌）兒	形似音似	
267	11	那（克）赤額禿（中）孩	那（克）赤額禿（中）該	（中）孩—該	形似音似	
275	18	篾迭禿（中）孩	篾迭禿該	（中）孩—該	形似音似	
278	35	篾迭禿（中）孩	篾迭禿該	（中）孩—該	形似音似	
279	6	斡（克）禿（中）孩	斡（克）禿該	（中）孩—該	形似音似	
279	29	乞禿（中）孩	乞禿該	（中）孩—該	形似音似	
63	8	劄阿（中）合（黑）三	劄阿哈（黑）三	哈—（中）合	形似音同	
117	6	劄木哈	劄木（中）合	哈—（中）合	形似音同	
48	1	撏薛赤列	撏薛出列	赤—出	音似換字	
55	3	（中）豁亦納扯	（中）豁亦納察	扯—察	音似換字	
60	2	斡乞	斡勤	乞—勤	音似換字	
62	5	可兀備	可溫備	兀—溫	音似換字	
63	3	古溫捏	古兀捏	溫—兀	音似換字	
65	1	可兀馬訥	可溫馬訥	兀—溫	音似換字	

---

① 國家圖書館藏瞿鏞舊藏本，十五卷，清抄本，4 册。館藏號 3404，亦收入由内蒙古文化出版社於 2017 年綫裝影印出版的《元朝秘史版本叢刊》第一編中。

續表

節次	行次	孫星衍舊藏本	顧廣圻校本	不同字	分析	備註
66	7	古（舌）列格（愓）帖	古（舌）里格（愓）帖	列—里	音似換字	
68	2	可兀	可溫	兀—溫	音似換字	
70	6	孛（勒）罷	孛魯罷	（勒）—魯	音似換字	
75	3	帖只額牙	帖只額耶	牙—耶	音似換字	
75	6	鉤吉（勒）周	鉤吉列周	（勒）—列	音似換字	
76	9	（中）合失兀格兒	（中）合失兀客兒	格—客	音似換字	
78	4	都（葡）禿（勒）忽	多（葡）禿（勒）（中）忽	都—多	音似換字	
78	6	都（葡）禿（勒）（中）忽	多（葡）禿（勒）（中）忽	都—多	音似換字	
79	5	（舌）忽兒班泥	（舌）忽兒把泥	班—把	音似換字	
79	9	石恢槐圖兒	石恢都兒	圖—都	音似換字	
79	10	斡（舌）魯巴速	斡（舌）羅巴速	魯—羅	音似換字	
79	10	石恢槐圖兒	石恢都兒	圖—都	音似換字	
80	11	豁（黑）禿（舌）里阿（愓）	豁（黑）脫（舌）里阿（愓）	禿—脫	音似換字	
81	8	兀者（克）帖古	兀者（克）迭古	帖—迭	音似換字	
89	2	朵脫列	朵脫（舌）剌	列—（舌）剌	音似換字	
89	3	亦咥	亦顛	咥—顛	音似換字	
100	7	帖木真訥埃備	帖木只訥埃備	真—只	音似換字	
100	10	帖木真泥	帖木只泥	真—只	音似換字	
101	12	帖木真訥	帖木只訥	真—只	音似換字	
102	1	帖木真訥	帖木只訥	真—只	音似換字	
102	3	抹孩耶	抹（中）孩牙	耶—牙	音似換字	
103	2	（中）忽（舌）兒班泥	（中）忽（舌）兒巴泥	班—巴	音似換字	
103	6	兀者古因禿利	兀者古因禿剌	利—剌	音似換字	
104	8	苔（中）忽因	褡（中）忽因	苔—褡	音似換字	
105	16	額雪里顏	斡雪里顏	額—斡	音似換字	
106	4	（中）合唐（中）忽迭額你顏	（中）合唐（中）忽迭額里顏	你—里	音似換字	
107	2	帖木真捏	帖木只捏	真—只	音似換字	
107	3	古（舌）魯格兀魯額（愓）	古（舌）兒格兀魯額（愓）	魯—兒	音似換字	
107	9	阿因（勒）（中）合（舌）剌合（勒）苔	阿因（勒）（中）合（舌）剌（中）合納苔	（勒）—納	音似換字	

續表

節次	行次	孫星衍舊藏本	顧廣圻校本	不同字	分析	備註
110	5	帖木真訥	帖木只訥	真—只	音似換字	
110	11	不都（舌）里牙	不都里耶	牙—耶	音似換字	
110	14	亦（舌）兒堅捏扯	亦（舌）兒格捏扯	堅—格	音似換字	
112	9	篾（舌）兒乞（惕）	篾（舌）兒乞歹	（惕）—歹	音似換字	
113	2	騰格（舌）理	騰吉（舌）里	格—吉 理—里	音似換字	
113	4	亦兒格捏	亦（舌）兒格泥	捏—泥	音似換字	
116	2	字侖（勒）赤（黑）撒你顏	字侖（勒）察（黑）撒你顏	赤—察	音似換字	
116	5	帖木真訥	帖木只訥	真—只	音似換字	
118	2	耨兀牙	耨兀耶	牙—耶	音似換字	
128	4	拙出苔（舌）兒馬剌	拙赤苔（舌）兒馬剌	出—赤	音似換字	
207	2	不（中）灰額赤	不（中）灰額徹	赤—徹	音似換字	
229	6	客（蔔）帖兀（勒）	客（蔔）帖兀列	（勒）—列	音似換字	
248	15	斡古牙	斡古耶	牙—耶	音似換字	
248	15	扯（舌）里（克）	扯（舌）里昆	（克）—昆	音似換字	
248	16	古溫捏坤都帖	古兀捏坤都帖	溫—兀	音似換字	
248	16	斡古牙	斡古耶	牙—耶	音似換字	
248	20	古溫捏	古兀捏	溫—兀	音似換字	
251	19	古溫訥米（中）合	古兀訥米（中）合	溫—兀	音似換字	
255	38	你刊你顏	你客你顏	刊—客	音似換字	
255	38	你刊	你客	刊—客	音似換字	
255	39	你刊你顏	你客你顏	刊—客	音似換字	
257	26	莎（勒）壇	莎（舌）兒壇	（勒）—（舌）兒	音似換字	
265	15	成吉思（中）合阿納	成吉思（中）合罕納	阿—罕	音似換字	
270	1	斡阿歹（中）合罕	斡歌歹（中）合罕	阿—歌	音似換字	
270	18	古（舌）列格（惕）	古（舌）里格（惕）	列—里	音似換字	
272	29	阿（中）合余延	阿（中）合余安	延—安	音似換字	內容在273中
272	33	可兀	可溫	兀—溫	音似換字	
273	2	斡（克）周	斡（克）抽	周—抽	音似換字	
278	2	客（蔔）帖兀（勒）	客（蔔）迭兀（勒）	帖—迭	音似換字	
278	23	古溫訥	古兀訥	溫—兀	音似換字	
279	18	帖（舌）里兀（勒）周	帖（舌）里兀列周	（勒）—列	音似換字	
280	9	迓步（中）忽耶	迓步（中）忽牙	耶—牙	音似換字	

續表

節次	行次	孫星衍舊藏本	顧廣圻校本	不同字	分析	備註
281	4	劄剌吉顏	劄（舌）列吉顏	剌一（舌）列	音似換字	
56	2	迭（勒）別格迭察	迭（勒）別格迭扯	察一扯	音似換字	
120	8	歹豁（勒）忽撒（舌）兒必	多豁（勒）忽徹（舌）兒必	歹一多　撒一徹	音似換字	後者，翁同顧
15	2	迓荅周	牙荅周	迓一牙	同音不同字	
46	5	亦迭額捏	亦哐額捏	迭一哐	同音不同字	
53	1	沐（舌）連	沐（舌）漣	連一漣	同音不同字	翁同顧
53	4	把里周	巴（舌）里周	把一巴	同音不同字	
54	1	沐（舌）連	沐（舌）漣	連一漣	同音不同字	翁同顧
55	1	古兒灰魯額	古兒恢魯額	灰一恢	同音不同字	
55	6	古（舌）兒（中）灰	古（舌）兒恢	（中）灰一恢	同音不同字	
55	10	阿（蔔）（中）灰魯額	阿（卜）恢魯額	（中）灰一恢	同音不同字	
55	12	沐（舌）連	沐（舌）漣	連一漣	同音不同字	翁同顧
56	4	阿亦速（中）灰突兒	阿亦速（恢突兒）	（中）灰一恢	同音不同字	
58	2	秣（舌）驪剌罷	抹（舌）里剌罷	秣（舌）驪一抹（舌）里	同音不同字	
59	3	不（中）灰突兒	不恢突兒	（中）灰一恢	同音不同字	
59	6	斡（克）（中）灰	斡（克）恢	（中）灰一恢	同音不同字	
61	1	不（中）灰突兒	不恢突兒	（中）灰一恢	同音不同字	
61	2	亦（舌）兒堅圖（舌）兒	亦（舌）兒堅途（舌）兒	圖一途	同音不同字	
67	4	倒兀里（黑）荅（黑）三	擣兀里（黑）荅（黑）三	倒一擣	同音不同字	
77	6	古兒（中）灰突兒	古兒恢突兒	（中）灰一恢	同音不同字	
77	9	速理木孫	速（舌）里木孫	理一（舌）里	同音不同字	
78	5	莽古思	蟒古思	莽一蟒	同音不同字	
79	4	巴（舌）里周	把（舌）里周	巴一把	同音不同字	
82	1	也客禱兀把兒	也客檮兀把兒	禱一檮	同音不同字	
85	1	雪泥迭	雪你迭	泥一你	同音不同字	
85	2	擣兀	儔兀	擣一儔	同音不同字	
88	4	（中）豁失兀納	（中）豁失兀訥	納一訥	同音不同字	
90	1	乃蠻抹驪（惕）	乃蠻秣驪（惕）	抹一秣	同音不同字	
90	14	乃蠻抹驪（惕）	乃蠻秣驪（惕）	抹一秣	同音不同字	
94	2	客魯（舌）連	客魯（舌）漣	連一漣	同音不同字	翁同顧

節次	行次	孫星衍舊藏本	顧廣圻校本	不同字	分析	備註
96	1	沐（舌）列訥	沐（舌）洌訥	列—洌	同音不同字	翁同顧
100	4	騰格理	騰格里	理—里	同音不同字	
100	10	不（中）灰宜	不恢宜	（中）灰—恢	同音不同字	
101	2	騰格理	騰格里	理—里	同音不同字	
102	1	不崏（中）罕（中）合（勒）敦泥	不兒（中）罕（中）合（勒）敦泥	崏—兒	同音不同字	
102	3	察（惕）（中）忽朗	察（惕）（中）忽郎	朗—郎	同音不同字	
102	8	嗚詁列（勒）都侖	嗚詁列（勒）都（舌）論	侖—（舌）論	同音不同字	
103	4	不崏（中）罕（中）	不兒（中）罕	崏—兒	同音不同字	
104	2	沐（舌）連納	沐（舌）洌訥	連—洌　納—訥	同音不同字	
104	11	扯（克）（舌）來因	扯客（舌）來因	（克）—客	同音不同字	
104	12	塔（中）忽因	褡（中）忽因	塔—褡	同音不同字	
105	5	斡雪坤	斡薛坤	雪—薛	同音不同字	
105	24	沐（舌）連泥	沐（舌）漣泥	連—漣	同音不同字	翁同顧
106	10	巴（舌）里罷必	把（舌）里罷必	巴—把	同音不同字	
106	13	沐（舌）列訥	沐（舌）漣訥	列—漣	同音不同字	翁同顧
106	14	斡難沐（舌）連	斡難沐（舌）漣	連—漣	同音不同字	翁同顧
107	4	不崏（中）罕合（勒）都納	不（舌）崏（中）罕合（勒）都訥	納—訥	同音不同字	
107	5	秣（舌）兒途（舌）兒備	抹（舌）兒途（舌）兒備	秣—抹	同音不同字	
109	6	沐（舌）連捏	沐（舌）漣捏	連—漣	同音不同字	翁同顧
110	1	雪你迭	雪泥迭	你—泥	同音不同字	
110	12	阿亦速（中）灰宜	阿亦速恢宜	（中）灰—恢	同音不同字	翁同顧
112	4	巴（舌）剌溫	把（舌）剌溫	巴—把	同音不同字	
113	3	騰吉（舌）理	騰吉（舌）里	理—里	同音不同字	
116	4	不恢突（舌）兒	不（中）灰突（舌）兒	恢—（中）灰	同音不同字	
116	6	劄恢突（舌）兒	劄（中）灰突（舌）兒	恢—（中）灰	同音不同字	
116	7	（中）豁亦納	（中）豁亦訥	納—訥	同音不同字	
118	7	（中）豁泐突兒	（中）豁勒突（舌）兒	泐—勒	同音不同字	
118	12	（中）豁泐突兒	（中）豁勒突兒	泐—勒	同音不同字	
140	6	斡客罷	斡（克）罷	客—（克）	同音不同字	
149	2	塔（舌）兒（舌）忽台乞隣（勒）禿（黑）	塔（舌）兒（舌）忽台乞鄰（勒）禿（黑）	隣—鄰	同音不同字	

續表

節次	行次	孫星衍舊藏本	顧廣圻校本	不同字	分析	備註
149	19	額甋兀該	額氁兀該	甋—氁	同音不同字	
151	9	客魯（舌）洌訥	客魯（舌）列訥	洌—列	同音不同字	
171	9	亦（舌）列（中）灰魯額	亦（舌）列恢魯額	（中）灰—恢	同音不同字	
171	5	朵（舌）羅訥只	朵（舌）羅納只	訥—納	同音不同字	
184	9	迓步恢突（舌）兒	迓步（中）灰突（舌）兒	恢—（中）灰	同音不同字	
185	5	不恢突（舌）兒	不（中）灰突（舌）兒	恢—（中）灰	同音不同字	
195	5	阿亦速恢	阿亦速（中）灰	恢—（中）灰	同音不同字	
195	48	失列篾（勒）甋	失列篾（勒）氁	甋—氁	同音不同字	
200	25	阿剌（勒）都恢	阿剌（勒）都（中）灰	恢—（中）灰	同音不同字	
201	7	兀甋	兀氁	甋—氁	同音不同字	
201	10	兀甋	兀氁	甋—氁	同音不同字	
213	3	古（舌）列延	古（舌）列筵	延—筵	同音不同字	
213	12	撒兀（黑）撒訥	撒兀（黑）撒納	訥—納	同音不同字	
214	20	迓步恢突兒	迓步（中）灰突兒	恢—（中）灰	同音不同字	翁同顧
219	4	可兀的耶里延	可兀的耶（舌）里顏	延—顏	同音不同字	
220	2	荅（舌）兒（中）忽台	塔（舌）兒（中）忽台	荅—塔	同音不同字	
220	3	納兀荅	訥兀荅	納—訥	同音不同字	
224	33	迓步（中）灰班	迓步恢班	（中）灰—恢	同音不同字	
227	5	蔑迭周	篾迭周	蔑—篾	同音不同字	
229	7	暑（舌）連	暑漣	連—漣	同音不同字	翁同顧
229	8	暑（舌）連	暑漣	連—漣	同音不同字	翁同顧
236	1	脫（黑）脫阿因惚禿	脫（黑）脫阿因（中）忽禿	惚—（中）忽	同音不同字	瞿鏞藏本“（中）忽”
248	2	阿（勒）壇（中）合納	阿（勒）壇（中）合訥	納—訥	同音不同字	
248	3	王京丞相	王京丞相	京—京	同音不同字	
248	17	王京丞相溫	王京丞相溫	京—京	同音不同字	
248	21	王京丞相	王京丞相	京—京	同音不同字	
248	24	王京丞相	王京丞相	京—京	同音不同字	
249	4	成吉思（中）合阿納	成吉思（中）合阿訥	納—訥	同音不同字	
249	10	癸（趣）纏者	癸（趣）躔者	纏—躔	同音不同字	
249	15	古兒格兀論	古兒格兀侖	論—侖	同音不同字	
251	17	南京	南京	京—京	同音不同字	

節次	行次	孫星衍舊藏本	顧廣圻校本	不同字	分析	備註
253	1	南京	南京	京一京	同音不同字	
254	5	秣（舌）驪剌（中）灰突（舌）兒	秣（舌）驪剌恢突（舌）兒	（中）灰一恢	同音不同字	
254	7	沐洌（惕）	沐（舌）列（惕）	洌一（舌）列	同音不同字	
254	18	兀荅阿（舌）剌（中）灰阿察	兀荅阿（舌）剌恢阿察	（中）灰一恢	同音不同字	
254	38	古（舌）魯（勒）扯（中）灰突（舌）兒	古（舌）魯（勒）扯恢突（舌）兒	（中）灰一恢	同音不同字	
254	52	迓步（中）灰	迓步恢	（中）灰一恢	同音不同字	
257	11	蔑力（克）	篾力（克）	蔑一篾	同音不同字	
257	13	蔑力（克）	篾力（克）	蔑一篾	同音不同字	
257	17	阿亦速（中）灰突（舌）兒	阿亦速恢突（舌）兒	（中）灰一恢	同音不同字	
257	18	蔑力（克）	篾力（克）	蔑一篾	同音不同字	
257	20	沐洌捏	沐（舌）列捏	洌一（舌）列	同音不同字	
257	22	蔑力（克）	篾力（克）	蔑一篾	同音不同字	
257	23	沐（舌）連	沐（舌）漣	連一漣	同音不同字	
258	2	沐（舌）連	沐（舌）漣	連一漣	同音不同字	
259	4	阿（勒）壇（中）豁（舌）兒（中）合納	阿（勒）壇（中）豁（舌）兒（中）合訥	納一訥	同音不同字	
260	9	成吉思（中）合阿納埃	成吉思（中）合阿訥埃	納一訥	同音不同字	
260	9	騰格（舌）里	騰格（舌）理	里一理	同音不同字	
260	18	不（中）灰突（舌）兒	不恢突（舌）兒	（中）灰一恢	同音不同字	
260	21	速侖不（中）灰突（舌）兒	速（舌）侖不恢突（舌）兒	（中）灰一恢	同音不同字	
260	24	土乞（舌）兒抽	禿乞（舌）兒抽	土一禿	同音不同字	瞿鏞藏本"主"
260	27	亦（舌）兒格納	亦（舌）兒格訥	納一訥	同音不同字	
262	4	沐（舌）列（惕）	沐（舌）洌（惕）	列一洌	同音不同字	
264	2	申沐（舌）列泥	申沐（舌）洌泥	列一洌	同音不同字	
265	3	禿（舌）兒	突（舌）兒	禿一突	同音不同字	
265	5	兀納周	兀訥周	納一訥	同音不同字	
265	39	帖篾延	驖篾延	帖一驖	同音不同字	
266	12	亦訥兀（惕）	亦納兀（惕）	訥一納	同音不同字	
267	13	禿（舌）兒	突（舌）兒	禿一突	同音不同字	

續表

節次	行次	孫星衍舊藏本	顧廣圻校本	不同字	分析	備註
268	8	騰格（舌）里 突（舌）兒	騰格（舌）理 突（舌）兒	里—理	同音不同字	
268	8	（中）合魯（黑）撒納	（中）合魯（黑）撒訥	納—訥	同音不同字	
269	4	客魯洌訥	客魯（舌）列訥	洌—（舌）列	同音不同字	
269	4	成吉思（中）合罕納	成吉思（中）合罕訥	納—訥	同音不同字	
270	12	不鄰可兀的	不（舌）隣可兀的	鄰—（舌）隣	同音不同字	
272	20	必荅納	必荅訥	納—訥	同音不同字	內容在 273 中
272	26	客納	客訥	納—訥	同音不同字	內容在 273 中
279	3	阿納	阿訥	納—訥	同音不同字	
280	15	兀納忽臣	兀訥忽臣	納—訥	同音不同字	
281	4	哈兀（勒）恢	哈兀（勒）（中）灰	恢—（中）灰	同音不同字	
281	22	騰格（舌）理	騰格（舌）里	理—里	同音不同字	
282	1	客魯（舌）列納	客魯（舌）洌訥	列—洌　納—訥	同音不同字	
54	3	阿亦速（中）忽泥	阿亦速（中）忽宜	泥—宜	語法換字	
58	3	牙荅周	牙荅罷	周—罷	語法換字	
80	1	（中）合（舌）兒必客延	（中）合（舌）兒速客延	必—速	語法換字	
87	5	斡（克）罷	斡（克）別	罷—別	語法換字	
94	3	（中）豁牙兒	（中）豁牙（舌）侖	兒—（舌）侖	語法換字	
117	2	阿馬（舌）剌（勒） 都牙	阿馬（舌）剌（勒） 都（中）灰	牙—（中）灰	語法換字	
239	22	亦（舌）兒格宜	亦（舌）兒格泥	宜—泥	語法換字	
245	11	亦列主爲	亦列主兀	爲—兀	語法換字	
248	24	成吉思（中）合阿納	成吉思（中）合阿泥	納—泥	語法換字	
249	11	成吉思（中）合阿納	成吉思（中）合阿泥	納—泥	語法換字	
250	6	撒阿（舌）里客 額（舌）兒	撒阿（舌）里客 額（舌）里	兒—里	語法換字	
251	5	不列埃客延	不列該客延	埃—該	語法換字	
254	28	剳（舌）宜（黑）	剳（舌）里（黑）	宜—里	語法換字	
255	21	（中）豁牙（舌）兒	（中）豁牙（舌）侖	兒—侖	語法換字	
255	37	（中）合撒（舌）兒	（中）合撒（舌）侖	兒—侖	語法換字	
260	26	阿（蔔）赤剌速牙	阿（蔔）赤（舌）剌速 （中）孩	牙—（中）孩	語法換字	
265	36	迓步周	迓步牙	周—牙	語法換字	
266	5	孛（勒）罷	孛魯（舌）侖	（勒）—魯 罷—侖	語法換字	

節次	行次	孫星衍舊藏本	顧廣圻校本	不同字	分析	備註
270	20	阿（中）合里	阿（中）合宜	里一宜	語法換字	
272	2	荅（舌）魯阿	荅（舌）魯周	阿一周	語法換字	
274	14	也速迭（舌）兒（中）豁（舌）兒赤泥	也速迭（舌）兒（中）豁（舌）兒赤宜	泥一宜	語法換字	

以上不同字中，形似音似字有 8 處，形似音同字有 2 處，音似換字有 71 處，同音不同字有 134 處，語法換字有 23 處。其中，翁同書舊藏本、瞿鏞舊藏本與孫星衍藏本不同者共計 16 處，其餘則均完全一致。故我們認爲，此三本所用底本爲相同，或爲互相傳抄。同時説明《元朝秘史》由十二卷改爲十五卷時，不祇在卷次上進行了改動，文字上也有主動改動。

2. 删字情况

目前所見十五卷本，不祇在文字上使用不同字，有些字詞，則有删除情况，具體如下，"——"符號的前者爲十五卷本，後者爲十二卷本中：

（1）第 68 節第 2 行中：塔歹 ——（中）晃（中）豁塔歹，漏"（中）晃（中）豁"

（2）第 78 節第 10 行中：（中）晃（中）豁 —— 巴（舌）露絲篾圖，漏"思"

（3）第 79 節第 2 行中：失別（舌）里兀 —— 失別（舌）里主兀，漏"主"

（4）第 83 節第 9 行中：古兀捏 —— 古兀捏兀者（克）迭額速，漏"兀者（克）迭額速"

（5）第 98 節第 4 行中：額客 —— 額客 額客，漏"額客"

（6）第 124 節第 9 行中：必 —— 必 迭該，漏"迭該"

（7）第 130 節第 15 行中：保兀（舌）兒赤 —— 保兀（舌）兒赤 失乞兀（舌）兒，漏"失乞兀（舌）兒"

（8）第 152 節第 18 行中：（中）忽（蔔）赤（舌）里 ——（中）忽（蔔）赤（舌）里（中）忽（卜）赤周，漏"（中）忽（卜）赤周"

（9）第 154 節第 20 行中：荅（舌）里台 —— 荅阿（舌）里台，漏"阿"

（10）第 209 節第 1 行中：孛（克）薛 —— 孛客因 孛（克）薛，漏"孛（克）因"

（11）第 212 節第 5 行中：阿（中）忽赤 —— 兀禄兀 阿（中）忽赤，漏"兀禄兀"

（12）第 213 節第 8 行中：不（舌）剌 —— 不（舌）剌塔（舌）剌，漏"塔（舌）剌"

（13）第 214 節第 48 行中：兀（舌）里（舌）荅察 —— 兀（舌）里牙荅察，漏"牙"

（14）第 220 節第 2 行中：乞里（黑）禿 —— 乞（舌）里（黑）禿吉，漏"吉"

（15）第247節第13行中：（中）豁脱（惕）——（中）豁脱（惕）（中）豁脱（惕），漏"（中）豁脱（惕）"

（16）第249節第4行中：不（舌）兒（中）罕——不（舌）兒（中）罕罕，漏"罕"

（17）第257節第14行中：成吉思（中）合訥——成吉思（中）合阿訥，漏："阿"

（18）第258節第1行中：額列徹——客額（舌）列徹，漏"客（舌）"

（19）第266節第6行中：豁牙（舌）剌——木（中）合黎 豁牙（舌）剌，漏"木（中）合黎"

（20）第268節第3行中：亦咥（中）灰——亦咥額 亦咥（中）灰，漏"亦咥額"

（21）第268節第8行中：也遂（中）合敦納——（中）豁亦納 也遂（中）合敦納，漏"（中）豁亦納"

（22）第270節第7行中：客列——不（中）合（舌）兒 客列，漏"不（中）合（舌）兒"

（23）第270節第22行中：阿（中）合——阿（中）合 不（舌）里宜，漏"不（舌）里宜"

（24）第271節第8行中：扯兀（惕）——扯（舌）里兀（惕），漏"（舌）里"

（25）第271節第8行中：客額周——亦列速 客額周，漏"亦列速"

（26）第275節第15行中：勺必——勺必 塔必，漏"塔必"

（27）第276節第8行中：朵（舌）兒篾——朵（舌）兒篾該，漏"該"

（28）第278節第58行中：篾顛（黑）三——篾顛阿（黑）三，漏"阿"

（29）第279節第7行中：客失（克）——客失（克）田，漏"田"

（30）第279節第10行中：嫩禿塔泥——嫩禿赤塔泥，漏"赤"

（31）第280節第10行中：（中）合罕——（中）合罕訥，漏"訥"

以上31處刪字，目前所見十五卷本均完全一致，非無意的漏字，而是主動刪字，可視作所抄底本，甚至《永樂大典》所收本亦如此。

3. 補字情況

孫星衍舊藏本正文中，抄多餘字情況存10處，分別如下，"——"符號前者爲十五卷本，後者爲十二卷本：

（1）第55節第1行中：也客赤列都——赤列都，餘出"也客"

（2）第60節第4行中：（中）忽難納速禿——三把周，餘出"納速禿"

（3）第77節第6行中：三巴把周——三把周，余出"巴"

（4）第 77 節第 10 行中：薛（惕）乞塔罷塔 —— 薛（惕）乞罷塔，餘出"塔"

（5）第 79 節中第 9、10 中：石恢槐圖兒 —— 石恢都兒，餘出"槐"

（6）第 85 節第 7 行中：不（中）合兀赤 —— 不（中）合兀，餘出"赤"

（7）第 136 節第 9 行中：（中）忽兒（舌）兒臣合敦 —— （中）忽兒（舌）兒臣，餘出"合敦"

（8）第 169 節第 27 行中：成吉思（中）合罕阿泥 —— 成吉思（中）合阿泥，餘出"罕"

（9）第 265 節第 26 行中：額朵額 亦列額速 —— 額朵額，餘出"亦列額速"

以上 9 處多餘字中，除第 7 條在翁同書舊藏本與顧廣圻校本同，其餘則均一致。我們將其認爲非簡單的抄寫多餘字，而可視作主動補字。

（三）十五卷本特殊情況

《元朝秘史》由十二卷變十五卷本時除上述換字、删字、補字之外，目前所見十五卷本，尚存其特殊情況。

1. 抄寫空行情況

第 124 節第 23 行末第 24 行首，留有大段空白處，而前後内容却完全相連，無遺漏問題。

2. 大段内容遺漏情況

十五卷本中缺十二卷本的第 237 節，其内容爲：

"者别 乃馬訥 古出魯（克）（中）合泥 捏客周 撒（舌）里（黑）

（中）忽納 癸趨扯周 古出魯乞 木（中）忽（惕）（中）合周 亦（舌）列罷"。

如上所述，因張穆抄本總譯中有此正文的總譯内容，故可認爲《永樂大典》所收本不缺此節，此遺漏情況應産生於傳抄過程中。

第 258 節第 3 行中遺漏：

托雷宜 亦（舌）魯亦薛不（舌）兒 帖（舌）

里兀田 斡欒 巴剌（中）合（惕）保兀（惕）（中）渾 客延 亦列罷（原作伯）

此段的總譯無遺漏，得到如實的翻譯。正文中出現遺漏，可認爲抄寫過程中産生。但是，目前所見 15 卷本中却出奇地一致，無疑其底本出現了遺漏。

3. 大段内容穿插情況

第 272 節第 11 行内容：

"孛（勒）（中）忽由 客延"之後的"阿必（惕）剌

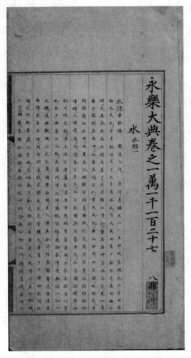

圖 4　國家圖書館《永樂大典》
（國家圖書館提供）

阿速（中）合罕你敦延　捏額周……你兀（舌）兒（中）豁阿　你魯溫"

（等）以上近 20 行内容變成第 273 節首，被抄入第 273 節中，致使本不到 5 行内容的第 273 節行數變的甚多。而總譯則與十二卷本相同，未隨正文内容至第 273 節總譯中。

此段在俄羅斯藏本中未出現穿插情況，與十二卷本一致。故，亦可認爲抄寫過程中産生的錯誤。

以上孫星衍舊藏本中的特殊情況，在翁同書藏本、瞿鏞藏本中完全相同，再次證明此三本底本相同，甚至認爲十五卷本底本亦如此，也構成了現存《元朝秘史》十五卷本在寫本學方面的一大特色。

總之，以漢字拼寫蒙古語的《元朝秘史》，從最初的十二卷本變向十五卷本時，隨着卷次的改變，每卷所收節數和行數發生變化，文字上亦出現换字、删字、補字等情況，形成《元朝秘史》在寫本學方面的獨有特色。此特徵爲十五卷本傳抄過程産生的問題，還是《永樂大典》收本亦如此？祇待《永樂大典》收本見天日時方揭開謎團。

（作者簡介：薩仁高娃，國家圖書館古籍館研究館員）

稀見商承祚手寫本《古器物銘釋》初讀

宗鳴安

摘　要： 商承祚先生 1927 年手寫油印本的《古器物銘釋》一書傳世極少見，其中内容，先生已發表的著作中也未見收録。《古器物銘釋》具有的較高的學術價值，其研究方法或資借鑒，也可以瞭解手寫油印本的版本學價值。

關鍵詞： 商承祚；古器物銘釋；手寫油印本

二〇二一年仲春，日本東京神田町的書友寄來一册綫裝本舊書。書有半寸厚，四邊剪裁得很規整，綫裝縫製得也很專業，"四眼五段"，這是中國古書最標準的裝幀形式了。書的封面上，没有題字，不知書名。翻過扉頁便見正文，手寫體，竪排版，仿古書形式，書口上部有書名，下部有頁碼。初看以爲是墨稿，細觀方知是手寫蠟紙油印本。首行有書名，題爲《古器物銘釋》。下端署作者名爲"商承祚"。

商承祚（1902—1991），中國現代著名的甲骨文學者、金石學家，字錫永，號契齋，

廣東番禺人。二十歲時於天津拜羅振玉先生爲師，學習甲骨文與鐘鼎文字。在學習羅振玉《殷墟書契考釋》的基礎上，根據自己的研究體會，以《説文》部首爲次序，重新編排了羅氏所藏的甲骨文字，訂正了原來釋文中的個别錯誤，并以"祚案"的形式闡述了自己對甲骨文字的一些發現和研究心得。二十一歲（1923）時即刊行了自己的第一部著作《殷墟文字類編》，得到了學術界的認可。二十三歲時（1925），即被東南大學聘爲講師，以後又陸續在中山大學、清華大學、北京大學、金陵大學等處任教，出版多部金石文字研究方面的著作。

我曾多次學習過商承祚先生金石學方面的文章，但未曾有《古器物銘釋》一書的記憶。於是，檢出書架上中山大學出版社 2004 年出版的《商承祚文集》，翻閱目録，無見關於《古器物銘釋》一書出版的記録。又在互聯網上檢索，一二家網站上倒是有十數頁此書的圖片，但無介紹性文字。又查全國各大圖書館與藏家信息，資料顯示，僅國家圖書館、南京大學圖書館、中山大學圖書館、北京師範大學圖書館藏均有收藏，且標明是"油印本"。可見，商承祚先生此册手寫油印本《古器物銘釋》傳世是極爲少有的。

商承祚先生手寫油印本《古器物銘釋》一册共 79 頁，以書中文字與《商承祚文集》上所附商先生手迹對照，此册手寫油印本爲商先生親手謄寫無疑。此書主要内容分爲兩部分。一爲西周《毛公厝鼎》銘文的考釋；一爲西周《大盂鼎》銘文的考釋。

《毛公厝鼎》，今簡稱《毛公鼎》，西周晚期宣王時所鑄。清道光二十三年（1843）出土於陝西岐山，先後由陳介祺、端方、葉恭綽、陳咏仁等遞藏，後歸臺北故宮博物院至今。《毛公鼎》腹内鑄有長篇銘文共 500 字，其中重文 9 字，合文 9 字，是傳世商周青銅器銘文中最長的一件，記録了西周時期珍貴的訓誥史料，其文字、文獻價值亦是其他商周青銅器銘文所不能比擬的。

此器歸陳介祺之初，因社會上需求拓本者衆多，有人即復製出一件來，製作拓本，以應市場要求。復製品拓本流傳於世，因其刻寫不精，甚至有不少錯誤筆劃，所以有些學者見到此種拓本後即斥《毛公鼎》爲贋品、是僞造。不久，陳介祺公布了《毛公鼎》的完整考釋文字與原器拓本，《毛公鼎》的價值才被學界所認可。曾見臺北故宮博物院所藏《毛公鼎》拓本，之上有商承祚、唐蘭、容庚、于省吾、孫海波等人的題跋。其中文字學家孫海波的題跋道出了《毛公鼎》的這段掌故，其文曰："考古鑒器，必須所見者多，比勘參驗，真贋自見。即以此鼎而言，初出土時，人皆以爲僞，及至今日，則輿論翕然，了無異説。是非久之自明，其信然乎。公超先生屬題，潢川孫海波。"孫海波與商承祚交往甚深，1934 年孫海波出版《甲骨文編》，商承祚即爲之作序，足見其水準不低。

《大盂鼎》，西周早期康王時所鑄，清道光二十九年（1849）出土於陝西眉縣禮村，先歸岐山周氏、宋氏，又歸項城袁小午，後歸金石家潘祖蔭，今藏中國國家博物館。《大孟鼎》銘文共 291 字，記載了周康王訓誥孟之事，内容同時也反映了西周社會生活的狀况，以及文字、書法發展水準，具有十分重要的歷史文化價值。

商承祚先生《古器物銘釋》的考釋體例采用逐句遞進法。先釋器名，後釋文字。依次援引數名近代金石學家的有關考釋文字爲根據，以證所釋文字的來源與正確性，并在引文後以“祚案”的形式，闡明商先生自己對這些考釋文字的認識、補充和駁正。商承祚先生在《古器物銘釋》中所引用的前人著作主要有：

徐同柏《從古堂款識學》。徐同柏，字籀莊，浙江嘉興人，清代乾隆年間貢生，從其舅父張廷濟學習古文字，長於篆刻。

孫詒讓《古籀拾遺》。孫詒讓，字仲容，浙江瑞安人，清同治六年舉人，近代著名的樸學大師、文字學家。

劉心源《奇觚室吉金述》。劉心源，字亞甫，號幼丹，湖北嘉魚人，清光緒二年進士，清末民初著名的文字學家、書法家。

吴大澂《愙齋集古録》。吴大澂，字清卿，號恒軒，晚年號愙齋，江蘇吴縣人，清同治七年進士。清代著名的學者，金石學家、書畫家。

王國維《觀堂集林》。王國維，字静安，號觀堂，中國近代最具影響力最重要的文字學家、歷史學家，是中國新史學的開創者之一。

通讀商承祚先生《古器物銘釋》，在《毛公厝鼎》考釋文字之後，有一段商先生的長跋，文後落款爲“丁卯大暑商承祚志於白門之契齋”。“白門”，南京的别稱；“契齋”爲商承祚先生的堂號，此時的“丁卯”即民國十六年（1927）。據 2004 年 11 月中山大學出版社出版的《商承祚文集·我的大半生》一文記載，商承祚先生民國十四年（1925）秋，受聘於南京東南大學，講授甲骨文字，時年二十三歲。民國十五年（1926）6 月，廣州中山大學國文系以商承祚先生研究甲骨文字的成績，特聘其爲中山大學教授，專門講授文字學，但却因故未能成行。民國十六年（1927），商承祚先生又接到時任中山大學教授顧頡剛先生的邀請函，并談妥了前往任教的基本事宜，便於同年 9 月到達廣州中山大學。此《古器物銘釋》油印本即謄寫完成於初進中山大學之時。從書中首頁裝訂線内側可以看到一行小字：“十月六號”，當是商承祚先生 1927 年開始謄寫書稿的日子。此書最後一頁裝訂綫内側亦有小字一行，爲“十一月十日”，可見此書的謄寫用了一個多月的時間。由此可以推斷，此書是商承祚先生到中山大學國文系後，除了教授甲骨文字，也在準備以《毛公鼎》《大盂鼎》的銘文爲例，開始教授鐘鼎金文了。

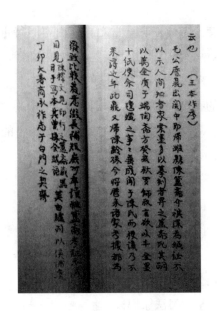

　　前面說過，商承祚先生的手寫油印本《古器物銘釋》傳世極少見，2004 年中山大學出版社所出版的《商承祚文集》中未見有著録，甚至在商承祚先生談及早年從事學問研究的文章如《殷墟文字序》《評寶蘊樓彝器圖録》《古代彝器僞字研究》，及重要的回憶文章《我的大半生》中均未見提及《古器物銘釋》一書。因此，關於此書的價值與意義，我認爲還是十分值得研究的。鑒於此，本人在通讀了《古器物銘釋》一書之後，覺得此書有這樣幾個方面的價值點可以供大家探討：

　　第一，《古器物銘釋》一書的學術意義。

　　中國傳統的文字學研究，宋朝以前主要的角度在於分析中國文字的結體、音韻、本義。漢代許慎的《説文》，主要是從結體、結構來認識中國文字的；漢代揚雄的《方言》，主要是從各地不同的發音來認識中國文字的；漢代的《爾雅》，則是從文字的本義來認識中國文字的。如此三個方面知識，一直以來，也就是中國文字研究的基礎之學。宋明時期，儒家理學大興，學者們研究文字的主要目的在於訓詁經典，以表明自己學問的正統與無誤。明清以來隨着出土文物的大量涌現，中國文字的研究發展到了一個新的時段，即"乾嘉學派"的出現。

　　清朝乾隆、嘉慶時期由段玉裁、王念孫、王引之、朱彝尊等一大批學者以文字學研究爲基礎，試圖重新認識千百年來歧義紛呈的儒家經典。無論結果如何，"乾嘉學派"的這些學者在提倡使用新材料、運用新觀點方面給後世學者以很大的啓發。清末民初，由於國外學術上新的研究角度、研究方法的輸入，中國學者的眼界爲之大開。康有爲、梁啓超、章太炎、王國維等人雖然在學術領域各守着自己的陣地，但他們却都不可避免地開始以一種新的眼光審視着傳統學術。在這一批學者當中，以王國維最能領悟運用新的知識、新的方法，他在研究中國歷史、文化、文字學的過程之中除了運用傳統的訓詁本義的方法之外，又在闡述文字、歷史事件、文化現象中所包含的人類生活現實與社會狀況。這種含有文化人類學思想的學術研究方法，使得王國維的學術研究站在了一個新的高度。王國維《觀堂集林》的出版，將中國傳統的學術研究帶進了"新史學"觀念的學術氛圍之中。

商承祚先生十九歲時即拜金石學家羅振玉爲師，同時又受教於王國維先生，他起初的古文字研究方法在運用、考釋古代經典的同時，也更注重與歷史事件、歷史人物的結合，重視古器物文字中的文化學、民俗學方面的内容，以及前人考釋文字中旁及的古器物出土、流傳、銘文文字損泐、贋僞，以及拓本捶拓水準等方面的資訊。比如在《古器物銘釋》第一頁起首，解釋《毛公鼎》器名的文字中援引劉心源《奇觚室吉金文述》上的一段文字："陳氏所藏古器，其精拓皆有價目可購得，惟此鼎秘不示人。有以五十金購其打本者，亦不能得，同輩以此拓之，至謗爲贋鼎。""以此拓之"即言以此拓本翻刻再拓，所以人以爲贋品也不爲過。當然，我們從這些文字中看到《毛公鼎》與拓本在當時傳世的狀況，對研究《毛公鼎》的文字是有很重要意義的。祇有分辨出真僞來，才能更接近真實。這是研究古代文字的基本要求。

在《古器物銘釋》一書第 38 頁"祚案"條下"'已曰'，'已'，發端辭。《盂鼎》：'已女妹辰昧辰。'《書·梓材》：'已若茲監'，皆是也。'及茲'，孫誤釋'汲知'，謂嗌省。徐、吳皆以下命上字，屬上讀，'非君王'以爲'尹'，蓋所據之墨本不精而致誤。"由此可見，前人重視墨拓本的精善是有原因的。另外，商承祚先生在這裏還提示了一個釋讀金甲文字的重要方法，即：釋字要重視語言環境，要結合辭句的上下文意義來釋讀，不可僅觀字形來辨字。這也是王國維、羅振玉等前輩學者在古文字研究中最爲強調的方法之一。

《古器物銘釋》一書在釋"王曰：父厝，已，曰：及茲卿事寮大史寮於父卿君。"一句，引徐同柏《從古堂款識學》中文字："'已'，語辭。'事'讀如'士'，公卿大夫之通稱……同官爲寮。此云'及茲'，猶《詩·小雅》云：'及爾同寮'。"雖是以古釋古，但還是重視了以事實釋古文字的方法。這種研究方法與表現形式，是 20 世紀初中國學者突破思想禁錮、吸收先進科學研究方法的初步實踐，使歷史考據之學展現出了活的、可與人類生活相關的、脱去了人爲包裹外殼的新學術精神。所以，待歷史研究者、文字研究者有機會讀到商承祚先生《古器物銘釋》一書時，或能真切體會到此書的學術價值。

第二，《古器物銘釋》一書可見前輩學者的研究方法。

前面説過，20 世紀初的中國學者在新思想、新文化的衝擊之下，都在探尋新的學術研究方法，商承祚先生當然也不能例外。通過閱讀《古器物銘釋》一書可以看到，商承祚先生在秉承了傳統學術研究方法的同時，也在努力運用新的方法、新的材料。

商承祚先生於文字學的研究方法上，首先繼承了中國傳統學術研究的"類比考證法"。在考證文字意義、詞句格式的過程中，多層次、多角度地運用材料，甚至是意見相左的材料。我們在閱讀《古器物銘釋》一書中經常能見到這樣的例證。如《毛公鼎》銘文中三行"唯天 集乓命"，此句看似簡單，但徐同柏、孫詒讓、吳大澂所釋各有異同。商承祚先生在此條後以"祚案"總結道："'乓'，徐、孫、吳釋'乃'，唯、維、惟、佳一字。金文慣用佳，經典則用'維'、用'惟'。以'佳'爲'佳鳥'，以'唯'爲'唯諾'，遂別。' '字非'庸'，王（國維）讀'舍'亦非是。若讀《虢季子白盤》之'武於戎工'爲'舍武於戎工'，則不辭矣。且此銘有舍字，後見。"現在一般將此句釋作："唯天將集厥命"。

在排比類舉前輩學者的考釋文字之後，又有自己的看法提示給讀者，這種避免孤證、層層遞進的考釋方法，既有中國傳統"訓詁之學"的辯證思想，又有現代邏輯思維的精神。

商承祚先生從年輕時代起即喜收藏，重視面對實物的研究。19歲時拜金石學家羅振玉爲師，即以研究甲骨文字、捶拓商周金文入手學習古代文字，所以，其學問多能言之確鑿，而不囿於書本文獻。商承祚先生在其《古代彝器僞字研究》一文中曾經這樣說道："必須拿實物來參證，用田野發掘出的文物爲依據……要合兩家爲一家，什麼叫'合兩家爲一家'？就是經驗不離書本，書本不離經驗。經驗是能定真假的，書本是補助思路與研究方針的。"

商承祚先生從讀甲骨文到研究甲骨文歷時數年，爲以後的古文字研究打下了堅實的基礎，但并不是說學習中國古文字一定非要從最早的甲骨文開始，商承祚先生在談到書法的學習時曾言：認識古文字應從小篆入手，小篆即秦篆，小篆雖筆法統一，但却包含了商周戰國各地文字結構的主要特徵，也就是中國文字形成的主要法則。認識了小篆上推至甲金文字就容易了許多。然後，以此爲基礎再去研究漢篆、漢隸，問題就更不難解決了。

"秦篆是認識甲金文與漢隸的橋梁"此說非常重要。秦代的篆書雖然重要，但流傳下來的實物却是不多，秦《泰山刻石》如今存世的僅有九個字，秦《琅琊臺刻石》如今存世也不過二百來字。秦代銅器銘文、詔版文字尚存了一些古法。如今真正要瞭解、學習小篆的就是漢許慎《說文解字》的540個部首了。自漢代以來，研究古文字而有所成就的皆是從《說文解字》入手，這是有其道理的，因爲《說文解字》一書也是瞭解、認識古今文字的基礎和橋梁。

商承祚先生在掌握了小篆文字的結構，認識了甲骨文字的特點之後，再來釋讀商周金文，觸類旁通，思維也就開闊了許多。《古器物銘釋》第11頁"祚案"條下，釋"辟"

字，商先生不僅舉金文爲例證，也舉了殷墟甲骨文字爲證。以甲骨文字釋證金文，以金文釋證金文，以《説文》小篆釋證金文，這些方法在《古器物銘釋》中比比皆是，足可見商承祚先生的基礎功力與古文字研究的方法脉絡。

在古文字研究的方法上，我還想談一點，就是：商承祚先生以及羅振玉、王國維等前輩，在把控材料、運用材料方面具有一種宏觀分析與調配的能力。就是説，他們在面對衆多材料、衆多觀點時，知道怎樣分析出它們之間的内在邏輯關係，分析出這些原始材料的價值點，以及這些價值點對自己文章的影響力。然後知道怎樣把這些材料、觀點分配到自己文章的適當環節之中，讓它們起到既有支點，又有亮點的作用。我把這種運用材料的能力稱之爲"統禦能力"，我們在閲讀《古器物銘釋》一書時常常就會感受到這一點。比如在引用王國維的《觀堂集林》、吳大澂的《愙齋集古録》、孫詒讓的《古籀拾遺》、劉心源的《奇觚室吉金文述》等前輩著作時看似隨心應手，實際上是很費了些心思的。在運用這些文獻資料的同時，不忘運用實物資料作爲實證，比如在《古器物銘釋》第12頁、第18頁、第37頁的"祚案"文字裏先後提到了自己見到的甲骨文、新出敦煌寫本等材料，使得自己的議論更加詳實、更加寬博，這就是文字學研究重視實證的有力之處。

第三，手寫油印本《古器物銘釋》的版本價值。

"版本"一詞最初時見於《宋史·邢昺傳》："景德二年，上幸國子監閲書庫書，問昺：經本幾何？昺曰：國初不及四千，今十餘萬，版本大備。""版本"一詞作爲評定書籍善劣的學問，作爲書籍校讎的一項工作，亦始於宋代。南宋葉夢得《石林燕語》："然版本初不是正，不無訛誤。"

　　當然，把書籍版本專門作爲一種學問來研究，稱之爲 "版本學"，則是到近代以後了。這時候的 "版本學" 被歸納到了 "文獻學" 和 "目錄學" 之中。誠然，它從一個側面可以反映出書籍版本的價值，也是 "文獻學" 和 "目錄學" 其中的一個主要內容。但面對浩瀚的中國歷代古籍，面對以 "經、史、子、集" 分部的萬卷圖書，在中國古籍研究中 "版本" 一詞的內涵則應更加豐富。中國現代著名學者王欣夫先生在他的《文獻學講義》中這樣説過："所謂版本，并不限於雕版印刷的書籍，而實際上包括沒有雕版印刷以前的寫本和以後的抄本、稿本在內。" 這是從書籍外在的形式而言的。有的學者在談到寫本的研究時稱："寫本" 研究要考慮 "怎樣破除版本學給我們帶來的一些思維禁錮和固定認識，包括我們對本子的界定，包括我們的校勘的方法。" 實際上傳統的版本學并沒有給 "寫本" 一固定的概念與範圍，祇是宣稱了區別於版印書籍的一個種類。現代的 "寫本" 或 "寫本學" 的概念與研究內容則更加廣泛，它不僅包括手寫的形式，而且包括手寫內容的歷史性、文學性，以及手寫本的工藝形式、裝幀形式、紙張的年代質地、書寫工具、書寫材料、書寫形式、書法特點，甚至還包括書寫者的書寫情緒等。因此，"寫本學" 有版本學研究的意義，但却不是版本學的分支，更不是 "敦煌學" 的衍生品，它是與版本學等其他學科共生，但一直未被單獨提出的學問。近年來，隨着 "寫本研究中心" 的建立，"寫本學" 必將會在人文學科中展現出它的生命力。

　　中國傳統的 "版本" 概念常常是與 "善本" 一詞結合在一起的，研究、談論書籍的 "版本" 就是研究、談論書籍的 "善" 與否。所謂書籍的 "善本"，即包括：一，刊刻久遠、傳世稀少的書籍，比如宋版、元版、明版等；二，刻印裝幀精良的版本；三，筆墨精妙的抄本；四，校讎精審、少有錯誤的版本。當然，有名人批注、批校、題跋的書籍現在也被列入了善本之中。

　　那麼，如商承祚先生手寫油印的《古器物銘釋》一書是否稱得上善本書籍呢？當然算了。中國最早的一部油印本書籍發行於清宣統元年（1909），是清末民初藏書家孫雄所編的《道咸同光四朝詩史一斑錄》。此書以抄寫精美、內容詳實、印刷量少、傳世稀有而被藏書界所追捧。清末民國時期，有些學者、詩人也曾經刻印過一些油印本的書籍，比如《姚鵷雛詩集》《履軒弊帚》，等等。由於這些油印本內容的重要性，所以，收藏界與版本研究者對民國油印本仍是給予了足够的重視。1990 年黑龍江人民出版社出版的《簡明古籍整理辭典》、1999 年齊魯書社出版的《中國古籍版刻辭典》等都把 "油印本" 的詞條收進了詞典之中。

　　根據中國版本學與寫本學的概念，本人認爲，商承祚先生的《古器物銘釋》一書手寫油印本完全可稱之爲善本。首先，此書是由商承祚自己親手謄寫的，具有第一手的可靠的史料性，可見商承祚先生爲學的軌迹與學術淵源。其次，由於此書是作者親手所寫，所以文中所示手寫體甲骨文、金文的結體正確與否，便可見作者對古文字的掌握與理解的程度。再次，是此書當時的印刷量極少，目前筆者所能查到的僅有三本公布於世，此處展示的爲第四本，而且此書至今未有正式刊行過，足見其稀有性了。就此三點，再加上此書内容的學術性，我們完全可以這樣説：商承祚先生手寫油印本《古器物銘釋》一書是非常值得研究與重視的珍貴寫本。

（作者簡介：宗鳴安，西安市文史館館員）

抗戰時期一篇學術論文寫本的考證

伏俊璉

摘　要： 檢得 20 世紀 40 年代初 "國立西北大學試卷" 麻紙上抄寫的《殷代焚田説》論文，根據筆迹判定出自徐褐夫，徐先生曾任西北大學教授，學術研究範圍涉及國際共運史、中國文學史、歐洲史、考古學等領域。胡厚宣發表於 1944 年的《殷代焚田説》一文，與試卷抄本爲同一篇文章。本文推斷，20 世紀 40 年代初，徐褐夫的學術興趣轉向先秦史，他看到胡厚宣的文章後，便用保存前幾年的試卷紙抄録了下來。這件論文寫本抄録得比較整齊，没有修改的痕迹，排除手稿本的可能，應當是謄抄本。

關鍵詞： 徐褐夫；胡厚宣；殷代焚田説

多年前，我在舊書攤得到《考古學零簡》（"東方文庫" 第 71 種，1923 年）和《開封一賜樂業教考》（"東方文庫" 第 72 種，1923 年）兩種書，扉頁有徐褐夫（1903—1978）的題字，當爲徐先生藏書。《開封一賜樂業教考》爲陳垣（1880—1971）的著作。《考古學零簡》爲論文集，收有羅振玉（1866—1940）《莫高窟石室秘録》、王國維（1877—1927）《敦煌發見唐朝之通俗詩及通俗小説》、日本關野貞（1868—1935）《後漢畫像石説》、孫毓修（1871—1922）《唐寫本公牘契約考》、傅運森（1872—1953）《元西域宗王致法蘭西王書考》、高勞（1873—1933）《永曆太妃遣使於羅馬教皇考》、抗父（1877—1929）《最近二十年中國舊學之進步》等七篇文章，作者都是民國初期的學術巨擘。書中還夾有兩篇論文寫本。第一篇寫在 "國立西北聯合大學試卷" 的綿紙上，共三頁，没有大題，小標題是：一，釋田；二，農事考。第二篇寫在 "國立西北大學試卷" 的麻紙上，天頭有藍色橢圓 "國立西北大學" 圖章，論文題目是《殷代焚田説》。兩篇論文都不署作者，根據筆迹，我曾推斷是徐褐夫先生的大作（見圖）。今移録比較短的《殷代焚田説》於後，并加以解説。

《殷代焚田説》1

《殷代焚田説》2

武丁時代卜辭中屢見"焚"字：

□餘□焚□（鐵八七、一。後下九、二）

貞Ａ（林下止）焚□（前一、三、三、一）。

戊申蔔，□Ａ（木下火）（焚）□（後下四、五）

□焚□（後下九、三）

惟殘缺過甚，含義不明。程憬作《殷民族的氏族社會》1據此謂"商人耕種新的土地時是使用燒田法的"。萬國鼎作《商民族的家業》2及《中國田制史》3據此謂："商民族已達農業時代，惟去游牧之時未遠，農業技術殊爲幼稚，耕種之前用燒田法，開闢農田，繼續栽種，不知施用肥料。逮若干年後，地力消失，則棄之而別闢新地。"馬元材作《卜辭時代的經濟生活狀態》4謂："當時商人用的耕作法還是一種原始形式的燒田法，卜辭焚字作Ａ（林下止）或作Ａ（木下火），《公羊傳》謂'焚，火田也。'《說文》'焚，燒田也，從火燒林意'。按燒田是最初的森林或草原改變爲耕地時所用的一種耕作法。"陶希聖作《中國社會史》5及《中國政治思想史》6謂："初期的農業是用石鍤抉土，然後播種，在抉土以前，燒草闢田，即用草灰做肥料，沒有別的肥料。所以甲骨文有'貞焚''蔔焚'，焚，《說文》說'燒田也。'"馬乘風作《中國經濟史》7謂："甲骨文中有'貞焚'字樣，所謂焚，就是當耕稼之時，用火將地上之草木燒掉，以便進行播種。這是幼稚的農業民族所常用的方法。大概在商代存在着這種現象的。"

且諸家所以由卜辭之"焚"字即謂殷人爲使用燒田耕作法者，乃據《說文》"焚，燒田也"之訓。然此實一大誤。《說文》"燒田"乃謂燒宿草以田獵，如王筠《說文句讀》曰："謂燒宿草以田獵也。《郊特牲》'春季出火爲焚也'，注：'謂焚萊也。'《夏官司爟》'野焚萊'，《正義》曰：'大司馬仲春田獵，雲火獘。'鄭雲：'春田主用火，因除陳生新。'"《春秋》桓公七年曰"焚鹹邱"，杜注："焚火田也。"《正義》引李巡、孫炎皆雲"放火燒草，守其下風"。《左傳》定公四年："田於大陸，焚焉。"《禮記·王制》曰："昆蟲未蟄，不以火田。"《爾疋·釋天》曰"火田爲狩"，郭注："放火燒草，獵亦爲狩。"

頃者翻閱研究院第十三次發掘殷虛所新獲之甲文，見有辭曰：

其焚Ａ（上凶下十）（禽）癸卯允焚只（獲）兕十一，豕十五，□廿五。

附注：

1.《中山大學語言歷史學研究周刊》四集第卅九、四〇、四二期及二期十六期《殷民族社會》,《新月》一卷四期《商民族的經濟生活之推測》。

2.金陵大學之《金陵光》十七卷一期。

3.正中書局出版。

4.《飛躍雙周刊》二卷一期。

5. 北大講義。

6. 新生命書局出版。

7. 商務印書館出大學叢書。

　　這是一篇没有寫完的論文，但文章的大致意思還是清楚的，針對學術界普遍認爲殷代焚田就是燒草闢田，用草灰做肥料的説法，作者提出了不同的意見。因爲諸家的觀點是建立在《説文》對"焚，燒田也"的理解基礎上的，而《説文》"燒田"的正確意思是"燒宿草以田獵"，與燒草木開墾土地無關。所以，殷代的焚田，也是焚宿草以田獵，與燒草辟田無關。最後引用新獲甲骨卜辭，是記録癸卯日焚草木以田獵，獲得了十一頭兕、十五頭豕，還有二十五頭其他動物。用確鑿的證據説明殷人燒草木以田獵是一種行之有效的狩獵方式。

　　徐褐夫，江西修水人，原名徐作聖，在蘇聯學習、工作時取名徐褐夫（俄文譯音）。1923 年加入共青團，1926 年去蘇聯學習，畢業於莫斯科東方大學。1927 年至 1928 年 9月任莫斯科東方大學政治課教員。1928 年 9 月至 1930 年 12 月，任蘇聯中山大學政治課翻譯。1931 年至 1937 年，任上海外語編輯社翻譯、上海新中公學教授，期間，以徐行爲筆名發表文章，參加過"國防文學"的討論，與魯迅多有交往。1937 年至 1946 年，任西北聯大、西北大學教授。1947 年任長春大學教授。1947 至 1951 年任蘭州大學外語系教授及系主任。1951 年後任西北師範學院副院長、教授，兼中文系主任。1957 年被錯劃爲右派，1978 年 1 月因病逝世，享年 75 歲。主要著作有《蘇聯史》《中國文學史》，主要譯著有《東方的戰禍》《日德意集團》《考古學》。

　　徐褐夫先生博學多才，性情耿直，他通曉英俄等五國語言。一般人都知道他是一位蘇聯文學、中國現代文學研究專家，其實，徐先生知識非常淵博。著名美學家高爾泰先生在《讀書》2003 年第 10 期發表的《〈論美〉之失》一文中，寫他 1956 年完成《論美》的初稿，曾請教素不相識的徐褐夫先生，徐先生讀後寫了很長的意見："這個八千多字的意見寫得棒極了。其對信念的執着，邏輯説服力，以及淵博的哲學史和藝術史知識，都使我十分敬佩，雖然它也和其他文章一樣，有一個馬克思列寧主義的前提，但我没有那種權力意志的感覺。"天水師範學院教授張平轍先生也曾給我説，徐老的《説文》也很好，金文、甲骨文也很精通。1957 年反右以後，他很少寫文章，但一提起話頭，清代《説文》四大家，現代甲骨"四堂"，他都講得很地道。他讀書，總是在每一篇前蓋上他的圖章，而中間用蠅頭小楷眉批處比比皆是，如在《考古學零簡》所收孫毓修《唐寫本公牘契約考》一文傍的批語云：

> 端方藏《漢建初玉買地券》："時知券約趙滿、何非沽酒各二鬥。"丁佛言藏《漢孫
> 成買地券》："時旁人樊永、張義孫、孫然、異姓樊元祖皆知券，約沽酒各半。"《吳黃武
> 浩宗買地券》："知券者洛陽金□子。"《流沙墜簡》篇及《居延漢簡》契券甚多，皆有
> "在旁，□□知券"語。
>
> 《漢書·游俠傳》："宣帝賜陳遂璽書曰：……妻君寧在旁知狀。"漢之"在旁知狀"，
> 即唐之"見人"也。

另一則批語曰：

> 讀書不可廢訓詁，《公羊》開宗明義即以訓詁解經，宣元年傳雲"主人習其讀而問
> 其傳"，何休注："讀謂經，傳謂訓詁。"若夫登來爲得，辨口授之緩急；主伐客伐，見
> 發聲之短長。

正因爲徐先生有古文字學的造詣，才能寫出這兩篇甲骨文的論文。

但是，《殷代焚田説》是徐褐夫先生自己的論文嗎？因爲我在《甲骨學商史論叢初集》讀到了胡厚宣（1911—1995）先生同名作，兩相對比，除了胡先生的文章是一篇完整的論文，後面有詳細的結論外，其餘部分完全相同。這到底是怎麼回事呢？胡厚宣先生的《殷代焚田説》最早發表於 1944 年出版的《甲骨學商史論叢初集》第 1 冊，成都齊魯大學國學研究所專刊。這本書的目録在 1943 年第 33 期齊魯大學校刊先有發表，但這個目録中沒有《殷代焚田説》。所以應當寫於 1943—1944 年之間。劉桓發表於 1980 年《内蒙古大學學報》的《古代文字研究》，注釋中提到《殷代焚田説》，説是出自 1936 年出版的《歷史語言研究所集刊》九本三分。經查，1936 年出版的《歷史語言研究所集刊》才出到六本一分到七本二分，而且也沒有《殷代焚田説》這篇文章。胡厚宣發表於 1955 年第 1 期《歷史研究》的《殷代農作施肥説》引用了《殷代焚田説》，注明出處是 1944 年出版的《甲骨學商史論叢初集》。胡厚宣編《五十年甲骨學論著目》（中華書局 1952 年），宋鎮豪主編的《百年甲骨學論著目》（語文出版社 1999 年）都注明《殷代焚田説》出自《甲骨學商史論叢初集》。可見，胡先生的這篇文章完成於 1943—1944 年之間。

徐褐夫先生的兩篇甲骨學論文的具體寫作時間不得而知，但根據它寫在"國立西北大學試卷"上，另一篇同類論文寫在"國立西北聯合大學試卷"上，"國立西北聯合大

學"成立於1938年底，1939年7月，西北聯合大學改稱爲國立西北大學[①]。當時日寇瘋狂侵略，踐踏國土，國難當頭，經濟拮据，學校的考試紙印數不會太多，根據頁脚"民國二十×年×月×日"字樣，可能準備用一兩年時間。所以這篇文章的寫作時間大約在40年代初期。當然，還有一種可能性：徐褐夫先生保存了一些前幾年試卷紙，到了1944年，他看到了胡厚宣先生的文章，便把它抄録了下來。這件論文寫本抄録得比較整齊，没有修改的痕迹，排除手稿本的可能，應當是謄抄本。

還要説明的是，胡厚宣先生1934年北京大學畢業后，即進入中研院史語所考古組安陽殷墟發掘團，1940年應顧頡剛之邀任青島齊魯大學國學研究所研究員兼中文系、歷史社會系兩系主任。1946年任复旦大學教授。這期間，他與徐先生没有學術上的交流。

（作者簡介：伏俊璉，西華師範大學文學院教授）

[①] 1937年抗日戰争全面爆發後，平津被日本侵略軍占領，北平大學、國立北平師範大學、國立北洋工學院三所院校於9月10日遷至西安，組成西安臨時大學。太原失陷以後，西安臨時大學又遷往陝南，不久改名爲國立西北聯合大學。1939年7月，國立西北聯合大學改稱爲國立西北大學，西北聯合大學的師范學院獨立設置，改稱國立西北師範學院。不久，國立西北師範學院開始遷往甘肅蘭州。2021年7月14日，我到陝西省漢中市城固縣城中心的文廟瞻仰了當年國立西北師範學院舊址。

《楊樹達日記》所見楊樹達與郭晉稀師友風誼

郝雪麗　莫曉霞

摘　要：《楊樹達日記》詳細記録了我國現代著名語言文字學家楊樹達 1907 年至 1955 年近五十年的生平事迹。郭晉稀是楊樹達在湖南大學任教時的學生，郭先生於 1940 年拜入楊先生門下，直至 1955 年楊樹達去世前，師生二人交往甚繁、魚雁不斷、密如親人。本文試從楊氏百餘則與郭晉稀相關的日記中體悟楊、郭二位先生之間的師友風誼。

關鍵詞：楊樹達日記；郭晉稀；曾運乾；湖南大學；師友風誼

　　楊樹達（1885—1956），字遇夫，號積微，湖南長沙人。早年入長沙時務學堂，後留學日本。先後於北京師範大學、清華大學、武漢大學、湖南大學等校任教，畢生從事漢語語法和文字學研究與教學。當選爲中央研究院院士和中國科學院哲學社會科學學部委員。楊樹達是我國現代著名的語言文字學家，代表作有《積微居金文説》《積微居小學述林》《漢書窺管》等，上海古籍出版的《楊樹達文集》共 17 册，共收著作 25 種。[①]

　　《楊樹達日記》藏於中國科學院文獻情報中心（中國科學院圖書館），共 53 册。詳細記録了楊樹達 1907 年至 1955 年近五十年的生活經歷和活動情況，日記由三部分構成：留日日記（2 册）、旅京日記（30 册）、積微居日記（21 册）。《留日日記》2 册，記録了光緒三十三年（1907）、三十四年（1908）楊樹達留學日本期間的學習生活情況[②]。《旅京日記》30 册，記於 1920 至 1936 年寓京期間。1937 年 7 月，楊樹達離京赴湖南大學任教，日記改題作《積微居日記》，記於 1937 年至 1955 年，共 21 册。《旅京日記》《積微居日記》兩種，體例較《留日日記》更完備，每册日記封面皆題本册卷次、起訖日期、所居地址。每則日記字數幾十至上百字不等，天頭處記當日往來信劄，首行題當日陽

---

①　《楊樹達文集》，上海古籍出版社 1983—1988 年陸續出版。

②　楊樹達先生晚年曾據《日記》整理的《積微翁回憶録》，已於 1986 年由上海古籍出版社出版。

曆、陰曆、七曜及天氣。《楊樹達日記》幾乎一天也不遺漏地記錄了楊先生留學日本至去逝前夕的生活行蹤、師友往來、學問心得、學人軼事，堪可構成民國學術史之一角[①]。

郭晉稀（1916—1998），字君重，號剪韭軒主，湖南湘潭人，是文字、音韻學研究的著名學者。1940 年，郭晉稀畢業于湖南大學中文系，師從楊樹達、曾運乾、錢基博、馬宗霍等名師，尤受楊、曾兩位語言學大師的影響最深。1942 年畢業後，先後任教于湖南藍田國立師範學院、桂林師範學院、西北師範大學，已出版著作有《文心雕龍注譯》《詩經蠡測》《詩辨新探》《聲類疏證》《剪韭軒述學》等。

一、亂世相逢

抗戰期間，時局動蕩，許多高校內遷湘西避亂。光是 1938 年一年內遷湘西的高校就有國立師範學院（1938 年創建于安化藍田）、國立湖南大學（遷辰溪）、國立中央政治大學（遷芷江）、私立北平民國大學（遷溆浦）、國立藝術專科學校（遷沅陵）、浙江銀行專科學校（遷沅陵）、國立商學院（遷乾城）、湖南省立高級農業專科學校（遷瀘溪）8 所。此時全國流亡的精英、學者也大量涌入湘西，湘籍學者則守迹家園。據孫聰統計，1939 至 1941 年間，遷入湘西的外籍師範教師達 500 餘人[②]。時任國立師範學院中文系主任的錢基博先生（1887—1957，字子泉，江蘇無錫人）説：“凡我共學，倘能恢張學風，繩此徽美，樹規模，開風氣，以無忝於前人，豈徒一校之私以爲幸，國家景命，有利賴焉。”[③] 其情志懷抱是這一時期湘西整體學風精神的寫照。

湖南大學在此階段也因緣際會加聘了一批名師碩彥。1937 年 5 月初，時任清華大學、北平師範學校（今北京師範大學）等職的楊樹達因父病返湘。5 月 25 日，湖南大學校長皮宗石（1887—1967，字皓白，湖南長沙人）聘楊先生任教湖南大學，先生諾之。長沙會戰期間，攻防激烈，敵機多次轟炸長沙，迫使湖南大學西遷。1938 年 11 月，楊先生率家人離開長沙，隨湖大避往湘西辰溪縣。期間，辰溪校區多次遭受日寇轟炸，楊先生宿舍亦未能幸免，皆炸作灰燼。於是，1939 年楊先生舉家遷往馬溪楊宅，以避轟炸。先生有詩記其事：

> 半年寓馬溪，未識穴居苦。一朝聞盜取，襆被倉皇去。
> 附郭移隴頭，犬吠夜無怖。晴空警笛哨，奔走不遑駐。

① 余單：《著名學者楊樹達先生〈積微居日記〉已成全帙》，《圖書情報工作》1984 年第 4 期，第 46 頁。
② 孫聰：《論抗戰時期人才流動對湘西地區教育事業的影響》，《民族論壇》2016 年第 8 期，第 83 頁。
③ 錢基博：《近百年湖南學風》，嶽麓書社 2010 年版，第 4 頁。

　　君無恨宵人，亦勿怨强鄰。人生有大患，七尺區區身。

　　湖南大學遷至辰溪後，學校物資緊缺，教室、校舍十分簡陋，炮火不斷。楊氏1941年日記記錄的敵機警報就達一百多次，每遇警報，師生皆躲進"選礦室""土木室""伍公洞"，楊樹達甚至連續一周於土木室閱卷竟日。日記中這樣描述：

　　（一九四一年）七月二十九日，重光大荒落閏月初六日，火，晴。晨，撰《論小學流別》一文。警報作，出至土木室。草草午飯。飯後解，歸寓。三時警報再作，不出避。閱報，知倭奴已派兵三萬人至越南。我國決派兵赴越，美國亦倡異議，英美已封存倭資金，英并斷貿易。倭奴四面楚歌，崩潰不遠矣，爲之快絕！晚，九時寢。到崔明奇處小坐。

　　（一九四一年）八月三日，重光大荒落閏月十一日，日，晴。（張外舅十一日滬航，蔣德丈復，余松雲書）晨，警報作，不出避，旋解。閱《通訓定聲》，記"醫、翼、意、佩、識、基、胎"諸字用法。午小寢。警報再作，未出避，旋聞飛聲機，趨往伍公洞，上斗坡後足忽軟不能支，遂僕地也。劉君掖余入洞，聞投彈聲三次。一時許解，後聞炸在塘坪車站也。到熊雨生寓少坐。晚九時寢。服安眠藥。夜寢尚安。

　　　　　　　　　　　　　　　　　　　　　　　　——《楊樹達日記》第39册

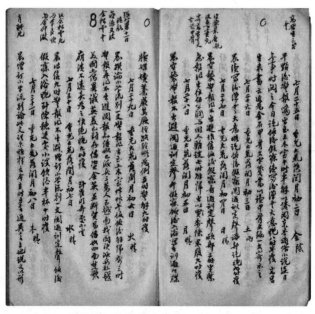

《楊樹達日記》1941 年 7 月 29 日書影

一邊是炮火連天，一邊則講席弦歌。湖南大學雖處辰溪，此時却英才濟濟。1941年，中文系彙集了語言文字學家楊樹達、音韻學家曾運乾（1884—1945，字星笠，湖南益陽人）、經史學家劉宗向（1879—1951，字寅先，湖南寧鄉人）、湘學正名者李肖聃（1881—1953，原名猶龍，湖南長沙人）、諸子大家譚戒甫（1887—1974，原名作民，湖南漣源人）、語言文字學家黎錦熙（1890—1978，字劭西，湖南湘潭人），以及章黃學派的馬宗霍（1897—1976，字承堃，湖南衡陽人，章太炎門人）與駱鴻凱（1892—1955，字紹賓，湖南長沙人，黃侃門人）等鴻儒。既有楊樹達鄉里故交、北游賢友，也有湘西相聚的四方時彦。楊樹達先生得以與學界衆友切磋琢磨，學術思想相互激蕩。1940年，楊樹達與曾運乾、宗子威（1874—1945，以字行，江蘇常熟人）、曾威謀、王嘯蘇（1883—1960，字疏庵，湖南長沙人）、熊雨生（名至理，以字行）等先生建立了"五溪詩社"。詩社成員定期雅集，相互酬和，吟咏憂思。

湘西地區大師雲集，對渴望求知的湘籍子弟來説，是一千載難逢之機遇。郭先生自幼家貧，勤勉好學，曾向佃農借資赴省城長沙考學。郭先生家居株洲，與長沙相距百餘里，此後他常徒步往返於兩地之間。1936年，湖南省立第一師範畢業後，在湘潭新群學校任教。1938年，考入國立師範學院中文系，成爲錢基博先生門弟子。郭先生在校期間因讀書扎實，深得錢基博、駱鴻凱、鍾泰等先生的器重[①]。1940年秋，郭先生經錢基博師介紹，從湖南藍田國立師範學院轉學到湖南辰溪國立湖南大學，在楊先生家中拜見了遇夫師：

（一九四〇年）十一月十一日，上章執徐陽月十二日，月，晴。（致向孫華片）晨，與星笠訪鍾伯謙，談系事。伯謙囑令與春藻談，亦强余矣，不得要領，據春云經費困難，不知其實情果如何也。返寓，習《左傳疏》。飯後小寢。校補《春秋大義述》。王啓湘、宋傳綱、羅皚嵐來，郭晉稀、吳今詳兩生來（吳，皖郎溪人，本安大生，借讀）。晚，八時寢。龍工去，譚工來。

　　　　　　　　　　　　　　　　　　　　——《楊樹達日記》第38册

郭先生事後回憶説：

四〇年秋，我從湖南藍田國立師範學院轉學到湖南辰溪國立湖南大學，……在一間十分簡陋的書房裏拜見了遇夫先生。先生是五六年逝世的，在他晚年的十六載中，給我

---

①　趙逵夫：《剪韭軒詩文存·前言》，郭晉稀：《剪韭軒詩文存》，甘肅人民出版社2014年版，第2頁。

的教誨最多，書信最密，恩澤最深①。

—— 郭晉稀《回憶遇夫師》

就這樣，郭先生在辰溪龍頭垴的一間破舊書房拜入遇夫師門下，時年楊樹達 55 歲，郭先生 24 歲。此後直至楊樹達逝世前夕，師生相交十六年，魚雁不斷。《楊樹達日記》中楊樹達對郭晉稀的稱呼有"晉稀""郭生"。這一百多則提及郭先生的日記，完整地記載了郭先生在湖大的學習經歷，以及前往漵浦、桂林、蘭州等地任教的工作與生活際遇，體現了楊先生對郭先生的關心和期望。日記中二人的師生交往、學術傳承，是暸解抗戰時期湖南大學教學活動、湘西學術發展脉絡的生動史料。

二、辰溪問業

1940 年，郭晉稀轉到湖南大學文學院時，文學院院長爲李壽雍（1902—1984，字震東，江蘇鹽城人）、陳嘉勳（1885—1972，字綬荃，湖南湘陰人），文學院下設中國文學、教育、政治、經濟四系。楊樹達與曾運乾先生同任中國文學系主任，中國文學系教授近 30 名②，學生總共不到 20 人③。依文學院培養要求，郭先生的專業必修課程有文字學概要、聲韻學概要、語言學概要等 20 餘門，專業選修課有中國文法、古文字學、古聲韻學等 10 餘門④。此時中文系學生享有得天獨厚的師資力量和學術資源，是湖南大學文學院其他歷史時期的學生欽羨的。

（一）僻野勤修學，困中得真知

郭晉稀 1940 年 11 月入學，1942 年 8 月畢業。這期間楊樹達先生所授課程有《文字學概要》《古文字研究》《春秋傳》《文法》《淮南子》《漢書》《訓詁學》七門，每日上

---

① 郭晉稀：《剪韭軒詩文存》，甘肅人民出版社 2014 年版，第 37 頁。

② 這些教授有：楊樹達、曾運乾、駱鴻凱、孫文昱、劉宗向、劉異、宗威、李肖聃、王嘯蘇、彭昺、鄭業建、譚戒甫、馬宗霍、黎錦熙、曹典球、劉善澤、劉永濟、方授楚、解善繼、羅季光、葉德鈞、嚴學宭、陳書農、巴壺天（兼職）、李青崖、李家源、閻金鍔等。（謝炳炎主編：《湖南大學校史》，湖南大學出版社 2003 年版，第 248 頁。）

③ 郭晉稀先生在《回憶遇夫師》一文中談到在湖南大學求學時"中文系學生總共不到二十人"（郭晉稀《剪韭軒詩文存》，甘肅人民出版社 2014 年版，第 37 頁），而《湖南大學校史》中統計的 1940、1941 年文學院在校人數分别是 338 人、416 人，與郭先生所說人數出入較大（謝炳炎主編《湖南大學校史》"表 3-14-6：1938—1945 年在校學生數"，湖南大學出版社 2003 年版，第 288 頁）。筆者據《楊樹達日記》第 38 至 40 冊整理了 1940 至 1942 年湖南大學中文系學生名單，在讀學生有：郭晉稀、羅書慎、李祜、易貞玉、吳金庠、陳有觀、安齊家、張盛愷、汪文秦、劉淑怡、王顯、谷國瑞、顔熙志、趙連城、羅琪、伍鉞、蔣敦典、龍贊鈞、饒世忠、徐紹伯、楊開晼、譚佛雛、王穎珠、徐士豪、周光鼎。（該學生名單按日記出現次數排序）

④ 謝炳炎主編：《湖南大學校史》，湖南大學出版社 2003 年版，第 248 頁。

一至三門課，授課一至四時。楊先生善於在教學中積累學術心得，幾乎每門課都自編講義，在此期間編撰了《文字學講義》《訓詁學講義》《引申義述》等教材。此外，楊先生還應中國教育全書編纂處之托撰《漢書大意》《後漢書大意》《訓詁學小史》《中國文法小史》四文。如日記所載：

> **（一九四二年）一月十四日，重光大荒落辜月二十八日，水，晴。** 晨，校《漢書窺管》印本。十至十一，授《訓詁學》一時。飯後假寐。預習功課。三至四，授《淮南》一時。閱《大公報》二份。晚，八時寢。
>
> ——《楊樹達日記》第 39 册

儘管教學任務繁重，楊先生每日仍筆耕不輟。時勢催人，此時年逾半百的楊樹達更加專心治學、發憤著書。該時期也是他治學精力最盛、學術思想由粗轉精的集大成時期。第一，該時期楊先生致力於《尚書》《左傳》《論語》《漢書》等典籍的校勘、注釋、考證，其《春秋大義述》《論語疏證》《淮南子證聞》等著作大多成於此時。第二，十分注重積累小學成果。楊先生翻檢《方言》《廣雅疏證》《説文解字注》等字書對《爾雅》《説文》進行疏證。這段時期積累的文字學劄記，後收入《積微居小學述林》。第三，讀甲骨拓片，釋鐘鼎彝器。楊先生十分關注古文字研究的學界動態，案頭常有羅振玉、王國維、郭沫若、容庚等古文字研究的時彦大著。同時也勤寫讀書筆記、閱讀索引，如《讀〈甲骨文編〉小記》《〈周金文存〉索引》《〈殷契卜辭〉索引》。此外還積累了《吕鼎跋》《鬲攸從鼎跋》《無惠鼎跋》《叔夷鐘跋》等題跋。楊先生的教學和治學，皆學界之楷模，1942 年 8 月，《中央日報》公示部聘教授名單，楊先生列于首位，他將此條新聞剪裁後，粘貼於第 40 册日記本封底内頁。

郭先生在湖南大學的第一年即上了楊樹達《文字學概要》《古文字研究》兩門課，這使他對語言文字産生了愛好，并以此作爲研究方向。樂於研究文字的郭先生在辰溪求學期間得到了楊先生的悉心指教，他在《回憶遇夫師》一文中説，每去拜見楊先生，楊先生總命他坐書案旁，出示自己手稿，指出其中新義，口講手畫。楊先生晚年許多著作，在完稿前，郭晉稀就已飫聞[①]。在楊樹達、曾運乾等先生的薰陶下，郭先生也開始寫讀書劄記，對古文字的研究入門很快。郭先生兩條《説文》劄記——《釋壽》《釋𤔔》，得到了遇夫師的褒揚："湘潭郭晉稀于湖南大學，從余治文字之業，于余説頗能有所領悟。"日記中多次提及：

① 郭晉稀：《剪韭軒詩文存》，甘肅人民出版社 2014 年版，第 38 頁。

　　（一九四一年）四月五日，重光大荒落痾月初九日，土，雨。晨，作信，習《尚書》。飯後，星笠返校，來談，示以《京師》《多方》二文及《書"畢弃咎"義》，星笠皆稱其精確。校《漢書窺管》八、九二卷。晚，肖聃室談。郭生晉稀示"寿"字義，謂舟象履形説，頗有見。八時寢。

——《楊樹達日記》第38册

　　（一九四一年）八月二十日，重光大荒落閏月二十八日，水，晴。晨，草與兼士書稿，論古人同義通讀之例，有三：一毛詩，二重文，三聲類。警報作，出至土木室，穿隧道至選礦室，遇潘源來，留談話。飭工人以硫磺熏屋，返至土木室。匆匆午飯。警報解，歸。爲郭生晉稀改《"啻"字説》，召生來，告之。寫《訓詁學》。丁洪範君過，招入坐（浙天臺人）。宋儁青來。晚，八時寢。

——《楊樹達日記》第39册

　　（一九四一年）八月二十四日，重光大荒落相月初二日，日，陰。（驤兒鋼廠十二塊，辰谿郵局書，復張君勵快，與驤兒）晨，左開泉、俞徵、曹修懋三同事來，問新生試案消息。警報作，出至土木室，遇沈象初姻長，問知泰生、豈凡近狀。匆匆午飯。作信二通。警解。乍歸，警報再作，出至伍公洞獨坐。閲報三份。四時返寓始聞解報。陸慎儀、黄文來。晚八時寢。

　　郭生晉稀釋"啻"字，謂"𤔔"乃"𢎶"字之誤，余告之云"𢎶"即"𤔔"古文"𢆶"之省作"ㅛ"，象筥形。"筥"古文作"匚"訓，所以"收繩、綜繩"同類，"互"亦可以收絲也。"啻"從"爰"者，實從"爪"、從"又"，"爪""又"皆謂手也。人以一手持絲，一手持互以收絲，絲爲易紛亂之物，以互收之，則治理。故訓治、訓理也。此字因生觸發，竟將形義説到密合無間，盛水不漏，郭生可謂能起予助我者矣。郭生以此亦甚自喜。今日呈七古一首於余，詩亦甚佳，中有云：長沙夫子積微翁，一生終老百城中。説字真堪匡浃長，萬流鑽仰競朝宗。結語云：吾家本是景純後，先輩差能識科斗。頑鐵終慙百鍊金，陶鎔幸遇干將手。含情脉脉告同門，效顰莫訝東家醜。明日記于榆樹灣中央飯店。

——《楊樹達日記》第39册

　　看到學生釋《説文》文字有所得，作爲老師自是欣喜萬分，不僅肯定贊揚，而且説明修改文字，在日記中把釋"啻"的過程和證據詳細記録下來，認爲"竟將形義説到密合無間，盛水不漏，郭生可謂能起予助我者矣"。1953年《積微居小學述林》出版，楊先生將此文收入其中①。從日記和後來收入自己著作中都可看出，楊先生對於郭先生的新見

---

①　楊樹達：《積微居小學述林全編》，見《楊樹達全集》，上海古籍出版社、上海世紀出版股份有限公司2007年版，第138頁。

是發自内心的喜悦。後來郭先生呈詩謝師，遇夫先生對該詩亦有很高評價，并在第二日便回贈一絕《答郭生晉稀見贈之作》與郭生，詩中楊先生對郭先生以自己學術傳承人相許，給予了殷殷期望：

> 識奇我愧漢楊雲，妙解君真嗣景純。《絶國方言》勞作注，兩家術業本無分。
>
> ——《楊樹達日記》（第 39 册）1941 年 8 月 26 日

筆者據《楊樹達日記》統計，在楊先生經常登門問學的諸生之中，郭先生與楊先生交往頻次最高，郭先生和楊先生接觸最多，請教最勤，郭先生是楊先生最信賴、最鍾愛的學生之一。

楊先生卧病在家時，郭先生便常與陳有觀、谷國瑞、李祐、吴金庠等同窗登門探視，入室問學。楊先生時有教學事務，也常召郭先生來家協助。郭先生三年級時選修了楊先生的《訓詁學》《淮南子》兩門課，在結束了《淮南子》課堂考試後，郭先生和李祐、伍鉞同到楊師家中求教，問相關疑義，并述所得。三人之中，楊先生誇贊郭先生"甚有悟解"。此事日記亦有記載：

> （一九四二年）二月六日，重光大荒落餘月二十一日，金，晴（寄符妄人信退回，以移居故）。晨，八至十監試《訓詁學》。疏《爾雅》，得"戾、懷、摧、詹"四字，"至"字訓訖。飯後，一至三監試《淮南子》。李、郭、伍三生來，問《淮南》疑義，并各述所得。郭生晉稀甚有悟解。至文書組，與汪鐵士談廖舜丞事。晚，偕家人至辰陽館進麥麯各一器。到校，同肖聃、有吾談。九時寢。
>
> ——《楊樹達日記》第 39 册

王穎珠1
楊開畹2　李祐36　伍鉞5
饒世忠2　　　　　　顔熙志7
徐士豪1　安齊家13　郭晉稀40　張盛愷13
汪文秦12　　　　　　　　吴金庠29
劉淑怡11　　楊樹達　陳有觀16
蔣敦典2
王顯10　　　　　　　　　龍贊鈞2
羅琪5　羅書慎39　易貞玉34
譚佛雛1　徐紹伯2　趙連城7　谷國瑞8
周光鼎1

1940—1942 年《楊樹達日記》所記楊樹達與學生會面次數詞雲圖①

---

① 人名旁邊的數字表示此人在《楊樹達日記》（1940.8—1942.8）中出現的次數。

　　1982 年，郭先生《文心雕龍注譯》出版。1984 年該書再版，在《重印後記》的注釋校訂説明中，郭先生還談到了楊先生講授《淮南》對他啓發①。《文心雕龍·事類》云，"狐腋非一皮能温，雞蹠必數千而飽矣"。郭先生曾依范文瀾先生的注釋②，校"千"作"十"。在該書出版後，郭先生仿佛回憶起先師楊樹達講《淮南》時，曾經提到《淮南》對《事類》的校勘。當即從《淮南證聞》中查出楊先生校《淮南子·説山訓》"善學者若齊王之食雞，必云食其蹠數十而後足"句云："食蹠數十，不足爲多，十當作千，形近至誤也。《吕氏春秋·用衆》篇云'善學者若齊王之食雞也，必食其蹠數千而後足。'此《淮南》所本，字正作千。"③郭先生認爲劉勰作《文心雕龍》時依據的本是《吕氏春秋》，即《淮南》之典故，可見《文心雕龍》本不誤。而且從校勘道理説，"千"字脱上筆爲"十"是很容易的，"十"字增上筆作"千"却是少的。在從湖大畢業近半個世紀之後，楊先生的耳提面命仍舊回蕩在郭先生的腦海中，由此可以看出，郭先生對楊先生授課的記憶是格外深刻的。楊先生去世後，郭先生對楊先生的遺稿《淮南子證聞》和《鹽鐵論要釋》進行了整理，由上海古籍出版社於 1985 年合刻出版④。

　　楊先生樂善好施，待人真誠，作爲系主任的他在中文系有很强的凝聚力。他的家中常有高朋滿座，侃侃誾誾，儼然是中文系師生喜愛的文化沙龍大本營。郭先生登門拜訪時，便有機會參與衆先生的學術討論、詩詞唱和。1941 年 5 月 12 日，楊先生寫有一絕《五十七初度書懷》，以紀念生日：

　　　　天上雙丸西復東，我生五七隻匆匆。鬢邊早作秋霜白，鏡裡難回笑靨紅。
　　　　問世文章空好語，成行兒女仰衰翁。年年家國無窮事，滕倚危樓看碧松。

　　楊先生將此詩示與同人，當日即得曾運乾、李肖聃、柳午亭、曾威謀奉和詩四首。後又陸續收到陳穗廷、王嘯蘇、顔熙志、谷國瑞、王啓湘、邱有吾等師生和詩，凡三十餘首。郭先生亦有奉和：

　　（一九四一年）五月十八日，重光大荒落餘月二十三日，日，晴（張勉之書） 晨，柳午亭來談，同至星笠室看詩，易修吟有和余一首。飯後，假寐。看報六份（《申報》十七、十八，《大公報》四日）。陳壽荃送和詩來，云：情懷曠代神猶素，富貴浮雲眼未紅。劉健如和第二首，云：四海已知玄鬢白，一樽仍醉石榴紅。郭生晉稀和云：盈頭

①　（梁）劉勰撰，郭晉稀注譯：《文心雕龍注譯》，甘肅人民出版社 1984 年版，第 59 頁。
②　（梁）劉勰撰，範文瀾注：《文心雕龍注》，人民文學出版社 1962 年版。
③　楊樹達：《淮南子證聞》，上海古籍出版社 1985 年版，第 165 頁。
④　楊樹達：《淮南子證聞·鹽鐵論要釋》，上海古籍出版社 1985 年版。

盡作欺人白，兩頰常飛得意紅。又云：筆能扛鼎未爲翁（凡得二十首）。五時，同柳、
李、曾散策到沅濱，席草而坐。晚，八時寢。

　　《余賦述懷詩，諸公屬和絡繹，賦此拜謝》：西陬歲月坐侵尋，誰識憂天此意深。偶
假微吟紓結轖，却添高咏滿山林。諸公各有文通筆，今日猶聞正始音。貯向錦囊勤護
惜，年時看取故人心。

——《楊樹達日記》第 38 册

　　日記中摘引郭先生詩數句，是對詩的肯定和認同。湖大師生雖因戰亂困避湘西，此
時竟有"鄰曲時時來，抗言談在昔。奇文共欣賞，疑義相與析"之樂。

　　楊先生的長女楊德嫻女士在回憶文中，談到辰溪時楊先生對中文系學生的教導與關
愛[1]。當時楊先生一家爲避戰亂，搬到了距學校數里的馬溪居住。這間小屋也蔭庇了很多
中文系學子，其中當時在湖大念書的羅焌先生（1874—1932，字庶丹，湖南長沙人）之
女羅書慎女士，就曾因敵軍空襲以致寓所瓦片盡落，而留宿楊先生家[2]。楊德嫻女士云，

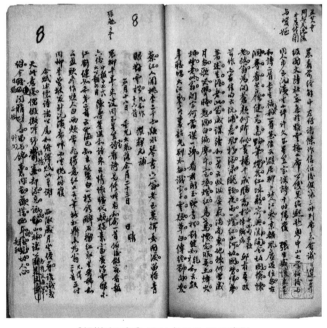

《楊樹達日記》1941 年 5 月 18 日書影

① 楊德嫻：《憶父親楊樹達》，湖南省文史館組編：《湖南文史叢談》第一集，湖南大學出版社 2008 年版，第 223 頁。
② 《楊樹達日記》記載此事如下：（一九四〇年）十月十一日，上章執徐玄月十一日，金，晴。晨，校補《文字學》會意
　章，以名字爲主之會意訖。黄子通來談。飯後，閱報。警報作，往選礦宕洞中暫避，乍入洞即聞爆炸聲，幷覺甚近，
　知必毁湖大矣。既而果然。三時解除，返寓。校中凡去年炸後新建築多毁，幸尚無死傷者。余寓屋瓦多落去。余室
　後方木板震庋，此次未擲燒夷彈，故損壞尚不甚大。晚，羅生書慎來寓，留寓寓中，以其室瓦片盡落也。八時寢。

"抗戰期間，教授生活非常貧困，可是開起飯來總是一大桌人。對那些家鄉淪陷、與家庭失去聯繫的學生，（父親的關愛）甚至澤及早期門生的後人。……（父親）對本校學生或素不相識的執經問義的好學之士，都一概諄諄教誨，誨人不倦。并對他們的工作、謀職、生活以至婚姻等無不關懷備至，竭力相助"①。在辰溪時，學校的薪資經常不能按時發放。楊先生有時還會向友人借錢以供兒女讀書、家庭開銷，日記中常常透露着對困苦生活的無奈。楊先生此時的生存窘境也是戰時知識分子的一個縮影。1941 年春季，楊先生還因營養不良而致患上失眠症狀：

（一九四一年）四月三十日，**玄黓敦牂病月十五日，木，晴（與顧一樵快，與正中快，與《文史》快，與驤快）**晨，誦《藥師經》。命七兒作信，分致顧一樵、正中書局、《文史》雜志社。午，警報作，匆匆飯後至第壹洞（即伍公洞），未幾解，歸。誦佛經。到校，與曾星笠、曹止真略談，歸。晚九時寢。夜寐極安。以窘故，半年來不用豬油改食菜油，因近日失眠，驗知爲脂肪不足，故今日起仍食豬油。

——《楊樹達日記》第 38 冊

但對學生，楊先生總是慷慨大方、關懷備至，他曾經還替學生羅琪繳納學費②。由於戰亂的影響，導致湘西很多中小學停辦。當時在楊先生膝下成長的七兒德豫、八兒德慶便没有上學的機會。這時，湖大的學生自治會在民間辦起了小學、中學。楊先生聘請了郭晉稀、吳金庠、程良駿、羅書慎、安家齊等學生擔任七八兩兒的家庭教師，常召他們上門吃飯。據楊德豫先生回憶，他的初中數學老師是郭晉稀，英文教師是吳金庠③。此事也見於日記中：

（一九四一年）十一月七日，**重光大荒落玄月十九日，金，陰，晴（董淮渭川復）**晨，以詩送星笠、肖珊閱之。十至十一，授《左傳》一時。午，假寐。習《左氏疏》。晚治肴數事，召郭晉稀、吳金庠、程良駿三生來晚飯，謝其教七兒。肖珊、星笠、子若、鐵錚作陪。晚，八時寢。

——《楊樹達日記》第 39 冊

在物質匱乏的戰爭時期，在龍頭塯的馬溪邊，一堵土牆内桐油瓦燈星光搖曳，師生

---

① 楊德嫻：《憶父親楊樹達》，湖南省文史館組編：《湖南文史叢談》第一集，湖南大學出版社 2008 年版，第 223 頁。
② 楊逢彬：《楊樹達先生之後的楊家》，浙江大學出版社 2016 年版，第 14 頁。
③ 楊德豫：《我的"左""右"人生》，孫哲主編：《校友文稿資料選編·第 18 輯》，清華大學出版社 2013 年版，第 164 頁。

們圍爐煨薯，共用鮮鯉一尾，進雞面一盅，食柑橘數枚，衆學子風華正茂，聽先生們評經論道、談笑風生，自是熱血盈腔、躊躇滿志。在一朝一夕的相處之中，楊先生給予的教誨與恩澤，便有如時雨化之者，感潤着郭先生。青年郭先生在沅水之濱，得到的不僅是扎實的治學本領，還有衆先生的高尚品行，以及同窗摯友的書生意氣。

（二）伯牙子期師，登堂入室徒

郭晉稀在湖南大學求學的兩年，受到楊樹達、曾運乾二位先生的指導最多。曾運乾先生（1884—1945），字星笠，湖南省桃江縣人。楊樹達與曾運乾先生同爲湘籍學者，二人早在湖南省立第一師範執教時便已結識[①]。1926年，曾運乾于東北大學任教；1931年"九一八事變"後，經楊樹達的介紹往中山大學任教。1937年秋，曾運乾回湖南大學任教，以赴楊樹達"歸里教授，培植鄉里後進，雪太炎所有之恥"之約[②]。曾先生在湖大所開課程有《音韻學》《尚書》和《史記》。曾、楊同爲中文系主任，幾乎每日會促膝洽談，或治院系冗事，或議新得，或和詩詞[③]。李肖聃先生嘗談及曾楊二人的情誼："（曾先生）自遷辰陽，憫亂窮經，與遇夫論學，尤訢合無間，常稱其《淮南證聞》《積微居金石論叢》探賾索微，多昔人所未發。遇夫近文研龜甲金文，每有所述，就君質證，君爲析理判疑，違復數四而不厭。時或考核一字，創獲新義，輒擊案大呼，互相快慰。世以謂兩人者，楚學之大師也。"[④]二人相談正歡時，往往不知星月，不顧外物：

（一九四一年）十二月十六日，重光大荒落陽月二十八日，火，陰。（易貞玉書）
晨，以教育全書編纂處之囑，撰《中國文法小史》。十一至十二，授《文字學》一時。飯後小寢。二至三，授《文法》一時。以《訓詁學小史》示星笠，星笠頗稱其美，爲余補《洪範》"時雨若"漢儒訓"若"爲"順"、宋人訓"如"一例，余大喜即爲補入。余撰此之前即嘗與星討論，已得其益，今又助我此例，星笠真益友也。横覽并世之人，能如此助我者，尚有何人乎！晚，八時寢。

————《楊樹達日記》第 39 册

（一九四二年）十月一日，玄黓敦牂壯月二十二日，木，晴。晨持咒。星笠自益

---

①　楊、曾二人具體相識時間不可考。曾 1917—1920 年在第一師範執教，楊 1916 年在第一師範執教。
②　《楊樹達日記》記載："太炎先生嘗云：'二王不通小學。'謂介甫、船山、湘綺也。三人中湘士居其二。余昔在北京，曾與星笠談及此；余謂此時吾二人皆游於外，他日當歸里教授，培植鄉里後進，雪太炎所有之恥。星亦謂然。故余廿六年到湖大，即邀星歸里。星時任中山大學教授也。"
③　楊樹達、曾運乾二人相交甚密，1940 至 1942 年三年間的楊氏日記，提及曾運乾的日記多達 360 餘則。
④　李肖聃：《曾星笠君墓表》，《李肖聃集》，嶽麓書社 2008 年版，第 126、127 頁。

陽來，余示以近讀《金文》所得。星皆謂是，而尤賞《禮記》"以辟"之解釋。警報再作，以談論正歡，皆不顧也。星笠去，余以倦，欲少休息，遂往第一洞。午解，歸。飯後小寢。二時至教室，以諸生無書，未授課。星笠室少談，歸。閲何東洲、鄭幼惺兩家《金石考》，皆湘中前輩也。至醫院，王醫生示心臟稍弱，應服強心劑。晚八時寢，寐安。服西藥，甚適。

——《楊樹達日記》第 40 册

楊先生與曾先生因治文字相惜，而中文系學生中喜愛語言文字者甚寡。文字學基礎扎實的郭晉稀常常執書問業，入室問學，親歷不少楊、曾二師的學術討論，所以漸漸地和遇夫、星笠師親如父子家人。郭晉稀《回憶遇夫師》記録了其中一則[1]：楊樹達《淮南證聞》謂《淮南子》"庖丁用刀十九年而刃如新剖硎"句"硎"當讀型，以《説文》："型，鑄器之法也。"釋"新剖型"即"如新自型剖出耳"，又此讀《莊子・養生主》"而刀刃若新發於硎"之"發"爲"剖"，讀"硎"爲"型"。楊氏此説，時人有疑。曾先生和郭晉稀讀《莊子》時，采納了楊説。又謂"《吕覽》作'若新磨研'，《説文》：'研，礦也'；'礦，石磑也'。《莊子》舊注蓋依《吕覽》讀硎爲研，'若新發於硎'，故舊注以爲即新磨於研也。發與磨，古亦雙聲。"郭晉稀把曾説寫成了筆記，録在書眉。楊先生看到郭先生筆記，嘆服地説："我依《淮南》，讀《莊子・養生主》之發爲剖，讀硎爲型，或謂予多事，又不能舉證説明舊注爲是，所以令人不怡。若星笠先生既謂余説之不爽，又申舊説之非誤，明證昭然，讀書正當如是。"

1941 年秋，三年級的郭晉稀和同窗李祐一起拜訪楊樹達師，請教畢業論文題目。楊樹達給郭晉稀的畢業論文題目爲《説文匡許》：

（一九四一年）九月十六日，重光大荒落相月二十五日，火，晴（與峻侄單，寄收據，與易勵堅，復陳有觀）晨，作信。李祐、郭晉稀來，請問畢業論文題，余囑郭生爲《説文匡許》，李生爲《殷墟文字後編考釋》（學校有《後編》，故令爲之耳）。編引申述義。午小寢。飯後，王嘯蘇來。鄭安蕃來。三時列席糧食會議。晚至伍薏農處少坐。八時寢。

——《楊樹達日記》第 39 册

---

① 郭晉稀：《回憶遇夫師》，見郭晉稀：《剪韭軒詩文存》，甘肅人民出版社 2014 年版，第 39 頁。

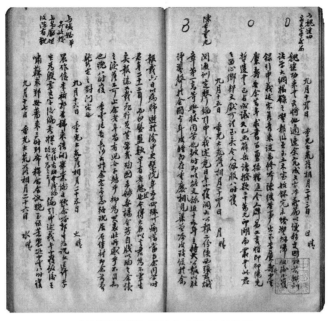

《楊樹達日記》1941 年 9 月 16 日書影

　　楊氏日記中所提到的《說文匡許》，今未得見。　郭先生是否寫過《說文匡許》？ 郭先生的畢業論文是否確爲《說文匡許》？ 暫未考得。　但是，筆者注意到郭先生《等韻駁議》自序中有這樣一段話：“本文是 1942 年春，在先師曾運乾先生指導之下寫成的。　首先題名《等韻發疑》，後來楊樹達師改爲《等韻駁議》。　當年我最愛搞聲韻，也兼治文字。　兩位先生對我的勉勵和教導，至今猶新。”[1]《等韻駁議》從四個方面論證了自南宋發展起來的等韻學的非科學性[2]，是郭先生早期對聲韻學系統思考之作，此文一成，也讓郭先生在聲韻學領域嶄露頭角。1942 年春，正是郭先生在湖大度過的最後一個春季，也恰是他撰寫畢業論文之季。　因此，筆者認爲這七萬餘字的《等韻駁議》是郭先生在湖大求學時的畢業論文。　在楊、曾二師的共同指導下，郭先生的畢業論文還獲得了教育部組織的第三屆 “全國專科以上學校學生學業競試” 丙類一等獎[3]。　至於郭先生是否還寫過《說

---

① 　郭晉稀：《等韻駁議》，西北師範大學中文系油印本，1984 年 6 月。

② 　伏俊連：《憂時心耿耿，學道鬢蒼蒼 —— 郭晉稀先生及其學術成就》，《古籍整理研究學刊》1990 年第 6 期，第 34 頁。

③ 　謝炳炎主編：《湖南大學校史》，湖南大學出版社 2003 年版，第 284 頁。1940 年起，教育部爲鼓勵專科以上學校學生學業，舉辦了學業競試。　最初規定競試分甲、乙、丙三類：甲類競試國文、外語、數學三科，各院校一年級學生可自由報考一至三科；乙類競試各科系主要科目，各院校二、三年級學生可自由報考各該年級指定之科目；丙類競試畢業論文，各院校四年級學生一律參加。……參加丙類競試選拔之決選生，第一名由教育部獎給書券三百元。（中國第二歷史檔案館編《全國專科以上學校學生學業競試辦法》，《中華民國史檔案資料彙編》第 5 輯第 2 編，第 713 頁。）第三屆學業競賽甲類、丙類照舊辦理。　乙類競試科目改爲一科，大學各年級學生均可參加。　郭先生參加的是第三屆學業競試，該年規定丙類畢業論文每系科甄選最優論文 2 篇參加復選。　進入復選的論文，將由教育部組織畢業論文評選委員會，選拔畢業論文最優者三十名爲決選生。　本屆競試初選生共計 1937 名，共錄取決選生 176 名。　由此獎可窺郭先生之深厚學養。（《專科以上學校學業競試決選生名單公布》，《中央日報》1942 年 5 月 13 日第 3 版；鄭若玲、呂建强：《民國高校學業競試的實施及啓示》，《教育與考試》2011 年第 6 期，第 50 頁。）

文匡許》，郭先生的畢業論文如何由《説文匡許》改爲《等韻駁議》，因缺乏材料，未能考得。但可以肯定的是，改選《等韻駁議》肯定是得到楊先生首肯，也得到了楊先生的悉心指導。

1945 年 1 月 20 日，曾運乾先生在辰溪衛生站因病逝世，楊先生痛惜不已："湘中學者承東漢許、鄭之緒以小學音韻訓詁入手進而治經者，數百年來星笠一人而已。……今後繼無人，廣陵散絶，不獨余一人之私痛也。"并作挽詩"鍾期一去牙弦絶，惠子去殂郢質亡"。此時，郭先生在溆浦任國立師範學院助教。曾先生仙逝的訃告寄到溆浦，已是一周後。溆浦距離辰溪龍頭塯六十餘里，郭晉稀聞此噩耗，徒步奔喪。據《日記》記載：

> （一九四五年）一月二十九日，焉逢涒灘塗月既望日，月，晴。（兑澤、彭錦雲書）
> 晨，擬星笠各種科目試題。郭晉稀聞曾喪，自溆浦來來謁，久談，去。飯後，晉稀再來。出，送題與朱曾賞。晚，八時寝。
>
> ——《楊樹達日記》第 42 册

楊氏日記中記録郭先生當日兩次來談，語焉未詳。據郭先生回憶，這日與白髮盈顛的遇夫師促膝長談，遇夫師給了他深情的囑托。楊先生對郭先生未能趕上見曾先生最後一面感到遺憾，并告訴他曾師家遇大火時，曾師還不忘給郭先生去函，招他回湖大任職，可惜信函未至。曾先生有意讓郭先生歸里傳承湘學，可惜心願未遂。楊先生明白曾先生對郭先生的拳拳之望，鄭重囑咐郭先生整理曾先生的遺著作，以報答曾先生之遺愛[①]。郭先生用實際行動踐行着楊先生的囑托，不遺餘力地宏揚曾先生學説。從 50 年代末，郭先生就開始整理曾運乾先生的《音韻學講義》，後因十年動蕩致使整理工作停滯，直至1996 年，中華書局才出版了由郭先生整理的《音韻學講義》[②]。

郭先生在回憶文中感嘆在沅水之濱求學時，"得以和許多知名學者朝夕相處。或因師弟子之故，相從受業；或則以長幼之禮，執書問學。曾先生、楊先生則是許多學者中知遇最深，往來最多，相從最久的老師"[③]。

---

①　郭晉稀：《剪韭軒詩文存》，甘肅人民出版社 2014 年版，第 39 頁。
②　曾運乾：《音韻學講義》，中華書局 1996 年版。
③　郭晉稀：《剪韭軒詩文存》，甘肅人民出版社 2014 年版，第 39 頁。

三、魚雁相牽

1942 年暑假，郭先生從湖南大學畢業。郭先生畢業前夕，楊先生曾作信囑郭先生，并贈與郭先生一詩：“我愧識奇勞載酒，喜君妙解獨通神。殷勤記取荒山夜，風雨挑燈坐到晨（《贈別郭晉稀》，1942 年 7 月 13 日日記所錄）。”楊先生勉勵郭先生畢業後愈要努力精進，勿忘辰溪求學之辛勤。1942 年 7 月 23 日，郭先生將前往位於芷江縣的湖南省立第十師範學校任教員，再次到楊師家中辭別：

> （一九四二年）六月三十日，玄默敦牂皋月十七日，火，雨（與張舜徽，復邵子風，復趙壽人）晨誦佛呪，持《金剛經》一遍。警報作，以雨甚不出避。作信囑伍鈇、李祐、郭晉稀。作字。午假寐，警報再作，亦任之。作信與洪兒。晚九時寢。夜中醒頗久。
>
> （一九四二年）七月二十三日，玄默敦牂且月十一日，木，陰晴（復陳子展單）晨誦經。作信，復陳子展辭聘。介紹魯實先、張舜徽任職。午假寐。飯後誦經。看東坡七律。晚，到崔明奇處，不見。張媼問以事，崔夫人出肉包相饟。郭晉稀來，辭往芷江任教。八時寢。一時後覺，久不寐，蓋食物稍過多故。
>
> ——《楊樹達日記》第 40 册

戰亂的年代，湖大師生在辰溪相聚，與郭先生同時畢業的很多同學，在畢業後走向了其他道路，繼續做學問者甚少，仄徑舛途自難相知。郭先生乃篤誠之士，畢業後與恩師們都保持着密切的聯繫，郭先生在文中説：“老師們的恩澤既深，所以師弟子的感情尤篤。後來抗戰勝利，國土重光，雖然他們或南或北，或東或西，不復相聚一處，到地方講學去了，魚雁書通，音問還是極多的。所以老師們著述之外的緒言餘論，我聞之者既詳，知之者最稔。”[1] 據《楊樹達日記》記載，郭先生在湖大辭別楊先生之後的 14 年裏，郭先生曾拜訪楊先生 14 次，兩人來往信劄共計 86 封。郭先生畢業後相繼赴芷江、漵浦、平越、蘭州多地任教，楊先生對郭先生更是提攜有嘉，郭先生的這些人生重要轉捩點皆可在《楊樹達日記》中尋覓到痕跡，觀此可知二人師友風誼之篤。

1942 年 8 月，楊先生幫郭先生修改《文字學講義目錄》，這是郭先生將在芷江學校上課的課堂講義：

---

① 郭晉稀：《讀駱鴻凱先生〈語源〉所想起的》，郭晉稀：《剪韭軒詩文存》，甘肅人民出版社 2014 年版，第 91 頁。

（一九四二年）八月十九日，**玄黓敦牂相月初八日，水，晴（與李澤民片）**晨持咒。寫"初"字本義，爲後起字所據證。李祐、魯家慶來。飯後假寐。郭晉稀來，見示《文字學講義目録》，爲斟改之。誦經。出，散步至沅濱。晚八時寢，寐不安。

——《楊樹達日記》第 40 册

1943 年 1 月，楊先生曾向時任廣東省立文理學院中文系主任的何爵三（1905—1977，字志堅）先生推薦郭先生前往廣東任教，楊先生在日記中載其事：

（一九四三年）正月二十一日，**玄黓敦牂塗月十六日，木，陰（張天澤書，何爵三書，復何爵三快）**臥病。讀《吳憲齋尺牘》訖。憲齋於西洋槍礮陣法頗嘗究心，非全迂儒也。何爵三來書，請紹介教授，勉起作復，介郭晉稀、周百頤二人去。晚，周子若來，久談，去。

——《楊樹達日記》第 40 册

但郭先生并未去廣東任教，其中緣由已不可知。

1943 年 8 月至 1944 年 1 月，郭先生在國立師範學院附中任教員，1944 年 2 月至1945 年 3 月任國立師範學院助教[①]。1945 年春，在楊先生的推薦下，郭先生將赴平越桂林師範學院任教。在平越任教時，郭先生所授《文字學》，其課堂講義是以楊先生的《文字學講義》爲藍本的。日記記載：

（一九四五年）五月十五日，**旃蒙作噩餘月初四日，火，晴（與郭晉稀）**晨，出門，訪李劍農，少談。訪曹茂林，不值，歸。録《卜辭》。飯後，小寢。草《"其牢兹用"考》，余定爲卜牲之辭，以春秋卜牛及郊特牲爲證。編《古籀彙編索引》"鐸、唐"二部。郭晉稀自淑浦來，以余介將赴平越桂林師範學院也。晚，八時寢。

——《楊樹達日記》第 42 册

（一九四七年）三月二十二日，**强圉大淵獻如月晦日，土，晴（與周邦式，寄詩序稿）**晨，校《論語疏證》第十五卷。丘瑾璋、郭晉稀、王顯先後來。晉稀授《文字學》於師範學院，以余著《文字學》爲藍本，并言院生極不滿於陳天倪，因天倪終日不讀書，上堂專作游談，不認真授課故也。湖大同人早知其如此，不敢延聘，渠遂大怪責同

---

① 郭先生在淑浦的任職情況，參考趙逵夫先生文章：趙逵夫：《詩見襟懷，文寄真情 —— 讀〈剪韭軒詩文存〉》，《絲綢之路》2012 年第 12 期；趙逵夫：《睿哲惟宰，精理爲文 —— 郭晉稀先生國學學說及其探索之路》，《甘肅省社會科學》2014年第 2 期。

人，人若不自知，信矣哉！飯後小寢。天隱來，久談去。晚，段藏傑室坐。八時寢。

——《楊樹達日記》第 44 冊

1945 年 9 月 18 日，楊先生收到郭先生所著《邪母古讀考》，楊先生讀後對郭先生的發現誇贊有嘉，同時提醒他注意參考錢玄同先生（1887—1939，原名錢夏，字德潛）的《古音無邪紐證》，兩次去函與郭先生探討邪母之古讀。後來由於郭先生在整理曾運乾先生的聲韻學遺稿時，借到了錢書。錢先生認爲邪母古當讀“定”，這與郭先生的結論不謀而合。但錢先生文章有例證不足、尚未完密之弊。因此，給邪母的古讀作了有力論證的應該是郭先生[①]。

1950 年年初，郭先生將進京學習。進京前，郭先生來長沙拜訪楊先生，楊先生讓郭先生帶信給時任中央委員的徐特立先生（原名懋恂，字師陶，1877—1968），希望徐特立能夠幫助郭先生，後來郭先生進入華北革命大學也是得到了徐特立先生的推介。另外又贈郭先生著作兩種：

（一九五〇年）一月十四日，乙丑十一月廿六日，土，晴（龔億書，與徐懋恂，來熏閣，京華局，德、驤，與王季範）晨，出訪曹廷藩、彭沛民、陳伯陶、雷伯涵、李遜伯，皆不值。姚薇元處小坐。草《語源同續證》。郭晉稀來，不日入京，爲作介與徐懋恂。并告以孔子實反封建，贊大同，以《論語四章疏義》及《小學金石論叢》各一冊贈之。寄五兒鹹肉一方。飯後，沛民、曾子泉、何申甫來。申甫示近詩，有“食惡兒偏壯，村空盜不驚”語，佳句也。晚，八時寢。

——《楊樹達日記》第 47 冊

1951 年春，郭先生到西北師範學院（今西北師範大學）任教。楊先生得知後，來函問郭在蘭州工作情況，并拜託中文系的劉文興先生關照郭先生。《楊樹達日記》對郭先生畢業後與楊先生百餘次的交往與通信，幾乎都是陳述性質的記錄：“郭晉稀來”“郭晉稀北京書”“作信復郭生”，但在日記的吉光片羽中，能夠瞭解到無論是在郭先生的就業、教學，還是讀書和學術研究，楊先生都竭盡全力予以幫助，可見楊先生對郭先生的看重與愛護。所以郭先生感嘆道，“在蔣王朝的末葉，師道淪喪，如楊氏、曾氏、駱氏諸老師前輩那樣的獎掖後進，愛護斯文，實在是少有的”[②]，言語中充滿了對恩師的感激之情。

① 郭晉稀：《邪母古讀考》，《西北師大學報》1964 年第 1 期，第 6 頁。
② 郭晉稀：《回憶遇夫師》，郭晉稀：《剪韭軒詩文存》，甘肅人民出版社 2014 年版，第 47 頁。

結語

　　楊樹達先生在辰溪病重時曾立下遺囑："余一生耽嗜學問，不曾荒嬉一日，教書亦自問曾盡心，自問對於社會、國家，尚無愧負之處，此心頗覺怡然。平生不喜倭奴，最惡其小器，戰事勝利，必屬我方，不及見倭奴崩潰，差可恨耳（《楊樹達日記》第39冊，1942年4月5日）。"先生之風，山高水長。在生命盡頭，回顧一生所遇，楊先生安然祥和，而唯盼家國安寧。讀日記可知，楊先生每日晨課皆作信、看書、寫作，無一日不讀書，無一日不動筆。楊先生晚年自號"積微翁"，乃名實相符。53冊的《楊樹達日記》，從1907年至1955年書寫了半個世紀，自然地流淌着楊先生的思想與情懷，見證了華夏大地從風雨飄搖到太陽初升，見證了那一代學人的品德氣節。

　　郭晉稀先生在動盪的歷史年代幸運地成爲錢基博、楊樹達、曾運乾等知名學者的入室弟子，是難能可貴的人生際遇；更難得的是有恩師遇夫先生將與郭先生相交的過往點滴書於日記。讀信劄、手稿、日記，這類由當事人親筆書寫的文獻，與讀印刷文獻的感受是不一樣的。字如其人，見字如晤，寫本承載的不單單是文字符號傳播的内容本身，亦能向閱讀者傳達書寫者彼時彼地的心境。尤其是日記，它不同於其他文字是寫給他人閱讀，而是寫給自己，記載的是自己對於人與事的真實感悟。在七十多年後的今天閱讀這些日記，能給讀者帶來穿越時光的快感。摩挲着那一冊冊《楊樹達日記》的斑斑墨迹，在筆迹的疏密、筆墨的濃淡、紙張的洇暈、書葉的卷脚、封皮的皺褶中，着嗶嘰大褂、黑框眼鏡的楊先生在馬溪楊宅對郭先生的諄諄教誨，郭先生手執書卷、畢恭畢敬屏神聆聽的狀貌逐漸浮現，那段離我們遠去的師友風誼在翰墨書香中變得生動起來。先生們的往事被日記塵封，亦被日記銘記。

（作者簡介：
郝雪麗，中國科學院文獻情報中心、中國科學院大學經济管理系圖書情報與檔案管理系在讀博士研究生。莫曉霞，中國科學院文獻情報中心圖書館館員）

　　（筆者讀碩士時師從伏俊璉教授，當時伏老師微信名稱爲"間粱屋主"。問其來由，伏老師云，昔日在西北師大跟郭晉稀先生讀書時，郭先生書房"剪韭軒"，取自杜工部《贈衛八處士》"夜雨剪春韭，新炊間黄粱"句，伏師用功甚勤，得郭先生喜愛，郭先生便贈予"間粱"爲書房名。伏老師辦公室掛有郭先生的字，書架有郭先生的《文心雕龍注譯》《剪韭軒詩文存》等幾種書，給我們授課時時常提及郭先生的學問，足見伏老師對郭先生的尊重與懷念。後來，筆者有幸拜入中科院圖書館羅琳先生門下，跟從莫曉霞老師和師兄師姐一起整理館藏《楊樹達日記》。筆者負責校對的幾册，恰好爲郭先生在湖大時隨楊樹達先生念書的辰溪日記，由此心生感動，撰寫小文，以緬懷離我遠去的先生們。本文寫作中，得到了郭晉稀先生哲嗣郭令原先生的悉心指導，特此致謝。）

楊樹達致郭晉稀書劄十通釋讀

郭令原

摘　要： 文章釋讀了楊樹達與郭晉稀 1942—1951 十年間的十通信劄。通過對這些信劄的注釋和解讀，可以看到一個特殊時期社會經濟文化教育發展的歷史側面，也看到二位先生在這十年裏投身學術及教學的情況，更重要的是體現了老師對學生的關心愛護，寄托着老一輩學者對年輕一代的殷切期盼。

關鍵詞： 楊樹達；郭晉稀；信劄

此處收楊遇夫先生給家父的十通手劄，并加釋讀。楊樹達（1885—1956），字遇夫，湖南長沙人。早年入時務學堂，後留學日本，是中國近代著名的語言學家和史學家。曾任教北京師範大學、清華大學、湖南大學。其主要著作有《高等國文法》《馬氏文通勘誤》《詞詮》《古書句讀釋例》《漢書窺管》《中國修辭學》（一名《漢語修辭學》）《積微居甲文説》《積微居金文説》《積微居小學金石論叢》《積微居小學述林》《淮南子正聞》《鹽鐵論要釋》等，在學術界影響甚大。20 世紀 80 年代上海古籍出版社出版了《楊樹達文集》共 17 集。家父郭晉稀（1916—1998），湖南湘潭人。1938 年考入湖南國立師範學院，1940 年 9 月轉入湖南大學，1942 年畢業。曾先後在國立師範學院、桂林師範學院等任教，1951 年從北京轉道蘭州，任教西北師範大學，任副教授、教授。已出版著作有《文心雕龍注譯》《詩經蠡測》《詩辨新探》《聲類疏證》《鬮韭軒述學》等。

其一

我未識奇慚載酒，喜君妙解獨通神。殷勤記取荒山夜，風雨挑燈坐到晨。

晉稀同學由藍田轉學於湖大，於余及星笠先生之所講授，不惟能領受而已，且能有所發悟，循此不懈，可望大成。臨別賦此爲贈，欲其不以一得自足，而更努力精進，勿忘今日之辛勤尔。

三十一年七月十三日楊樹達病後書

按：載酒，指問學。王維《從岐王過楊氏別業應教》："楊子談經所，淮王載酒過。"楊樹達先生曾以揚雄、郭璞比喻自己和家父的師生關係，并以此期望家父能傳承自己的學問。揚雄（前 53—18），字子雲，漢代賦家、學者，事見《漢書·揚雄傳》，有《方言》聞世；郭璞（276—324），字景純，東晉文人、學者，事見《晉書·郭璞傳》，曾作《方言注》傳承弘揚子雲之學。此前楊樹達先生有詩贈曰："識奇我愧漢楊雲，妙解君真嗣景純。絕代方言勞作注，兩家術業本無分。"見《積微翁回憶録》（下稱《回憶録》，《楊樹達文集》，上海古籍出版社 2007 年）。

《積微居小學述林全編·釋亂》："湘潭郭晉稀學於湖南大學，從余治文字之業，於余説頗能有所領悟。"又説："晉稀又嘗説莽（前）字，謂許説止在舟上，舟非舟船之舟，《説文》履下謂舟象履形，莽字謂止在履上耳。古人入室則脱履，止在履上故爲莽也。此説以許説糾許，亦深具妙悟，因附記之。"（《楊樹達文集》，上海古籍出版社 2007 年）皆所謂"妙解""通神"之義。

記取：記得。荒山：指當年湖南大學所在的辰溪縣。按：湖南大學於 1938 年 12 月由省會長沙遷至湖南省辰溪縣。

風雨挑燈坐到晨：此説家父上學期間挑燈夜讀。

藍田：指藍田國立師範學院。1938 年 10 月 27 日由國民政府教育部批准成立的國立師範學院，廖世承任校長，校址設在湖南省漵浦縣藍田鎮，故稱。湖大，指湖南大學。

星笠：曾運乾（1884—1945），字星笠，自號棗園，湖南益陽人。曾任東北大學、中山大學、湖南大學教授。其論文《喻母古讀考》影響最大，有《尚書正讀》《音韻學講義》等著作出版行世。

民國三十一年，即 1942 年。此時楊樹達先生任教湖南大學，家父湖南大學畢業，楊賦詩贈之，并附跋語。家父《回憶遇夫師》説："（一九）四二年暑假，我離開湖大，先生又遺以詩。"（《楊樹達誕辰百周年紀念集》，《湖南師範大學學報》編，湖南教育出版社 1985 年 5 月版）此詩文既體現了楊對於家父的殷切希望，也勉勵不要忘記曾經的努力。

其二

晉稀同學左右：

連得兩示，悉起居佳好爲慰。部聘發表，校中當未接到公文，不知有無實益。校中已開學否？不太忙否？國文教師現開上二人：一爲周百頤，民二十八畢業，住湘鄉蔣市街，前四師來要人，亦開與之，不知曾往約否？（因同時開二人者）；一爲顔熙志，住邵陽（即寶慶）通衡街廿八號，但聞其有小病，不知能出來否？兩君學力皆優，人亦平正，可試問也。寅爲螾之初文，亦可備一説。但從夊從土，不似純象形也。達前治金文，頗有創獲，惜病體不能多用心，殊以爲恨，乃知體力真要緊也。此復，即頌

學佳。

樹達再拜

卅一年九月十日

釋讀：

部聘：指部聘教授。按：1949 年以前，各大學教師職稱是由各學校自聘。1941 年，國民政府教育部頒行《教育部設置部聘教授辦法》，提請行政院審議。1941 年 6 月 3 日，行政院第 517 次會議通過該草案，部聘教授制度正式實施。聘期五年。即國民政府教育部在當時大學已有教授中選聘一批學術上卓有成就者爲部聘。據《積微翁回憶録》公元 1942 年 8 月 29 日記："教育部聘教授名單發表，余與焉。此前陳寅恪、吳宓、吳有訓、莊前鼎，皆清華同事；周鯁生、楊瑞六、梁希皆一高同學也。"

國文教師現開上二人：據《翦韭軒詩文存》（甘肅人民出版社 2014 年 1 月版）附《郭晉稀先生生平及學術論著年表》載，家父於 1942 年 8 月至 1943 年 7 月在湖南省立第十師範學校任教，則是請托楊先生爲該校推介教師事。周百頤、顔熙志：其人不詳，當是湖南大學畢業生。

寅爲螾之初文，但從夊從土，不似純象形也：當是家父以寅爲螾之初文，然家父原函不存，其説亦不見於其今存字説論著中。《説文》："寅，髕也。"段注："髕，字之誤也，當作濥。《史記》淮南王書作螾，《律書》曰：'言萬物始生螾然也。'《天文訓》曰：'斗指寅，則萬物螾。'高注：'螾，動生貌。'……螾之爲物，詰詘於黄泉，而能上出，故其字從寅。《律書》《天文訓》以螾釋寅。"是文獻中有以螾訓寅者。然而《説文》段注無論以濥訓寅，還是以螾作濥，皆以寅爲抽象義。《説文通訓定聲》釋寅字形説："從宀?，象人體，以臼手自約束之形。古文從土從囗，囗即奥之複體也。"螾，《説文通訓定聲》釋爲"側行蟲"，或體作蚓。蚯蚓無骨，處處皆似人腰，屈曲而行，正像奥之複體，其下從土，是《荀子·勸學》"上食埃土，下飲黄泉"之義。家父或者據此以爲寅爲螾之初文，則螾字是在寅旁加蟲字意符之衍生字。又《説文》寅古文作囗，段注説："下從土，上象其形。"楊所謂從夊，或是■字省寫。像蚓在土上，接近會意，故楊先生説"不似純象形也"。

達前治金文，頗有所獲：楊樹達先生《回憶録》1942 年 8 月 21 日載："（民國）二十九年春頗習金文，旋以書不備，中輟。頃來大病新愈，復重理之。"據統計《回憶録》此後至 9 月 10 日所記作金文跋文九篇。又 12 月 5 日載："昨以近著請曾星笠（運乾）評閱。星云：'金文跋發明甚多，十得八、九，成就出孫仲容（詒讓）之上。'至友

阿好過獎，令人愧汗。"又同月十三日載："前以近著金文跋若干篇寄陳寅恪求教，并請爲《小學金石論叢續稿》撰序。連日得其先後二覆書，云：'承示金文跋尾，讀之欽佩之極。論今日學術，公信爲赤縣神州文字、音韻、訓詁學第一人也。囑爲大作撰序，爲此生之榮幸。他年賤名得附以傳，乃公之厚賜也。'良友獎籍，令人感愧。其執辭謙退，尤令人惶悚之至。"曾、陳評價者大致指楊先生此半年金文成果。

　　此劄年月日記載清楚，是 1942 年作。當是楊先生回復家父請托介紹教員事，文末交流學問之事。此時家父雖已大學畢業，在中學教書，但仍未放棄對文字的研究，并向楊先生請教，楊先生對此提出自己的意見：一是以"寅"字爲螾之初文，可備一説；二是不贊同寅字爲純象形字。另外，楊先生也叙説了自己近來研究金文的情況，因"大病初愈"，深感學術研究"體力真要緊也"。既是自己感慨，也是告誡家父要愛惜身體。

其三

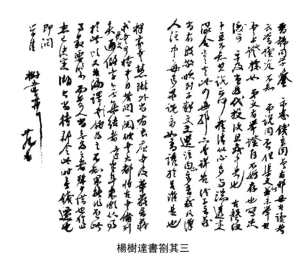

楊樹達書劄其三

　　晉稀同學鑒：

　　示悉。錢玄同曾有《邪母古讀考》，云當讀定，不知弟説同否？但渠文似并未舉出古書上證據，如弟有舉證自不妨存也。寫定後，可示及，當爲代投復旦或中央也。古聲紐十五，不知其説云何？精清從心多與端透定混合，豈去此四母邪？亦望詳告。經子音義尚有殷敬順《列子釋文》，《文選》注内亦多音義。凡漢人注中每多兼説音，如高誘於《呂》《淮》是也。釋家書慧琳外當有玄應書及《華嚴音義》。求書可檢《書目答問》一閲，彼書大都將古書備列矣。異文、通假字無集結者，達半年來頗從事於此，頃又告編譯館爲之，不知果能作否？此事最要緊，而前人當無爲之者，殊可惜也。行止想已決定

湖大，當待部令，此時無錢遷也。　即問

　　學佳

　　　　　　　　　　　　　　　　　　　　　　　　樹達再拜

　　　　　　　　　　　　　　　　　　　　　　　　廿九日

釋讀：

　　錢玄同（1887—1939）：浙江吴興人，原名夏，字中季，後改名玄同。現代著名的語言學家、音韻學家。早年留學日本，又師從章炳麟研究音韻、訓詁及《説文解字》，曾爲北京大學、北京師範大學教授。有《古音無邪紐證》，刊於《師大國學叢刊》1932 年第 1 卷第 3 期。家父於 1945 年完成《邪母古讀考》一文的初稿，認爲邪母古當讀爲定母。

　　渠文：指錢玄同的《古音無邪紐證》。渠，他。

　　復旦：指復旦大學。中央：指中央大學。此指二大學學刊。

　　古聲紐十五：是認爲上古聲紐祇有 15 個。聲紐，即今所謂聲母。唐守温有 36 字母，傳統音韻學家認爲它們代表了漢語的 36 個發音聲母，後來學者認爲守温字母實則爲中古時代的聲母情況，和上古時代并不相同，清人錢大昕提出古無輕唇音，并輕唇（唇齒）字母入重唇（雙唇）。現代學者章太炎又提出娘母字和日母字當歸泥母字。之後黄侃在采納前人研究的基礎上，提出上古語音中祇有 19 組聲紐：即喉音爲影紐，牙聲爲見、溪、曉、匣、疑紐，舌聲爲端、透、定、泥、來紐，齒聲爲精、清、從、心紐，唇聲爲幫、滂、并、明紐。家父此時認爲精、清、從、心四紐應該并入牙聲，故先秦古聲祇有 15 紐。家父《回憶遇夫師》説："四五年夏，我發現了邪母古讀定，正在作《邪母古讀考》，又疑古聲十九紐，祇是陸法言作《切韻》時的看法，在先秦或爲十五紐"。又於同文引述楊先生信劄"精清從心，多與端透定混合，豈去此四紐邪"下注曰："晉稀當時以爲精清從心古當讀牙。"

　　經子音義：主要指唐人對古代經書、子書從讀音到字義的注釋。殷敬順，唐代人當塗縣縣丞，撰有《列子釋文》，今本附《列子張湛注》中。《文選》注：指《文選》李善注。《文選》是梁昭明太子蕭統編選的一部文學總集，收作家作品，上自先秦，下至梁代，共 30 卷，分 38 種文體，又稱《昭明文選》，唐人李善爲其作注。李善（630—689），江都人，曾爲録事參軍、秘書郎、崇賢館直學士兼沛王侍讀、涇縣縣令等。事見新、舊《唐書·李邕傳》。二書多引唐以前文獻，包括文字訓釋和注音内容，《文選》注内容尤其繁富。

　　凡漢人注中每多兼説音：漢人注書常常對古書中一些文字注音，其目的是以音釋義，所注皆用直音。高誘於《吕》《淮》是也：東漢高誘曾注《吕氏春秋》《淮南子》等。《吕》《淮》，指《吕氏春秋》《淮南子》。其注今存。

釋家書：指佛教類書。 慧琳有《一切經音義》，應玄亦有《一切經音義》(亦名《應玄音義》)。《華嚴音義》，即《華嚴經音義》，唐釋慧苑作。 書中多收唐以前佛經讀音的注音。

《書目答問》：目錄學著作，清張之洞撰，是作者在四川作學政時作的一部書，從當時來説是爲蒙生指示讀書門徑，在後來也是給有志於閱讀和研究古籍文獻者提供了基本書目。 該書收書 2000 多種，依照經史子集把古代文獻典籍分爲四大類，并指出每一部書收藏和版本情況。 其後范希曾在此基礎上又作補正。

異文，指異體字。 通假字，指古代聲音相近，并且在典籍中經常互用的字。

湖大，指湖南大學。 當待部令，此時無錢遷也：當指湖南大學遷回長沙事。 是年 9 月國民政府教育部召開復員善後會議，決定湖南大學返回長沙嶽麓山舊址。10 月開始遷返，翌年 11 月遷返完成正式開課。 部，指當時民國政府的教育部。

此劄未記年月，據家父《回憶遇夫師》説："四五年夏，我發現了邪母古讀定，正在作《邪母古讀考》，又疑古聲十九紐，衹是陸法言作《切韻》時的看法，在先秦或爲十五紐。 函告先生，先生復示云"，知是 1945 年夏所寫。 函中主要對家父音韻學研究的回復，對家父的研究予以關注，并提出指導意見。 最主要有兩點：一是詢問家父《邪母古讀考》的內容，指出錢玄同已有相關論文，并問家父研究和錢文有何不同。 二是對家父研究給予指導，希望從古文獻中多方搜集相關材料，以充實內容，同時，也給家父提供了相關的文獻綫索。

其四

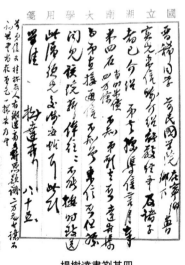

楊樹達書劄其四

晉稀同學：

前國民學院（在寧鄉鄉下）魯實先來信，囑介紹能教經書及諸子者，已介紹弟去。據渠信言月奉米四石（當時米價四萬餘）。不知弟願去否？達告渠與弟直接通信，不知曾來信否？但獲聞見該院薪俸往往不能按時致送，此層須先交涉妥帖耳。此誦

學佳。

樹達再拜　八月十五

前弟信云，桂林友人有《綴遺齋彝器款識》二萬元出讓，不知此書尚在否，乞一探告爲望。

釋讀：

前：此前。民國學院，當指北平民國大學，這是 1916 年冬蔡公時、馬君武等人建立的一所私立大學，於 1917 年 4 月正式開課。1920 年蔡元培任校長。1931 年 2 月，改稱私立北平民國學院。1933 年由魯蕩平任校長。抗日戰爭爆發後，該院先後遷至河南、湖南等地，1941 年和 1945 年先後遷入湖南寧鄉陶家灣。魯實先（1913—1977），湖南寧鄉人，曾任教復旦大學、臺灣省立農學院、東海大學、臺灣師範大學，主要著作《史記會注考證駁議》。

據渠信言月奉米四石（當時米價四萬餘）：此言國民學院以每月四石米爲課酬。渠，他，指魯實先。奉，供。石，擔，重量單位，相當於今 100 市斤。四萬餘，當指國統區發行的紙幣。張舜徽《學習楊遇夫先生學不厭教不倦的精神》："時紙幣貶值，任教高等學校者，大抵入不敷出，生活皆甚困窘。惟北平民國大學南遷至寧鄉陶家灣，以食物折發薪金，少可紓朝夕之需。"（見《楊樹達誕辰百周年紀念集》）

《綴遺齋彝器款識》：即《綴遺齋彝器款識考釋》，清人方濬益所作金石著作，共 30 卷。著録商、周青銅器銘文 1000 餘器，摹寫精善。卷首爲《彝器説》三篇，上篇考器，中篇考文，下篇考藏。其中重要銘文，附有考釋。

此劄未載年。據其中内容推測，當作於 1945 年。此爲楊先生受魯實先之托，欲推薦家父往民國學院任教，講授經書和諸子。此時貨幣貶值，學院以米折發薪資。楊先生在推介時因聞説學院薪俸不能按時，故告誠家父在接受聘任前先需商定薪資問題，從中可見楊先生對家父關懷無微不至。又此時家父在桂林，故楊先生委托家父探問《綴遺齋彝器款識》一書，知先生此時正專注於金文研究。

其五

楊樹達書劄其五

晉稀同學：

兩緘皆悉，《邪母考》似尚佳。中大事當一緘詢。彼處向爲黃季剛大本營，恐不能無授音韻者耳，萬一不諧，教完此期再説可矣。達數年來專治甲金文，長沙苦無書，聞桂林頗有書，請弟遍往新舊各書坊一爲搜討，書名價目，先開見示，如有容庚《金文編》增訂本（二十九年出），及新近數年（八年來）甲骨書，即可逐買見寄，價目示知，隨當匯還，不敢以累弟也。至要至托。即問

近好

樹達再拜

二月廿二日

釋讀：

邪母考：指家父所作《邪母古讀考》。

中大事當一緘詢：當是楊先生欲推薦家父往中央大學任教。中大，指中央大學。緘，此謂投信。詢，詢問。

黃季剛：黃侃（1886—1935），字季剛，湖北蘄春人。曾任教於北京大學、武昌高等師範、山西大學、東北大學、中央大學。對傳統文史哲均有研究，成就主要在音韻訓詁學方面，其音韻學方面提出了古聲十九紐、古韻二十八部和古音僅有平入二聲説，產生了很大影響。

達數年來專治甲金文：楊樹達先生於 1951 年爲其《積微居金石論叢》自序説："余於一九四零年歲杪始專治彝銘，時避倭寇之難，僻處湘西，群書不備，雖偶有造述，未敢示人，聊以自遣而已。旋以書缺，棄不復治。一九四二年春，大病幾死，夏秋病已，重理兹業，到今十年，中間雖以旁治甲骨經典，時有作輟，然十年之中耗於此事者，日月爲獨多也。"又《回憶録》1934 年 7 月 17 日載："讀朱芳圃《甲骨學文字編》。此爲余治甲文之始。"

聞桂林頗有書，請弟遍往新舊各書坊一爲搜討：此時家父在廣西桂林師範學院任教，故楊先生委托家父代爲搜討相關書籍。

容庚（1894—1983）：字希白，廣東東莞人。曾任教燕京大學、嶺南大學、中山大學。有《金文編》《金文續編》《商周彝器通考》等著作。《金文編》：容庚先生著作。該書以收録商周金文文字，并依《説文解字》部首排列，其中《説文》未收而見於他種字書，或有形聲而不可識的字，收入附録。1925 年寫定印行，1938 年補訂重版，共收周金文 1804 字，附録 1165 字。此當指 1938 年補訂本。逕買，直接購買。

累：連累，拖累。

此劄無年有月，其内容涉及《邪母古讀考》，當在上函之後，上函寫於 1945 年夏，則此函當寫在 1946 年 2 月。此函一是看到家父論文後予以肯定，并欲推薦往中央大學授課，也可看出楊先生對家父音韻學方面的成績的認同。另外還可以看出此時楊先生正專注於金文和甲骨文的研究，搜尋購買相關方面著作，也可知楊先生此時研究條件之困難。

其六

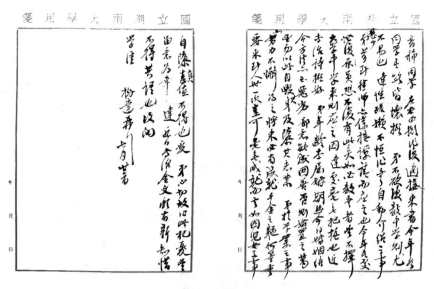

楊樹達書劄其六

晉稀同學左右:

正擬作復,適接來書。今年各同學出路皆壞極。弟不欲復教中學,則尤不易也。達性疏懶,不恒作書,自動介紹之事甚少。弟前到桂師,亦系接譚請而應之也。今年各處忙復員,恐不復有此矣。如必教書者,望不擇大學中學,來則應之,因達處毫無把握也。近專治詩,極好。弟年齡本屆婚期,然今日婚姻結合方法亦至惡劣,鄙意能成固善,否則姑置之,萬望無以此自毀其身及隳其志業。弟以學業之事,如努力不懈爲之,將來必有成就。千金之軀,何等重要!來此人世一次,豈可毫無成就而去?如因兒女子事自隳,真值不得也。愛弟心切,故作此杞憂,望留意爲幸。達最近專治金文,頗有新知,惜不得共語也。復問

學佳

樹達再拜

七月廿二日

釋讀:

弟前到桂師,亦係接譚請而應之也:家父《回憶遇夫師》中説:"由於譚丕模同志向楊先生的請托,通過楊先生的推薦,我便到貴州平越,往國立桂林師範學院任教去了。"家父在桂林師院任教一年。譚,即譚丕模(1899—1958),楊樹達先生弟子。曾任教於桂林師範學院、湖南大學、北京師範大學,有《新興文學概論》《文藝思潮之演進》《中國文學史稿》《宋元明文學史綱》《清代思想史綱》等著作出版。1958 年 10 月 17 日出訪阿富汗等國因飛機失事罹難。

專治詩:指專治《詩經》。

兒女子事,指男女戀愛之事。自隳:自我懈怠。

杞憂:即杞人憂天之縮語,語出《列子·天瑞》,此謂無謂的擔憂。

此劄無年有月。《回憶遇夫師》説:"四六年夏,我從桂林回湖南,患瘧疾半載,志氣隳頹。楊先生誤以爲爲婚姻事,來書相勸云。"則此函作於 1946 年。此函和家父談教職事,認爲教職難得,希望能把握機會。同時告訴家父處理好個人婚姻和學問的關係,希望不要因婚姻事貽誤學業,勉力家父在學問方面努力不懈。

其七

楊樹達書劄其七

晉稀同學仁弟左右：

手書悉，宗霍先生駕過長沙，達不及聞知，未得趨候聞教，至悵至悵。南嶽勝地，達尚未一游。來共晨夕，至所心願。惟此時經濟狀況極劣，小一行動，耗費至多，是以不敢有負宗霍先生盛意，惶悚不安之至。希弟婉達代述歉忱，至企至荷。示復，即頌。

學佳

樹達再拜五月四日

釋讀：

宗霍先生，即馬宗霍（1897—1976）先生，湖南衡陽人。曾師從王闓運、章炳麟，任暨南大學、金陵女子大學、上海中國公學、中央大學、國立師範學院、湖南大學、湖南師範學院教授、系主任，中華書局編審等。主要著作有《音韻學通論》《文字學發凡》《經學通論》等。此時爲國立師範學院國文系主任。

趨候：前往問候。

南嶽：指今湖南衡陽南嶽區。1946年國立師範學院遷至南嶽。

此劄無年有月，《回憶錄》公元1979年5月4日：“日前，郭生晉稀來書，致南嶽國立師範學院當局之意，望余過往任教，今日作復辭之。”知爲1947年作。此爲家父受國立師範學院國文系主任馬宗霍先生委托，聯繫楊先生前往任教。楊先生以經濟狀況困難婉拒前往。

其八

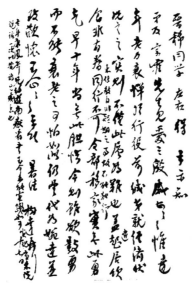

楊樹達書劄其八

晉稀同學左右：

得手示，知弟及宗霍先生見愛之殷，感甚感甚。惟達年老力衰，憚於行役。前緘第就經濟狀況言之，實則不僅此層爲難也。蓋達起居飲食，非有眷同行不可（來任教自非短期之事，故不能遠行），全部移家，實無此勇氣，早十年當無此膽怯，今則雖欲鼓勇而不能，衰老之可怕如此。仍望代爲婉達，并致歉懷，至企至企。手頌。

暑佳

樹達再拜

十七日

去年，康鳳岑兄約游南嶽看書，至今未能實踐。如可實現，當來院説話一項，以答諸兄盛意也。

釋讀：

弟：楊先生對家父稱謂。見愛：猶言所愛。殷：殷切。憚：懼怕。行役：遠行勞役，此指遠離長沙前往南嶽任教事。此時楊先生在湖南大學，大學於抗戰期間遷往湖南辰溪，1945 年遷回湖南長沙。

眷：家眷。

康鳳岑：康和聲（1881—1952），字鳳岑，號硯堂，又號硯堂老農、硯堂主人、遺硯堂生，湖南衡山人。清光緒二十八年（1902）秀才。歷任湖南省學務司師範課長、省立第三女師校長、廣西隆山縣知事、湘軍總司令部秘書、教育部編審、全國國難救濟總會秘書等職，全國解放後任中華人民共和國政務院文史研究館館員。1932 年回南嶽創辦南嶽圖書館（後更名爲南嶽中正圖書館），一直到 1949 年 9 月，前後長達 18 年，苦心籌劃，使之成爲湖南省第二大圖書館。整理和主持整理編纂的有：《王船山先生墨寶四種》《王船山先生遺著遺墨敘録》《王船山先生南嶽詩文編年事略》《重訂王船山先生年譜》《衡山縣志》《南嶽名游集》八册、《讀蓮峰志》《〈大學〉古本詳説》《〈孟子〉古本詳説》《中華民國第一修衡山縣志纂修總例》《康選古文百篇》，著有《康和聲詩文集》。約游南嶽觀書，當指往南嶽圖書館看書。

　　此承前劄内容，則仍當作於 1947 年 5 月。補充説明前劄婉拒的另一層原因是不能離開家眷獨往任教。附語中表達將來如往南嶽尋書，或可到國立師院作短暫交流。

其九

楊樹達書劄其九

　　晉稀同學左右：

　　前得手示，知任教蘭州，甚慰。前此校長，系易靜正君，此時有無更動？蘭州學生聞程度較低，似須因材施教，卑之無甚高論也。達近日整理《金文説》，擬送國家機關審查，請求出版。因此稽復爲歉。黄伯軒、張舜徽派在何處？弟有所聞否？課多少，當能用功否？即問

　　旅佳

樹達再拜

五一、三、七.

釋讀

前得手示，知任教蘭州：家父《回憶遇夫師》説："四九年全國解放，我到北京學習。五○年冬，學習期滿，初是報名北上，參加抗美援朝；繼則響應號召，準備來西北工作，先生不知也。先生以爲我在桂林師範學院任教時，與林礪儒君共事，而先生早年在北師大時，又與之有舊，因而作書推介，囑親自送往。書函到達，我已經決定西行了。五一年春，我既到蘭州，把情況告訴了先生。先生來函云。"此爲信劄背景情況。

易静正：易介（1896—? ），字静正。湖南湘鄉人，1917 年畢業於北京高等師範學校。1946 年 7 月至 1949 年 7 月繼黎錦熙後任西北師院院長。

達近日整理《金文説》，擬送國家機關審查，請求出版：指《積微居金文説》出版事，初版於科學出版社。國家機關，指中國科學院。《回憶録》1951 年 2 月 3 日記："校《金文説》第六卷。"4 月 19 日記："今日校理十年來《金文説》，計新識字五六十文今日始歸納爲若干類別。"30 日記："《識字説》寫訖。定名爲《新識字之由來》，凡得條例十四事，整比分類，亦廢經營。知事之不易也。"《新識字之由來》爲《金文説》卷首文。

黃伯軒：其人具體情況不詳。《積微居詩文鈔》中有多首詩提及黃，其中《送黃伯軒歸里》自注曰："君爲亡友黃晦聞（節）弟子。"楊先生《回憶録》中多處提及，當是先生學生。張舜徽（1911—1992）：湖南沅江人。早年問學於楊樹達先生，曾任教國立師範學院、國立蘭州大學、華中師範大學。主要著作有《廣校讎略》《漢書藝文志通釋》《説文解字約注》《鄭學叢注》《史學三書平議》《清儒學記》《清人文集別録》《清人筆記條辨》《中國古代史籍校讀法》等。

此劄年月日記録清楚，爲家父來蘭州後楊先生所寫。家父此時在西北師院（今西北師範大學）任教，楊先生想到自己的熟人原西北師院校長易介先生，希望能對家父有所關照，在《回憶遇夫師》中家父説："到蘭州不久，蘭州大學中文系教授劉文興突然來訪。劉的行年較我爲長，又了無關系。劉出先生手書相示，始知先生復劉君書，殷殷道及，并囑渠關照。"則問易介先生情況當意猶如此。20 世紀四五十年代，甘肅地區經濟落後，教育程度較低，楊先生的學生如張舜徽等曾任教蘭州，當有所聞，故告訴家父"須因材施教"，也表現對蘭州教育的關心。信中問及黃伯軒、張舜徽諸人的行蹤，當是由於家父離湘後，楊先生有門人星散之感，故有此問。

其十

楊樹達書劄其十

晉稀同學：示悉。曾問此間新文學教授魏猛克君有無友人可介紹，渠後回信，云無其人。徐士豪聞在鄂，不知其住處，奈何奈何！教餘還能自己用工否？達托庇尚佳，然亦日衰矣。《金文説》七卷，科學院允爲出版，此可喜耳。

近佳

樹達再拜

十、十七

釋讀：

魏猛克（1911—1984）：湖南長沙人。曾在長沙華中美術學校、上海美術專科學校學習，後往日本東京明治大學研究美術。早年和魯迅先生往來密切，曾任《北平新報》《文藝周刊》等編輯，1950 年爲湖南大學中文系、湖南師範學院教授。作品主要有《魏猛克雜文集》、《魏猛克散文集》、英譯本、《阿 Q 正傳》插圖。

徐士豪：其人不詳。鄂：指湖北。

《金文説》七卷科學院允爲出版：《回憶録》1951 年 8 月 8 日記：“科學院考古研究所來書，告余《金文説》已由所議決作爲《考古學專刊》第一種出版。”當即指此。

此劄未載年，據其中所載魏猛克及《金文説》允爲出版事，知當是 1951 年作。家父到西北師範學院後，學院中文系急需教師，家父委托楊先生推薦。楊先生一方面通過其他關係聯繫打聽；另一方面也在自己學生中物色人員，亦可見先生及家父爲西北師範學院中文建設所作的努力。

　　家父在《回憶遇夫師》中説："來往信劄，我是從來不收撿的。 即使部分的保留了下來，經過'十年浩劫'，殘篇斷簡，亦百不得一。"知此 10 通存劄僅是楊先生給家父信劄中保留下來的極少部分。 存劄從 1942 年 7 月始，止於 1951 年 10 月，其中 1942 年 2通，1945 年 2 通，1946 年 2 通，1947 年 2 通，1951 年 2 通。 儘管如此，這些信劄前後跨越十年，其涉及内容非常豐富，對了解認識那個時代的歷史文化情況都有幫助。 但這些信劄的主綫是楊遇夫先生對家父生活、工作、學業的關心，在學業方面説得最多，其第一通中告誡家父"臨別賦此爲贈，欲其不以一得自足，而更努力精進，勿忘今日之辛勤尔"。 有五通皆以"學佳"勉勵，第九通則問道："課多少？ 當能用功否？ "第十通亦曰："教餘還能自己用功否？ "另外，雖説生活方面的事，仍以讀書爲主要話題。 其第六通説："千金之軀，何等重要，來此人世一次。 豈可毫無成就而去？ "可以知道，楊先生和家父的深厚情誼是建立在對於學問的熱愛上的，楊先生把家父作爲自己事業的傳人，更是百般呵護，不僅如此，楊先生在信劄中也常常説到自己的學術工作。 楊先生是把學問作爲人生的最高目標爲之努力，十通信劄中字字句句都體現楊先生對於學術事業的執著追求，和培育學術後輩的殷殷之情。

　　（附記：此文在伏俊連教授建議下寫成的，文字辨識和理解過程中又得到周玉秀、魏代富、杜志强、張克鋒、池萬興、馬世年諸位教授的幫助。 在此表示感謝。 作者識）

（作者簡介：郭令原，蘭州交通大學文學院教授）

《西洋寫本學》簡介

孫曉雪譯，董璐審訂

摘　要：本文介紹伯恩哈德·比肖夫（Bernhard Bischoff）的《西洋寫本學》一書。

關鍵詞：寫本學；拉丁字體；歐洲寫本；古字體學

　　《西洋寫本學》一書是已故德國古字體學者，伯恩哈德·比肖夫（Bernhard Bischoff，1906—1991）於 1984 年出版的學術著作，2015 年佐藤彰一和瀨户直彥將該書翻譯成日文，由岩波書店出版。本書主要集中在文藝復興前歐洲大陸和北非地區寫本的物質形態、字體演變、抄寫技術、寫本製作工藝和裝飾藝術等領域。寫本字體演變是本書的重點，作者梳理了古拉丁語楷書體和草書體的各個形式以及各字體之間的互相影響和轉換。

一、寫本學

（一）書寫材料和書寫用具

　　本書首先介紹的是莎草紙，最初莎草紙的裝訂方式一般是卷子本，用接近正方形的紙葉相繼粘貼，第一葉稱作 Protokoll，最後一葉稱爲 Eschatokoll。如將莎草紙正面文字清洗消除，在背面書寫其他文字加以重復利用，這類紙背文書就被稱作 Ostographe。

　　公元 2 世紀以來，埃及的基督徒將莎草紙折叠來製作書籍，這樣改變了裝幀方式的寫本，是後來 Codex 本的前身，比如莎草紙本《查士丁尼法典》（*Code Justinian*）。莎草紙還被用於公文和證書的製作，這一傳統甚至延續到了中世紀。

　　接下來列舉的是鞣皮紙，即獸皮紙。最常用的材料是羊皮，也有使用其他動物皮革的情況，現存最早的拉丁語古寫本《馬其頓戰紀》斷片（*Fragment de bellis Macedonicis*）就是鞣皮紙。在加洛林王朝（les Carolingiens，751AD—911AD）時期鞣皮紙主要是用羊皮製造的；愛爾蘭等島嶼地區則用石頭壓擦的工藝製作小牛皮，這種小牛皮紙被稱爲"Vellum"。古典時期（700BC—476AD）後期出現了染成紫色的鞣皮紙，這種鞣皮紙出産於拜占庭帝國，常被用於豪華版宗教書籍的製作，在書寫時使用金銀墨水，如藏於維也納王宮博物館的《加冕福音書》（*The Coronation Gospels*），除此之外還有黑色鞣皮紙作品《聖法蘭西斯祈禱書》（*The prayer book of San Franceseo*）。

"紙"出現在西歐的時間很晚，13 世紀以後才被大面積使用。紙在早期的用途有限，僅限於打草稿、製作證書和議事録。在 13 世紀晚期，有把金屬綫折叠彎曲成文字、動物和器具等圖案放入紙漿中製造紙的現象。

中古時期蠟版書的使用十分普遍，蠟板是用木料或象牙製成的小板子，主要用於書信、證書和教育等領域。蠟板製作時，需要在材料表面淺鑿，在凹陷處灌上蜜蠟，然後用鐵筆在表面書寫，鐵筆的另一端呈扁平狀，亦用於擦寫修正。根據蠟板的數量可分爲二枚板、三枚板和多連板。爲避免文字變形，蠟版書外側還會有封印。在古典時期後期執政官還會贈送給別人淺浮雕的象牙蠟板，即執政官紀念牌。後來這種形式變成了連禱和教會捐贈者名單。

除了上述材料之外，還有碑刻、石板、白樺樹皮、鉛板和四角形木棒等材料。鉛板上的拉丁語咒語中能看到新舊草書并存的痕迹。

除書寫材料外，該書還介紹了墨水和顏料。目前已知的材料來源有煤、樹脂、烏賊墨、没食子、硫酸亞鐵、植物的莖等。由於硫酸亞鐵有腐蝕性，導致古典時期後期很多寫本發生穿孔現象。材料的來源不同，會呈現出不同的色彩。7 世紀濃褐色的墨水占了主流，8 世紀則流行偏綠色的墨水，12 世紀的法國人喜歡在標題處交替使用紅、青、綠、蘭等顏色。爲了突顯效果，人們還會使用一種紅色的墨水——鉛丹（minium），而製作豪華寫本時會使用金銀墨水，宗教書籍喜歡用金色書寫聖人的名字，最著名的例子是 1368 年在布拉格用綠金汁書寫的《四福音書》（*Four Gospels in the Bible*）。

寫本的書寫工具主要有蘆稈筆，也被稱作筆葦，它在中世紀流行於地中海地區，地中海以外的地區則流行羽毛筆。除此之外的書寫工具還有氧化鐵粉筆，軟金屬細棒等。

該部分介紹了一個概念——重寫本（Palimpsestis），實際上重寫本是一種將原有寫本的字迹消除再寫的工藝，消除方式有穿刺或者化學法。班堡、克吕尼和聖加倫這些著名修道院都曾出品過重寫本。莎草紙和鞣皮紙都有重寫本，希臘語稱之爲"palipaso（我再度刮削取用之意）"。重寫本出現的原因可能是人們對原有寫本的内容失去興趣，這些寫本就成爲了廢弃品。同樣的情況存在於改革後的典禮文書和法律寫本，爲了消除異端者的文字而形成的重寫本反而不多見。

（二）寫本的形態

第二章第一節介紹了最重要裝幀形式——Codex，它是將料紙對折，然後穿孔、縫綫來製作的冊頁裝書籍，Codex 是古典時期後期和中世紀最普遍的書籍形態，馬提亞爾提阿（Marcus Valerius Martialis，40AD—104AD）的《格言詩集》（*Epigrammata*）是最早的 Codex 本。

第二節介紹開本，即寫本的大小。目前所存最大開本是詩人卡圖盧斯（Gaius Valerius Catullus，87BC—54BC）和盧坎（Marcus Annaeus Lucanus，39AD—65AD）的豪華本作品以及《學説匯纂》（*Digest*）寫本；最小的開本是 5—6 世紀的《聖約翰福音書》（*The Gospel of St. John*），它被用作隨身攜帶的護身符。

第三節紙張排版問題，主要介紹 Codex 的排版形式。Codex 本頁面通常有多個分割欄。4—5 世紀，除個别例外，多數分爲 3 欄，在中世紀則有 1 欄、2 欄的形式，加洛林朝時期又增加爲 3 欄。文章的正文與注釋分開，左右對照，而 12 世紀開始有把正文與注釋混在一起書寫，僅用大小寫來區分的現象。

第四節介紹裝幀方法，主要分爲豪華本裝訂、革板表紙裝訂、純粹的革表紙裝訂三種，這三種裝幀方法最重要的是豪華本裝訂，它是爲重要典禮而作的，製作時會在寫本上裝飾金銀、珠寶等，還會使用七寶裝飾、銀版綫刻等高級手法。這之中還有一種廣泛使用的方法，在書籍封面的四角和中心打鐵質鎖釘，用鎖鏈連接書籍和書架，這種寫本被稱爲——鎖留本（Libri Catenati）。

第五節介紹了卷子本和折叠本兩種不同於 Codex 本的裝幀形式。莎草紙卷子多爲縱向書寫，鞣皮紙卷子多數與宗教典禮相關，比如洛魯修修道院的連禱集。中世紀盛期之後，年代記、族譜等文本也開始使用卷子本。除此之外，戲劇演員的劇本、詩歌、朝聖者和旅行家的記録、煉金術士的記録和修道院的死者名單等也使用卷子本。折叠本則有護身符、日曆、祈禱書等。

第六節介紹的是表格（tabula），這種表格還被稱作 "pagina"，這是一種廣義上的表格，還包括了地圖和圖畫，它是將大尺寸的鞣皮紙拼接縫合，然後固定在木板上製作而成的，主要應用於目録學、算術、幾何等學科的教學活動。一些著名的世界地圖就是這樣的裝幀形式，如赫裏福德地圖（Hereford Map）、失傳的埃斯托爾夫世界地圖（Estorf's map of the world）等。

第七節是證書和書信，梅洛芬王朝（Merovingian Dynasty，481AD—751AD）的國王堅持在證書上親自署名并用熱蠟印璽作認證，聖加倫檔案館保存了 744 年的原始證書。該節還介紹了割符證書和印璽證書這兩種擔保形式。私人書信的例子有 788 年聖丹尼修道院院長的莎草紙信件、11 世紀的學生信件等。在中世紀後期開始，普遍使用紙來書寫信件。

（三）寫作與抄寫

第三章介紹了抄寫活動，在古典時期，書寫活動大多在膝蓋上完成，中世紀開始轉爲在傾斜的書寫臺上書寫。中世紀早期出現了專門的寫字教育，學生們學習書寫各種字體，目的是讓學生們習得統一的"書寫室字體"，在人文主義時期學生們還要學習仿古字體。培養一個合格的寫字生需要花費 10—20 年的時間，而大多數寫字生學成後會終生從事抄寫工作。

13 世紀和 14 世紀教科書的製作也是寫本製作的重要組成部分，牛津、波洛尼亞等大學開啓了名爲 "pekia" 的制度，即製作校訂底本（exmplar），然後委託給借書機構，由借書機構提供其他學校進行轉録傳抄。

本章還附了僞書一節，西洋寫本自誕生之初就伴隨着作僞問題，其中著名的僞書有 18世紀西多會修道士漢薩勒（Chrysostomus Hanthaler，1690AD—1754AD）僞造的修道院記事、格奧爾格·扎珀（Georg Zapperts，1806AD—1859AD）僞造的《馬克西米利安皇帝謹述集》（*Die Lehrbücher Maximilians I*）等。進入現代之後最引人注目的僞書是諾曼人發現的世界地圖，發現之初被認爲是 11 世紀的作品，後被證實是 1772 年左右根據印刷本僞造出來的。

二、古拉丁語寫本（字體）

（一）古典時期拉丁語寫本

第二部分是全書着重強調的字體部分，首先作者對古拉丁語字體做了大致的分類，即楷書體和草書體。楷書體是標準化的字體，包括安色爾字體（Uncial）、半安色爾字體（Half-Uncial）、加洛林小寫字體（Carolingian Minuscule）、貝内文托字體（Beneventan）、哥特式的特斯圖拉字體（Gultenberg Textura），這些字體需要粗綫與細綫相結合；草書體則使用較細的筆，并且不區分粗細綫。楷書體與草書體還有相結合的傾向，代際和地域的不同也會使字體産生微妙的變化。下表所列是上述各字體的圖像：

	安色爾字體	
楷書體	半安色爾字體	
	加洛林小寫字體	
	貝内文托字體	
	特斯圖拉字體	

續表

草書體	古羅馬草書體	⋋⋋ ɑ
	新羅馬草書體	ɑ ɑ
	島嶼草書體	ꞷb ꞛl

公元前 1 世紀到公元後 1 世紀的字體大多還是規整的大寫字體（Capital），大寫字體是其他字體的基礎。 現存最早使用大寫字體的鞣皮紙寫本是《美第奇本維吉爾》（*Medici Version Virgil*），8—9 世紀時所謂的"維吉爾的文字（litterae Vergilianae）"就是大寫字體書寫的詩歌。 大寫字體在豪華本消失後走向了没落，而在古典時期末期又迎來了復興。 從加洛林朝改革到 12 世紀，大寫字體與安色爾字體互相競爭并混用。 大寫字體在形態上有過很多變化，有時會被用於文頭裝飾和碑文製作。 下圖是大寫字體：

ABCDEFGH
KIKLLMNOPQR
STVVXYZ

從公元 2 世紀開始，爲了連接相鄰字母，産生了一種"匆忙而就"的字體——羅馬草書體（Roman Cursive）。 羅馬草書體的發展分爲兩個階段，古羅馬草書體（Old Roman Cursive）和新羅馬草書體（New Roman Cursive）。 古羅馬草書體是由大寫字體發展而來的，新羅馬草書體則主要是小寫字體。3 世紀以前是古羅馬草書體占主導，應用於信件、證書、官方檔案和文學作品。 羅馬皇帝尚書局更是將這種字體視爲"至聖字體"，并在公元 367 年頒布法令，除皇帝尚書局外其他部門不許使用古羅馬草書體。

新舊兩種草書體後來也經歷了一段并行期，新羅馬草書體出現的明確證據是 287 年和 304 年之間的皇帝敕令，這之中既有大寫 LN，又有小寫 bdgp。 新羅馬草書體的出現是四綫體書寫的預兆，這種字體出現後拉丁語字母的結構基本達到了成熟，大小寫相配套的系統已經形成。

安色爾字體是由草書體派生出來的楷體字，是草書體爲了使字母更加清晰而"濃密化"的結果。 公元 100 年左右的《馬其頓戰紀》的殘片可能就是由草書體派生出來的"端正字體"，這一論斷還有很多爭議。 早期安色爾字體的典型特點：M 是由一條竪直的綫和兩個弓形弧綫組成，A 則呈方形。 安色爾字體在基督徒中很受歡迎，它的名字就是哲羅姆（Jerome，340AD—420AD）在製作豪華寫本時取的。

　　古半（東方）安色爾字體（Old Half-Uncial）也是一種從草書體發展而來的楷體字，埃及出土的文獻資料證明了它的存在。這種字體產生於公元 3—5 世紀，公元 3 世紀莎草紙本《李維烏斯簡略本》（*Livius-Epitome*）的發現可以看出，這種字體開始時是直立的小寫字體，輕微向右傾斜。另外還有一種斜體的古半安色爾字體，可能是模仿了希臘語的斜體產生的。下圖爲《李維烏斯簡略本》中的古半安色爾字體：

　　新半安色爾字體（New Half-Uncial）發展於 4—5 世紀，這是在文字連寫系統日漸成熟的背景下產生的一種獨立草書體。半安色爾字體古稱 "Africanae"，證明其源於北非。目前所存最早使用新半安色爾字體之一的寫本是聖加倫修道院的 Codex 本《烏爾加他福音書》（*Vulgata Gospel*）。總體來說，半安色爾字體的影響比安色爾字體要小。5 世紀，半安色爾字體由傳教團傳入英格蘭，在當地進行字母增補後發展出島嶼字體。法國 8 世紀科爾比修道院的 "Leutchar 型" 字體也是退化的半安色爾字體。在古典時期後期的欄外注解中常常有安色爾字體與半安色爾字體混用的現象。下圖爲新半安色爾字體：

　　作者還介紹了多種字體共存於同一寫本的現象。從 5 世紀開始，在主要字體外加入其他字體變成了一種強調手段，例如主體用安色爾字體書寫時，會使用大寫字體進行強調。標題和欄外小字也會使用與正文不同的字體，有時在引文中也有同樣的情況。

　　該章結尾介紹了速寫字體，它是爲了書寫省時而出現的速記符號。最著名的當屬提羅速記符號（Notarum Tironianarum），它是由西塞羅（Marcus Tullius Cicero，106BC—43BC）的奴隸馬爾庫斯·圖留斯·提羅（Marcus Tullius Tironianarum，103BC—4BC）口述發明的符號系統，在公元前 1 世紀和公元 1 世紀被發展完善，《詩篇》（*Psalms*）的出現讓提羅速記符號達到了巔峰。9 世紀提羅速記符號開始衰落，到 11 世紀消失。速記符號大多是小寫字體派生出來的，一般使用單詞的前幾個字母組合表達，有很大的靈活性。速記符號一直延續到了梅洛芬王朝和加洛林王朝，學校裏使用的速記符號又被編成了《伯爾尼的速記符號》（*Berner Noten*）。在意大利和西班牙則喜歡用音節速記符號，如馬德里多寫本。

（二）中世紀拉丁字體

第二章分地域梳理了中世紀拉丁字體的發展歷史，一種字體在某一地區出現，又可能會擴散到其他地區，之後與當地的字體融合，形成了諸多過渡形態，中世紀拉丁字體的發展歷史相當複雜而有趣。

5 世紀愛爾蘭宗教改革後，基督教人士帶來了簡潔的字體。在這之後，愛爾蘭的北安普利亞書法蓬勃發展。在愛爾蘭教會的影響下，7 世紀的修道院學校開始了寫本製作并發展出一種更爲靈活的字體——愛爾蘭小寫字體，它帶有半安色爾字體的特徵，但是更尖銳且易於連綴文字，這是後來愛爾蘭縮短記號的雛形。公元 700 年左右的《林迪斯法恩福音書》（*Lindisfarne Gospel*）中可以看到一種成熟圓潤的島嶼半安色爾字體。6 世紀之後愛爾蘭人開始進行傳教活動，還有一些人作爲教師踏上了歐洲大陸，他們將這些島嶼字體傳播到了歐洲更多地區。富爾裏修道院寫本則促成了大陸字體與島嶼字體的融合。下圖爲島嶼小寫字體和島嶼草書字體：

盎克魯-撒克遜人在 7 世紀主要使用兩種字體，半安色爾體和小寫字體，但是他們用自己的方式發展了這兩種字體。盎克魯-撒克遜字體在 8 世紀開始演化，經歷了半安色爾字體、呆板的小寫字體和與草書體相近的鋭角小寫字體三個階段。各種混雜的過度形態漸次出現，盎克魯-撒克遜字體給人的整體印象較爲混亂。10 世紀，盎克魯-撒克遜字體影響了德意志，10 世紀和 11 世紀又影響了英格蘭地區。下圖爲盎克魯-撒克遜的半安色爾字體、小寫字體、鋭角草書體三種字體：

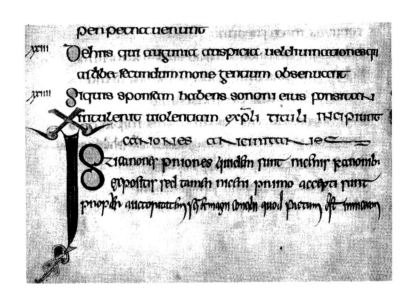

　　在摩爾人（Moors）統治下的基督教徒被稱爲 “莫扎拉布（Mozarab）”，他們使用的西哥特字體（West Gothic）被稱爲莫扎拉布字體。該字體最早的寫本是不晚於 732 年在塔拉戈納書寫的西哥特祈禱書（Biblioteca Capitolare）。9 世紀該字體的影響開始減弱，1090 年在里昂的公共會議決定，典禮書禁用西哥特字體，導致該字體在 12 世紀停止使用。下圖爲西哥特小寫字體：

　　1950 年在西奈半島的凱瑟琳修道院內發現了三個典禮寫本，寫本的字體與斜體草書有相同的元素，從這些寫本的其他細節能看出希臘和叙利亞寫本的製作特徵。這種字體可能與西奈半島上的西班牙小寫字體有關，即 “西奈” 小寫字體。下圖爲西奈小寫字體：

　　7 世紀中葉，拉文納大主教（Archbishop Ravenna）的尚書局使用了一種受拜占庭風格影響的字體，它柔和圓潤，易於連綴，這種字體直到 10 世紀都沒有太大變化。11 世紀後，這種教皇廳字體受到小寫字體的影響，開始變得硬直。在盧卡聖堂參事會圖書館的寫本中能看到這種過度形態，它受到安色爾字體、半安色爾字體和西哥特字體的共同影響。

　　法蘭西從 6 世紀開始使用模式化的草書體，意大利也出現了直徑更小的小寫字體。還有一種細長左傾的“豪華型”草書體，因呂克瑟伊修道院得名，被稱爲“呂克瑟伊體（Luxeuil Minuscule）”。

　　查理曼大帝對拉丁語文化進行了改革，爲字體的統一做出了重要貢獻。加洛林朝鼓勵寫本製作，在王朝初期已經培養出了寫字生集團。加洛林小寫字體（Carolingian Minuscule）起初是在地方書寫室中自由發展的，810—820 年，書寫室決定改造這種字體，使之更纖細而右傾，最後成爲固定的字體形態。加洛林朝初期的部分大寫字體也得到了改良。下圖爲加洛林小寫字體：

　　貝內文托字體是在南意大利出現的一種圓潤、有豐富連綴的字體，它流行於 8 世紀後半葉到 13 世紀，并於 9 世紀達到了成熟。貝內文托字體還形成了很多特有的地方樣式，比如蒙特卡西諾型（Monte Cassino Type）、巴裏型（Bari Type）等，該字體有特殊的圓形標點系統，它在典禮寫本、戒律等領域發揮了重要作用，13 世紀貝內文托字體開始衰落。下圖爲貝內文托字體：

　　德意志的加洛林小寫字體，在 9 世紀後半葉發生了重大變化。在南德意志，聖加倫修道院主導了字體的發展。10 世紀加洛林小寫字體被移植到英格蘭，與盎克魯－撒克遜字體并行，并開始使用新的注音記號。11 世紀中葉，"傾斜橢圓體"字體推廣開來，這是加洛林小寫字體的另一種形態。9 世紀晚期到 12 世紀，在法蘭西、德意志和意大利的部分地區，加洛林小寫字體逐漸演變爲哥特字體。法蘭西富爾裏修道院附近，有一種簡約的斜體字，它是受愛爾蘭風格影響下出現的。法蘭西的尚書局直到 10 世紀都延續着梅洛芬王朝的字體，最終在 12 世紀受到"教皇廳小寫字體"的影響，梅洛芬王朝字體被廢除了。

　　10 世紀的大寫字體在加洛林模式的基礎上變得硬直，并於 11 世紀形成哥特字體，這是一種方形字體，1181 年的特裏亞的勒菲努斯寫本就采用了這種字體。寫字生們稱這種字體爲"折叠字體"或"半折叠字體"，這可能與削筆方式有關。意大利的哥特字體更圓潤，有弧綫的連接，這種字體被稱爲特斯圖拉（Textura）字體，該字體在活字印刷初期仍在使用。特斯圖拉字體含有非常多的變種，大寫的特斯圖拉字體被應用於彌撒典禮文之類的宗教文獻中，人們認爲這種字體可以增加莊嚴性。大寫的特斯圖拉字體也用作孩子們的語法教科書等教學領域。特斯圖拉字體在德意志一直流行到了 15 世紀。下圖爲特斯圖拉字體：

　　12 世紀末教皇廳尚書局主動放棄了草書體，然而草書體經過變形後依然存續。它應用於賬本之類的實用文書，也影響到了證書字體，它的特徵是拉長的 s 和 f。

　　隨着大學和都市教育方式的轉變，14 世紀字體又轉向了草書體，并在 15 世紀發展成了一種折中字體。這是一種草書體和特斯圖拉字體的中間形態。最著名的例子就是 15 世紀德國尚書局的模式化字體，它甚至影響到了英格蘭和尼德蘭地區。折中字體有很多變形，主要體現在是否存在環狀綫。15 世紀，一種被稱爲"古哥特字體"的形態也登場了，這些字體都是轉換期的字體形態。下圖爲折衷書體（德意志語）：

　　人文主義者在 15 世紀的轉換期模仿中世紀初期的小寫字體，薩盧塔蒂及其弟子使用了一種被稱作"半哥特"的字體，這種字體以 10 世紀和 11 世紀左右的小寫字體爲模型，結合了尚書局字體和常用字體。薩盧塔蒂（Coluccio Salutati，1331AD—1406AD）的弟子波焦（Poggio Bracciolini，1380AD—1459AD）擔任過羅馬教皇廳的秘書官，他製作了一種更偏向草書體的尚書局字體。意大利的人文主義者們則模仿古代銘文，有時還模仿貝内文托字體。最終這些字體被喬瓦尼·阿雷蒂諾（Giovanni Aretino）等書法家改良，形成了人文主義字體。人文主義字體的踐行和改革者有尼古拉·尼克利（Niccolo Niccoli，1363AD—1437AD）等人文主義者，西爾維烏斯（Siluius）在維也納宮廷傳播了這種字體，這種字體代表着一種新的文化。下圖爲人文主義字體：

（三）輔助符號

　　第三章介紹的是輔助符號。第一節介紹短縮形。在羅馬人的統治下，基督教時期以前的人名、日期和國家等相關名詞和法律概念都有相應的短縮形。但是短縮形存在使用不規範現象，爲此在 438 年狄奧多西法典（*Codex Theodosianus*）宣布禁用法律短縮形。在神學領域也有特定的短縮形，希臘語中也有短縮傾向。1200 年左右專業化領域迅速發展，頻繁使用的名詞都產生了短縮形。短縮形在詞性活用時還存在詞尾上標的現象。

　　第二節爲句讀符號和相關記號。加洛林朝時期使用冒號和逗號對文本進行分割，并且每次使用標點符號時需要換行。中世紀很多古代語法家使用了短休止點，即逗號、冒號；文末的終止點，即句號，這是清晰的三點標記系統。10 世紀和 11 世紀符號系統出現了問號，這很可能與音樂記號有關。貝内文托字體中是沒有問號的，而是在上方標記類似數字"2"的記號。中世紀後期又出現了分號和冒號，感嘆號則是 16 世紀才出現的。還有一些特殊符號，如消除符號（vacat）和更正符號等。在德意志語和蓋爾語中還有一些標記重音的符號。

　　第三節主要圍繞記譜記號展開。這一節介紹了與音樂相關的記譜法，最著名的是聖加倫修道院的紐姆（neumes）記譜法，音樂家圭多（Guido d'Arezzo，997AD—1050AD）第一次在四綫譜上加入紐姆記號。這些記譜法用於聖歌合唱。聖歌記譜法於中世紀逐漸成熟，做到了可以讀唱同步的程度。

　　第四節介紹了數字。羅馬數字最初也用新草書體字母表示，後來受到連綴文字的影響，演化成我們如今看到的形式，這種數字在 8 世紀後通用。12 世紀阿拉伯算術教材得以翻譯，西方開始意識到阿拉伯數字的意義并將其應用於曆法。在德意志還存在"希臘數字"和"卡爾代亞數字"。下圖爲阿拉伯數字：

$$1 \; ?72 \; ?3 \; 8? \; 4 \; 6 \; \Lambda 7 \; 8 \; 9 \; 00$$

　　第五節介紹了暗號文字。中世紀暗號文字的使用并不一定是需要隱藏什麼内容，更多的像是一種類似字謎的游戲，用五個點代替母音或輔音，或者用數字表示字母表的位置之類。在中世紀後期，作家的簽名、藥物處方、祈禱文和咒語之類的地方都能看到暗號文字的使用痕迹。

三、文化史中的寫本

（一）古代·基督教羅馬時期

　　這一部分討論人文主義時代之前寫本製作在文化史中的發展及作用。西塞羅和愷撒時代是古羅馬文學的黃金時代，書物的生產和流通開始形成規模，這時候羅馬的公共圖書館也開始建立。在公元 1 世紀末，以馬提亞爾（Martial，40AD—104AD）爲先導，革新了書籍形式，易於攜帶的 Codex 本出現了，羅馬市内也發展出了 28 個圖書館。公元 4 世紀，鞣皮紙書開始出現，插畫本也逐漸流行。

　　與基督教相關的著作自君士坦丁大帝（Constantinus I Magnus，272AD—337AD）的法令出臺之後普及開來。教父文學在 4 世紀和 5 世紀迎來了全盛期，工坊在 5 世紀或者 6 世紀也開始參與宗教書籍的製作。

　　6 世紀拉丁語書寫文化做出的最大貢獻是《查士丁尼法典》寫本得以流行。教父時代關於教義的爭論非常激烈，我們能在一些寫本中看到這些爭論的端倪，甚至一些異教徒會在寫本中使用假署名以此免遭銷毀。

（二）中世紀初期

　　教會在中世紀是綜合的力量，教會的使節與國外進行書物的互通，修道院在寫本製作和傳遞中發揮着重要作用。西哥特人改信天主教後，西班牙後期的衆多主教復興了古典時期後期的基督教文化，主教伊西多爾（Isidorus Hispalensis，560AD—636AD）還給自己的圖書室編了目録。

　　梅洛芬王朝還保留着羅馬法體系，用安色爾字體和半安色爾字體書寫的法典在這裏蓬勃發展。 隨着 7 到 8 世紀修道院數量的顯著增加，重要寫本的製作也隨之增加。 愛爾蘭人在勃艮第建立了吕克瑟伊修道院，并與博比奧修道院保持着密切的聯繫，這兩個修道院都出品過上文提到的“重寫本”。 另外還有 7 世紀建立的富爾裏修道院、埃希特納赫修道院等，它們在寫本製作中發揮了重要作用。

（三）加洛林朝時期

　　加洛林朝繼承了古代羅馬和拉丁教父們的文學遺産，這些文獻的發現讓 12 世紀和 13 世紀的大規模翻譯活動有了新的方向。 伴隨着文本活動的活躍，人們也開始有組織地製作藏書目録，保存舊文本和抄書都成爲重要的任務。

　　除此之外，以實用目的編纂的著作也得到了查理曼大帝（Charles the Great，742AD—814AD）的支持，例如科爾比修道院編著的《用語注解書》（*Liber glossarum*）。 查理曼大帝鼓勵各地學者貢獻寫本，促進了書籍的收藏。 加洛林朝時期，不論遠近，都有以書寫和校訂爲目的的寫本互換。 加洛林朝最大規模的藏書目録在幾個重要的修道院作成，如賴歇瑙、羅爾什、聖加倫、博比奧等修道院，這些修道院都有幾百册的藏書規模。

　　加洛林朝的寫本裝飾藝術延續了梅洛芬王朝風格，又受到了島嶼藝術的影響，布列塔尼地區則有自己獨特的寫本藝術。 在加洛林朝以外的諸國，如英格蘭，由於維京人的劫掠，文化藝術處於停滯狀態；西班牙則在大部分時間處於阿拉伯人的統治下，但是其基督教文化却并没有受到壓制。

（四）從 10 世紀到 12 世紀

　　9 世紀中葉開始，加洛林帝國受到了諾曼人和伊斯蘭教徒的威脅，很多修道院遭到了劫掠甚至縱火，守護修道院的人在逃亡時將藏書一同救出。955 年匈牙利勝利之後，修道士們開始着手重建修道院。 世世代代的修道士、教師、學生，從弗賴辛、雷根斯堡等地借入寫本進行抄寫，建立了新的藏書群。10 世紀和 11 世紀拉丁文字的使用範圍進一步擴大。

　　在英格蘭的圖書室，職業寫字生合力製作了大型聖經寫本、四大教父著作等。 德意志、法蘭西和意大利在 9 世紀後半葉和 10 世紀經歷了文化停滯和部分倒退，在 11 世紀又迎來了繁盛期。 西多會、普萊蒙特雷會、卡爾圖肖之類教會的誕生讓修道院的書寫活動又活躍起來。

　　10 世紀後半葉教育制度也開始發生變化，實現了三科（語法、修辭、倫理）和四科

（算術、天文、幾何、音樂）結合的改革。 最後還出現了七科彙集的基礎教科書《七教科本》（*Heptateuchon*）。

寫本的裝飾藝術在 10 世紀和 11 世紀延續了加洛林朝的風格，也受到了拜占庭帝國的影響，插畫生在很多領域活躍起來。

（五）中世紀後期

進入哥特時期，寫本的製作產生了質的變化，從以修道院、教會爲中心開始轉向了民間。 寫本的結構也更加清晰，閱讀更爲容易，13 世紀的牛津寫本就帶有編號，索引也開始出現，還有了用字母表示"書"和"章"的分割方式。13 世紀，由教授執筆的注解、語彙解說之類的學術產業迅速發展，他們製作了很多教科書，還形成了前文提到過的 "pekia" 制度。 在藏書規模上，各大學圖書館也有了相當的發展，還出現了索爾邦這種大型圖書館。

各教會的修道士也承擔着寫本抄寫的使命，還出現了以抄寫書物謀生的職業寫字生團體——共同生活兄弟團（Broeder van de penne），經他們之手製作了大量典禮寫本。

在南德意志地區，民間書籍產業很引人注目，出現了所謂"帶椅子的寫字生"的世俗職業寫字生，很多宗教寫本被委託給了這些民間寫字生。

南意大利則是把希臘語的詩篇和典禮書籍翻譯成拉丁語并進行彙編。 各個教會所屬的修女院也抄寫了很多寫本并繪製了插圖，比如聖克拉拉修女院。

與此同時，衆多巴黎的寫本畫師開始出名，法蘭西的藝術風格於 1220 年完成了向哥特風格的轉變，并與拜占庭風格交相輝映。 德意志也從拜占庭風格轉向了哥特風格，《戈德施密特的聖福音集》（*Goldschmidt's Holy Gospels*）就是一個證據。 在查理曼四世（Charles IV，1294AD—1328AD）統治期間，布拉格成爲了歐洲藝術的十字路口。

（六）人文主義時代

彼得拉克（Francesco Petrarca，1304AD—1374AD）復興了古代羅馬的遺產，薩盧塔蒂（Coluccio Salutati，1331AD—1406AD）把老師彼得拉克的理念傳至後世，波焦（Poggio Bracciolini，1380AD—1459AD）作爲薩盧塔蒂的學生又給法蘭西帶回了許多寫本，人文主義者也從德意志人那裏得到稀有書籍并帶回了意大利。

衆多修道院也入手了很多古典作品，這爲彼得拉克和波焦等人摸索復興中世紀字體奠定了基礎。 在意大利，貴族和企業家們爭相入手藏書，在這種環境下許多的古典著作被發現。 人文主義者的寫本製作藝術開始時是描繪五顏六色的背景和白色的藤蔓，不久之後開始取材於建築學，再現了古典時期的審美趣味。

　　佛羅倫斯的人文主義者們和書籍商人讓寫字生和插畫生共同作業，實現了大規模組織化的寫本生產。到了 15 世紀，人文主義者們還在機械化地製作寫本，但是印刷書籍已經頗爲精美。最遲在 1470 年左右，西洋寫本時代迎來了日暮，印刷業取代了傳統的寫本製作，修道士們以手抄寫本爲使命的時代過去了，寫本製作也最終退出了書籍生產的舞臺。

（作者簡介：孫曉雪，貴州師范大學文學碩士研究生。董璐，延安大學外國語學院副教授）